Walter Hollstei

Verzweifeltes He

Soziale Arbeit zwischen System

Bibliografische Information der Deutschen Nationalbibliothek
Die Deutsche Nationalbibliothek verzeichnet diese Publikation in der
Deutschen Nationalbibliografie; detaillierte bibliografische Daten sind
im Internet über http://dnb.d-nb.de abrufbar
© 2024 by opus magnum, Wiesbaden (www.opus-magnum.com)
Version 1.03
Umschlaggestaltung, Grafik und Layout: Dr. Lutz Müller
Druck: Libri Plureos GmbH, Friedensallee 273, 22763 Hamburg
Alle Rechte vorbehalten
ISBN: 978-3-95612-119-7

Walter Hollstein

Verzweifeltes Helfen

Soziale Arbeit zwischen System und Veränderung

opus magnum

Walter Hollstein
Professor für politische Soziologie, Gutachter des Europarates für soziale Fragen, Träger des Deutschen Sachbuchpreises, Initiant sozialer und alternativer Projekte; letzte Publikationen: *Was vom Manne übrig blieb. Das missachtete Geschlecht* (opus magnum), *Das Gären im Volksbauch. Warum die Rechte immer stärker wird* (NZZLibro).

Inhalt

Vorwort

1973 erschien unser Buch „Sozialarbeit unter kapitalistischen Produktionsbedingungen" im S. Fischer-Verlag zu Frankfurt am Main. Es hat damit im
vergangenen Jahr seinen fünfzigjährigen Geburtstag gefeiert. Herausgegeben
wurde das Buch u. a. von Elmar Altvater, Klaus Holzkamp und Urs Jaeggi.
Die Redaktion hatte Klaus Kamberger.

Damals kostete der Band mit 270 Seiten DM 4.80. Inzwischen wird er
antiquarisch angeboten zwischen Euro 49.- und 165.- Das wäre wohl schon
Grund genug, noch einmal eine erschwingliche und einfach erhältliche
Ausgabe zu wagen. Ein aktueller Grund ist zusätzlich, dass in den vergangenen
Jahren die Diskussion über den Zusammenhang von kapitalistischer Gesell-
schaft und der Ausgestaltung der Sozialarbeit neu aufgebrochen ist.

Das vorliegende Buch enthält umfassend nur die beiden grundlegenden
soziologischen Beiträge zur Kritik der Sozialarbeit. Aus Platz-, Preis- und
Aktualitätsgründen werden die anderen Beiträge – insofern sie noch der Zeit-
qualität entsprechen – resümiert dargestellt. Die alten Texte wurden redigiert
und stilistisch zum Teil leicht verändert. Inhaltlich und in der politischen
Einschätzung ist alles gleich geblieben. Sprachlich haben wir uns im wesentlichen an die alte Terminologie der siebziger Jahre gehalten, also: Klient
statt neu Adressat; in wenigen Fällen haben wir das geändert oder beide
Bezeichnungen verwendet. Zumeist schreiben wir mit dem generischen
Maskulinum.

In diesem neuen Band ist mehr Betonung gelegt auf das Konstruktive,
auf das gegenwärtig Machbare und auf allfällige Lösungen für Problemlagen. Deshalb der Text über die Alternativbewegung, die seinerzeit wichtige
Akzente für die soziale Arbeit gesetzt und diverse Projekte angestoßen hatte.
Im Gegensatz zum Originaltext von 1973 wird versucht auch das Interaktive
mehr einzubeziehen und vor allem den sogenannten „subjektiven Faktor",
das meint die Schwierigkeiten, Hoffnungen und Leiden der Arbeitenden im
sozialen Sektor.

Alles basiert vor allem auf den Erfahrungswerten des Autors, der seit
langem im sozialen Bereich tätig ist und viele Projekte lanciert oder zumindest
begleitet hat. Für seine Darstellung der Alternativbewegung hat er 1980 auch
den „Deutschen Sachbuchpreis" erhalten.

Walter Hollstein,
Biel-Benken, Sommer 2024

Sozialarbeit unter kapitalistischen Produktionsbedingungen – Motivation und Einschätzung

1973 erschien unser Band „Sozialarbeit unter kapitalistischen Produktions-bedingungen." Zweck dieses Buches war es damals, „Material für die Diskussion um Struktur und Funktion der Sozialarbeit zu liefern." (ebd., 8). Der Anspruch war nicht, eine Gesamttheorie der Sozialarbeit vorzulegen; es sollten nur einige der vielen Aspekte sozialpädagogischer Aktion thematisiert werden, die seinerzeit – und auch heute noch – in Praxis und Ausbildung als fundamental erschienen. „Anhand dieser Analyse von Einzelaspekten" hofften wir damals „indessen, auch einiges Grundsätzliches über die Sozialarbeit aus-sagen zu können." (ebd.)

Diese Absicht hatte seinerzeit auch ihre „persönlichen" Hintergründe: Die Herausgeber – seit kurzem in der Ausbildung sozialer Berufe tätig – sahen sich an ihrem neuen Arbeitsplatz zum einen mit einem akademischen Manage-ment konfrontiert, wie es sozialpädagogisch inkompetenter nicht hätte sein können; zum anderen mussten sie in ihrer Arbeit mit den Studierenden auf eine Fachliteratur zurückgreifen, die noch in der unwissenschaftlichen Tradi-tion antiquierter Fürsorge befangen war. Solch doppelte Frustration reflektierte sich im Übrigen im Brio damaligen Stils und in der geübten Emphase. Auch diese Feststellung gehört zu heutiger Selbstkritik am seinerzeit Publizierten.

Der persönliche Anstoß hatte freilich mehr als sein sachliches Funda-ment: Das Vakuum an ebenso zeitgemäßer wie kritischer Literatur über die Beschaffenheit sozialpädagogischer Intervention war Ende der sechziger, Anfang der siebziger Jahre schon nahezu skandalös zu nennen. In jahr-zehntelanger Repetition wurde Sozialarbeit nach wie vor auf den emotional gefärbten, pseudo-wissenschaftlich getrübten Begriff der „Hilfe" gebracht. Ihren konkreten Inhalt, so hieß es, beziehe die Hilfeleistung der Sozialarbeit aus „religiösen und humanistischen Werten. Wir gründen unsere Arbeit auf die Achtung für jedes menschliche Wesen und erkennen sein Recht auf vollste Entfaltung seiner Fähigkeiten an, wobei jeder die Rechte anderer respektiert und nach seinen Fähigkeiten zu ihrer Persönlichkeitsentfaltung beiträgt." In der Sozialarbeit offenbare sich das menschliche Grundbedürfnis, den Mitmenschen zu unterstützen, in ihm den „Freund" und „Bruder" zu sehen. „Dass in der Tat soziale Hilfsarbeit im innersten Kern Freundesdienst ist, Liebesdienst, dafür spricht die instinktiv gewählte Bezeichnung für fast alle

Formen der sozialen Hilfsarbeit als Liebestätigkeit, die Namen von ‚Freunden' und ‚Freundinnen' für junge, alleinstehende Mädchen, die Jugend überhaupt, die ‚Verwahrlosten' usw. Wenn die soziale Arbeit sich nicht veräußerlicht, in die Beschaffung materieller Mittel oder den Unterhalt dinglicher Institutionen (Suppenküchen, Anstalten usw.), wenn und soweit sie Arbeit am Menschen ist, ist sie nach einem Teil ihrer Motive, nach ihrem ganzen Geist und vielfach auch nach ihren Methoden an der geistigen Wechselwirkung, die Freundschaft ausmacht, orientiert. Man darf also sagen, dass ein Stück Freundschaft, Menschenfreundlichkeit und Liebe wesentlich in der sozialen Hilfsarbeit steckt." (Fischer 1968, 231).

Die Hilfe des Sozialarbeiters sei nicht standardisiert, sondern im besonderen Maße persönlicher Natur und dadurch jeweils einzigartig. Der Sozialarbeiter wende nicht nur sein objektives Können an, „sondern auch durch seine Persönlichkeit wirkt und hilft" er (Friedländer / Pfaffenberger 1966, 287). So ergebe sich zwischen Sozialarbeiter und Klient ein Verhältnis der „Partnerschaftlichkeit" (Iben 1970, 189). Der Klient werde „vom Sozialarbeiter in warmherziger, menschlicher Weise" verstanden; er könne seine Nöte und Bedürfnisse in „einer warmen Atmosphäre des Angenommenwerdens" (Friedländer / Pfaffenberger 1966, 6) artikulieren. Ziel sozialer Arbeit sei es, „ganze Menschen" herauszubilden, die ihr Leben frei und verantwortlich führen lernen" (Lattke 1968, 112).

Nun soll gar nicht bestritten werden, dass sich in solchen Ausführungen durchaus die ehrliche Subjektivität der Autoren widerspiegelt; für die Beschreibung sozialer Arbeit in der Bundesrepublik (und anderswo) oder gar deren Funktionsbestimmung sind die vorgängig zitierten Sätze freilich nur Leerformeln, die, falls sie überhaupt noch Adressaten finden, allenfalls Wirklichkeit kaschieren, anstatt diese offenzulegen und damit auch veränderbar zu machen. Angesichts dessen erschien es uns wichtig, im Verständnis von sozialer Arbeit solche Leerformeln und Ideologien auf ihren Realitätsgehalt zu überprüfen. Anders formuliert: die schönen Worte aus der Literatur sollten mit der gesellschaftlichen Wirklichkeit der Bundesrepublik Deutschland konfrontiert werden, auf dass der tatsächliche Stellenwert sozialpädagogischer Intervention deutlich wird.

Der Leser hat diese Absicht der Herausgeber und Autoren offenbar honoriert; der Umstand, dass der Band bald schon eine vierte Auflage erreichte, erlaubt den Schluss, dass er Bedürfnissen entsprach. Timm Kunstreich vermerkt in seinem Grundkurs der sozialen Arbeit, dass das Buch bald im Bücherschrank jedes Studierenden sozialer Berufe stand. Das Echo war partiell dermaßen enthusiasmiert, dass der Band auch bald als „Grüne Bibel" bezeichnet wurde – zwischen Begeisterung, Ironie und Peinlichkeit.

Auch die Fachkritik würdigte sein Erscheinen. Lothar Böhnisch schrieb in der Neuen Praxis (2; 1974): „Die Stärke des Buches liegt vor allem darin, dass es in den meisten Beiträgen immer wieder zu einer Reflexion der Bedingungen zwingt, unter denen Sozialarbeit derzeit in der BRD abläuft. Weiter, dass aufgezeigt wird, wie diese Rahmenbedingungen gesamtgesellschaftlich vorentscheiden, in den Institutionen der Sozialarbeit vermittelt und auch auf der Ebene Sozialarbeit-Klient in dieser Richtung konkretisiert sind."

Auflagenhöhe und nahezu einstimmiges Lob der Kritik – die beiden Ausnahmen: „Erziehung und Klassenkampf" und die „Neue Zürcher Zeitung" – lassen freilich die Schwächen des Buches nicht vergessen und sollen das auch gar nicht. Die Attacke gegen eine unkritische, von der bestehenden Gesellschaftsordnung völlig abgehobene Literatur im sozialpädagogischen Bereich wurde von uns so vehement geführt, dass dabei Relationen sich verschoben und Akzente sich versetzten.

Beschränken wir uns an diesem Orte darauf, nur die beiden wichtigsten Mängel des Bandes zu nennen: Der gesellschaftskritische Impetus – noch heute gerade in der sozialpädagogischen Literatur berechtigt, aber damals in seiner Totalität übertrieben – ließ vergessen, dass eine Funktionsbestimmung und Analyse von Sozialarbeit nicht einzig aus der Gesellschaftskritik zu leisten ist. Der fast ausschließliche Blick auf die Makrostrukturen sozialpädagogischer Arbeit ließ die Auseinandersetzung mit der Mikroebene zu sehr in den Hintergrund treten; d. h. konkret: Beschreibung und Kritik der sozialpädagogischen Arbeitsfelder gerieten in „Sozialarbeit unter kapitalistischen Produktionsbedingungen" zu kurz.

In seinen Konsequenzen wog freilich ein anderes Versäumnis unseres Bandes noch schwerer. Die Kritik an bestehender Gesellschaft und Sozialarbeit – wiewohl gewiss berechtigt – zeigte sich so überlastig, das kaum noch Raum blieb, um Alternativen zum so deutlich Abgelehnten zu benennen. Lothar Böhnisch schrieb damals, dass jenes, „was [...] zum Thema ‚Möglichkeiten nicht-systemstabilisierender Sozialarbeit' ausgeführt wird, vor allem gegenüber der vorangegangenen relativ umfassenden und differenzierten Zustandsanalyse recht dürftig (ist) und in einem bloßen Hinweis auf die Notwendigkeit zur Selbstorganisation der Betroffenen [...] (verbleibt). Diskutiert werden aber nicht die objektiven und subjektiven Bedingungen einer Selbstorganisation der Betroffen, wie sie aus den Aktionserfahrungen gerade mit Jugendkollekiven und Gemeinweseninitiativen der letzten Jahre bekannt sind. Die lapidare Konsequenz, „dass die Impulse zum Wandel nicht von der institutionalisierten Sozialarbeit ausgehen können, sondern von den Opfern ausgehen müssen, bleibt so lange Appell, als nicht weiter gefragt wird, welche Möglichkeiten zur Abstützung und Verbreiterung außerinstitutioneller Initiativen gegeben sind oder geschaffen werden müssen, damit sie nicht wiederum in ihrer Umgebung isoliert und damit auf die Dauer nicht tragfähig bleiben [...]. Schließlich wird man keineswegs davon ausgehen können, dass die Institutionen der Sozialarbeit solchen Initiativen indifferent gegenüberstehen. Deshalb wird man Strategien des Verhältnisses selbstorganisierter Initiativen zur Sozialadministration genauso diskutieren müssen wie Koalitionschancen mit Personen und Gruppen in diesen Institutionen." (Neue Praxis 2, 1974, 199). Böhnischs Kritik, dass konstruktive Veränderungsszenarien zu kurz gekommen sind, ist zu akzeptieren!

Schlimm war vor allem, dass viele Leser unseres Buches aufgrund dessen negativistischer Darstellung sozialer Arbeit in eine resignative Haltung gedrängt wurden. Diesen kardinalen Fehler versuchten wir bald nach Erscheinen unseres Bandes zu verbessern; die gute Absicht scheiterte indessen an der konservativen Umstrukturierung des Fischer-Taschenbuchverlags, der auch die Reihe „Texte zur politischen Theorie und Praxis" zum Opfer fiel. Für dieses Forum war eigentlich ein neuer Band über Grenzen und Möglichkeiten sozialpädagogischen Tuns geplant. So konnte „Sozialarbeit unter kapitalistischen Produktionsbedingungen" erst um einiges später durch ein neues Buch im Campus-Verlag ergänzt und partiell ersetzt werden.

In diesem Band liegt – da das andere Buch nach wie vor auf dem bundesdeutschen Markt ist – das Schwergewicht auf den Möglichkeiten sozialer Arbeit. Freilich soll nun einstiger Negativismus nicht mit heutiger Euphorie kompensiert werden; solches wäre ebenso unberechtigt wie unrealistisch. So benennt denn der vorliegende Band Möglichkeiten sozialpädagogischer Intervention innerhalb der gegebenen Grenzen von Gesellschaft und deren Produktionsbedingungen.

12

Sozialarbeit unter kapitalistischen Produktionsbedingungen – Bedeutung und Erkenntnisgewinn

„Sozialarbeit unter kapitalistischen Produktionsbedingungen" ist entstanden aus der eklatanten Diskrepanz zwischen Ideologie und Wirklichkeit. Folgt man offiziellen Verlautbarungen, Berufsbildern, Ausbildungszielen und Lehrbüchern, so ist Sozialarbeit „Hilfsarbeit im innersten Kern Freundesdienst, Liebesdienst." Dererlei Vorstellungen und Definitionen von Sozialarbeit enthüllen sich angesichts der gesellschaftlichen Realität als welt- und sachfremd. Es ging uns vor fünfzig Jahren darum, die Berufsfelder und Inhalte sozialer Arbeit mit der Wirklichkeit zu konfrontieren und auf diesem Wege zu einer realitätsgerechten Einschätzung ihrer Möglichkeiten und Wirkweisen zu gelangen.

Der Band wollte nicht den Anspruch erheben, eine Theorie der Sozialarbeit zu liefern, wie sie damals immer wieder gefordert worden war. Was während Jahrzehnten vernachlässigt wurde, kann nicht ein einziges Buch mit wenigen Beiträgen kompensieren. Zweck dieses Bandes war es vor allem, Material für die Diskussion um Struktur und Funktion der Sozialarbeit zu liefern und darüber ein realistischeres Bild von Sozialarbeit herzustellen. Der Erkenntnisgewinn des Bandes war vor allem die klare Erarbeitung des Zusammenhangs von Sozialarbeit und bestehender Gesellschaft. Das Ergebnis war die enge Verzahnung des Fachs und seiner Theorie mit den gegebenen Machtverhältnissen.

Wenn Sozialarbeit also die Normen der bestehenden Gesellschaft verteidigt und jene Menschen stigmatisiert, die sie verletzen, handelt sie im Sinne der bestehenden Strukturen, die wenigen zugute und vielen nicht zupass kommen. Entsprechend und auf dem Hintergrund der gesellschaftlichen Situation kann sich das karitative oder christliche Verständnis von Sozialarbeit nur als Ideologie enthüllen.

Auch wenn es damals – und vielleicht auch noch heute – hart klingen mag, die beiden wichtigsten Ergebnisse der kritischen Analyse waren, dass sich die „Hilfeleistung der Sozialarbeit [...] als Helferdienst für die bestehende Ordnung" erweist und dass „dem Sozialarbeiter [...] in der gegenwärtigen Gesellschaft die Rolle zu (fällt), Agent und Repräsentant des herrschenden Staates zu sein." Sozialarbeit erwies sich in dieser belegten Sichtweise als normierend, da es ihr gemäß ihrem Auftrag darum geht, „bestehende Defizite auszugleichen, Mängel zu beheben und die Klienten wieder den gültigen Normen der Gesellschaft anzupassen."

Ausgangspunkt der Sozialarbeit ist damit der Klient, „der eine oder mehrere der von ihm geforderten sozialen Rollen nicht erfüllen kann oder will." Ziel der Sozialarbeit muss es deshalb sein, „den Klienten rollentüchtiger zu machen." Dieser pragmatische Zweck, die betroffenen Menschen in die bestehende Gesellschaft zu reintegrieren (resozialisieren), wird so nüchtern freilich nicht beschrieben, sondern vielmehr innerhalb des Leitbilds vom demokratischen und sozialen Rechtsstaat dargestellt. Das liest sich dann beispielsweise so: „Die Tätigkeit des Sozialarbeiters bei der Entwicklung und Organisation sozialer Dienste für Wohlfahrt und Gesundheit ist darauf gerichtet, den Menschen [...] zu helfen, bessere Lebensbedingungen, Glück und Zufriedenheit zu sichern. Das demokratische Ideal vom Wert und der Würde des Einzelnen bleibt der Angelpunkt." Unter solcher Perspektive würde sich die Resozialisierung des dissozialen Klienten in der Tat verlohnen; aber solche hehren Zielvorgaben erweisen sich in der Prüfung mit der sozialen Wirklichkeit als halt- und wirkungslos. Das zeigt sich zum Beispiel ganz konkret in der Einzelfallhilfe sozialer Arbeit, wie es Marianne Meinhold bei deren genauer Prüfung belegt.

Als Schlussfolgerung war das alles gewiss ernüchternd, aber es war historisch dringend geboten, endlich den ideologischen, karitativen und pseudochristlichen Nebel von der Sozialarbeit zu nehmen. Dies geschah nicht nur in den grundsätzlichen gesellschaftstheoretischen Kapiteln, sondern auch in den Einzelanalysen von Arbeitsfeldern, historischen und aktuellen Zusammenhängen.

Michael Nowicki beschreibt zunächst ebenfalls die herrschende Ideologie der Sozialarbeit als Hilfs- und Freundschaftsdienst am bedürftigen Menschen. Er konfrontiert diese „Wertmuster" mit der sozialen Realität vom Mittelalter bis zur Neuzeit. Armenpflege, Wohlfahrt, Fürsorge und Sozialarbeit sind für ihn verschiedene Arten von Eingriffsmöglichkeiten der herrschenden Klasse in die jeweilige soziale Lage der arbeitenden Menschen.

Die festverankerte politische Annahme der sechziger Jahre, dass die Menschen im demokratischen Deutschland der Bundesrepublik in einer gerechten Gesellschaft leben, dem so genannten „Sozialstaat" ist das Thema von Horst Czerlinsky und Bernd Hoffmann; sie zeigen anhand empirischer Daten auf, dass es sich dabei um eine politisch geschickte Täuschung handelt und bezeichnen diese als „Sozialstaats-Illusion." Henner Hess nimmt die Obdachlosigkeit in der Bundesrepublik als paradigmatisches

Beispiel für die Hilflosigkeit von aktueller Sozialpolitik und Sozialarbeit, die allenfalls Symptome kurieren, aber die sozialen Probleme nicht an der Wurzel attackieren.

So zeigt Hess am Beispiel der Obdachlosigkeit auf, wie Armut sich immer wieder reproduziert und die Betroffenen praktisch ohne Chance sind, sich aus ihrem Kreislauf herauszuwinden. „Der Reproduktionsprozess von Armut und Obdachlosigkeit lässt sich auch an individuellen Biografien über deren entscheidende Stationen hin verfolgen. Er beginnt bei der Geburt" – mit dem schlechten Gesundheitszustand der Mütter, häufige und rasch aufeinander folgende Geburten, einer mangelhaften Versorgung von Haushalt und bestehender Familie, Arbeitslosigkeit des Vaters oder nur unregelmäßige Arbeit, mageres Einkommen, keine Ressourcen für die Kinder und deren Erziehung. „Mit all dem wird keine milieubedingte Prädestination behauptet. Als Ergebnis bleibt jedoch, dass seine soziale Lage den Obdachlosen mit Zwängen umstellt, die ihm Mobilität außerordentlich erschweren und einen individuellen Schuldvorwurf verfehlt erscheinen lassen. Das Problem der Armen bestätigt sich somit als ein strukturelles sowohl in der Phylogenese einer sozialen Schicht als auch in der Ontogenese seiner typischen Biografie." Diese Diagnose verstärkt sich im Beitrag von Walter Hollstein „Hilfe und Kapital", der eine Funktionsbestimmung der Sozialarbeit versucht; der Text ist vollumfänglich in diesem Band enthalten.

In ihrem Beitrag „Zum Selbstverständnis und zur Funktion von Sozial-arbeitern. Am Beispiel von Theorie und Praxis der sozialen Einzelhilfe" belegt Marianne Meinhold mit der Analyse sozialarbeiterischer Praxis, wie sehr soziale Arbeit in die Sicherung gesellschaftlicher Verhältnisse eingebunden ist. Ausgehend vom Glauben an die soziale Gerechtigkeit in der Bundesrepublik und der Verankerung gleicher Chancen für alle im Grundgesetz der jungen Demokratie geht die sozialarbeiterische Intervention „von der Eigenver-antwortlichkeit des Menschen für Erfolg oder Versagen im psycho-sozialen Bereich" aus. Wer es in diesem Sozialstaat, der angeblich alle Chancen und Möglichkeiten eröffnet, nicht schafft, ein erfolgreiches Leben zu führen, ist selber schuld. Das wird verstärkt durch „den Grundsatz von dem höheren Wert psycho-sozialen Glücks gegenüber materiellem Besitz. Dieser Grundsatz basiert auf der Annahme einer prinzipiellen Unabhängigkeit psycho-sozialer von materiellen Bedingungen. [...] Dadurch wird es dem Sozialarbeiter erschwert, die Bedeutung materieller Bedingungen, resultierend aus den Produktionsverhältnissen, für den psycho-sozialen Bereich zu erkennen. Zum anderen rechtfertigt dieser Grundsatz die Verlagerung der Probleme in die

Person des Klienten und damit die ausschließliche Arbeit am „psycho-sozialen Notstand" des Klienten."

Der „Arbeitskreis kritischer Sozialarbeiter AKS Berlin" beschäftigt sich mit den konkreten Arbeitsbedingungen von Sozialarbeitern und den Folgen für die Klienten: hohe Fallzahlen, Überlastung, fehlende Kooperation etc. „Die Behauptung, der Sozialarbeiter verrichte Bandarbeit, wird Widerspruch hervorrufen. Denn zum Berufsbild des Sozialarbeiters gehören Aufopferung, Hilfe von Mensch zu Mensch, Dienst am Nächsten. Nicht selten sind solche Vorstellungen ausschlaggebend gewesen für die Wahl des Berufs und für die Ablehnung einer besser bezahlten Stellung." Doch die Realität in den Ämtern lässt die Umsetzung dieser idealtypischen Vorstellungen und Ziele gar nicht zu. „Würde der Sozialarbeiter tatsächlich von Mensch zu Mensch helfen, so bestünde die Gefahr, dass Klient und Sozialarbeiter sich solidarisieren und gemeinsam gegen die gesellschaftlichen Ursachen des Elends […] kämpfen würden. Dank der Parzellierung ist der Sozialarbeiter jedoch nur für ein Symptom und nicht für die gesellschaftliche Ursache des Symptoms zuständig."

Schließlich formulierte Prodosh Aich „Politische Perspektiven für die soziale Arbeit im Kapitalismus"; dazu gehört zum Beispiel das Engagement in Bürgerinitiativen.

Der Band wurde – wie im vorigen Kapitel beschrieben – sehr positiv aufgenommen, von Betroffenen und Studierenden zum Teil auch geradezu enthusiasmiert. Ab Mitte der Achtziger Jahre erlahmte das Interesse an „Sozialarbeit unter kapitalistischen Produktionsbedingungen." Das Buch harmonierte wohl zu wenig mit einem Zeitgeist, von dem Wikipedia anmerkt: „Die 80er Jahre waren bunt und kurios. Von dezenter Mode bis hin zu lebhaft und völlig ausgeflippt war alles dabei. Sicherlich ist dies auch ein Grund, warum dieses Jahrzehnt als Motto-Thema so beliebt ist. Die Heiterkeit der Outfits, der Musik und der Filme versprüht seine Kraft bis in die heutige Zeit."

Politisch und sozial standen die Probleme im Vordergrund, die durch den Vereinigungsprozess der beiden Deutschland entstanden waren. Zudem entpolitisierte sich das Fach von Sozialarbeit/Sozialpädagogik selber und fokussierte immer mehr auf seine „innere" Verfasstheit. Ausdruck davon war vor allem die sog. Professionalisierungsdebatte, die von der Problematik der sozialen Probleme und der gesellschaftlichen Veränderung ablenkte.

Mit der Verschlechterung der ökonomischen Lage und entsprechend auftretenden sozialen Problemen wurde das Buch nach 2010 plötzlich wieder sehr aktuell. Mehrere Anbieter stellten die „Zusammenfassenden Diskussionsthesen zur Funktion der Sozialarbeit unter kapitalistischen

16

Produktionsbedingungen" ins Netz – kostenpflichtig, so zum Beispiel der wissenschaftliche Springer-Verlag.

Ein Beispiel der Reaktualisierung ist der Text der beiden Sozialwissenschaftlerinnen Meike Hartmann und Kerstin Herzog von der Universität Duisburg-Essen aus dem Jahr 2013: „Gedanken zur Funktion Sozialer Arbeit: Auf dem Weg zu einem kritischen Selbstverständnis – inspiriert von Walter Hollstein (1973/1980)."

Im Abstract der beiden Autorinnen heißt es programmatisch: „Eine Funktionsbestimmung Sozialer Arbeit bedarf einer Analyse gesellschaftlicher Verhältnisse, innerhalb derer sie agiert. Die Diagnose einer veränderten wohlfahrtsstaatlichen Programmatik im aktivierenden Sozialstaat ist aktuell Anlass zahlreicher Diskussionen unter der Überschrift k/Kritischer Sozialer Arbeit. Für den vorliegenden Beitrag wird eine ältere Kritiktradition wiederentdeckt, für die exemplarisch der Aufsatz „Hilfe und Kapital. Zur Funktionsbestimmung der Sozialarbeit" von Walter Hollstein aus dem Jahr 1973 steht. Die Funktionsbestimmung von Hollstein – Hilfe als Helfersdienst für die bestehende Herrschaft – bringen wir in Dialog mit drei aktuellen Denkfiguren der k/Kritischen Sozialen Arbeit. Das Entdecken von Unterschieden und Gemeinsamkeiten zwischen „alter" und „neuer" Kritik trägt dazu bei, ein auf gegenwärtige Verhältnisse bezogenes Selbstverständnis Sozialer Arbeit zu schärfen."

Die Autorinnen betonen wiederholt den damalig großen Erkenntnisgewinn des Buches, nämlich, dass der Zusammenhang von sozialer Arbeit und deren Herrschaftssicherung zum ersten Mal deutlich herausgearbeitet worden ist. „Hollstein unterscheidet 1. Die ökonomische Funktion, die dazu diene, „Arbeitskraft im kapital-adäquaten Maßstab" zu reproduzieren, 2. Die soziale Funktion, die auf eine Milderung von Klassenunterschieden und daraus resultierenden Diskriminierungen abziele, und die 3. Politische Funktion, die eine Befriedigung der Bedürfnisse der (wirtschaftlich) Armen insoweit stabilisiere, als dass der „soziale Frieden" gesichert werde." Und: „Hollsteins Funktionsbestimmung von Sozialer Arbeit als „Helfersdienst für die bestehende Herrschaft" ist auch 2013 nicht unbedeutend, da aktuell kritische Stimmen innerhalb der Sozialen Arbeit wieder lauter werden."

Bemängelt wird von den beiden Autorinnen, dass die konkreten Interaktionen zwischen Sozialarbeiter und Adressat (früher: Klient) zu wenig berücksichtigt werden. Dazu rekurrieren Hartmann und Herzog auf zeitgenössische Theoretiker, die, wie Sven Steinacker, kritisieren, dass die soziale Arbeit – auch wenn sie systemstabilisierend erfolgt – durchaus eine unterstützende Funktion für die Betroffenen haben kann. Insgesamt monieren Hartmann und Herzog, dass der Blickwinkel von „Sozialarbeit unter kapitalistischen Produktionsbedingungen" zu makrosozial sei. Dabei bleibt bedauerlicherweise unsere eigene Selbstkritik unberücksichtigt; bereits 1977 haben wir im Nachfolgeband „Sozialpädagogische Modelle" ausführlich dargelegt, dass wir die interaktive Ebene zwischen Sozialarbeit und Klient zu sehr vernachlässigt haben (siehe die Selbstkritik in diesem Band) und deshalb nun konstruktiv neue Handlungsmodelle für die Sozialarbeit vorlegen.

2014 veröffentlichte das Forum „kritisch lesen" einen Beitrag von Sebastian Friedrich „Konstruktive Entzauberung." Erschienen in: Radikale Soziale Arbeit? 33/2014." Friedrich notiert zunächst sehr persönlich: „Ich gestehe: Auch ich wollte als Linker „etwas mit Menschen machen" und entschied mich deshalb einst für ein Studium der Sozialarbeit. Ich war der Ansicht, als Sozialarbeiter hätte ich am ehesten Möglichkeiten, die gesellschaftlichen Verhältnisse zumindest im Kleinen zu verbessern. Um Wege dafür zu finden, beschäftigte ich mich zu Beginn des Studiums mit Kritischer Sozialarbeit und wurde im Zuge dessen auf ein uraltes Buch aufmerksam. Der 1973 erschienene Sammelband „Sozialarbeit unter kapitalistischen Produktionsbedingungen" raubte mir alle Illusionen, in der Sozialen Arbeit einen geeigneten Beruf zur Verbesserung oder gar Überwindung der gesellschaftlichen Verhältnisse zu finden. Es waren Sätze wie „Dem Sozialarbeiter fällt in der gegenwärtigen Gesellschaft die Rolle zu, Agent und Repräsentant des herrschenden Staates zu sein" (S. 39) und die ‚Hilfeleistung der Sozialarbeit erweist sich [...] als Helferdienst für die bestehende Ordnung' (S. 204), die sich in meinem Kopf festsetzten und die Seminare zum Beratungssetting, zum Sozialversicherungsrecht, zur Jugendhilfe oder zu Gesprächsmethoden fast unerträglich machten."

Friedrich resümiert, dass – in einem unmittelbar ökonomischen Sinne – Sozialarbeit für die Reproduktion der Ware Arbeitskraft zuständig ist. „Hollstein unterscheidet auf Grundlage einer klassentheoretischen Überlegung in der Sphäre der Armut mehrere Schichten. Sozialarbeit kümmere sich demnach um Lohnarbeiter_innen, „die aufgrund des sozio-psychischen Drucks, der alltäglich auf sie ausgeübt wird, in Problemsituationen geraten sind, welche sie aufgrund ihres reduzierten Status nicht selbsttätig lösen können" (S. 186). Außerdem pflegt die Sozialarbeit die industrielle Reservearmee, „damit einzelne ihrer Mitglieder bei Bedarf in den Arbeitsprozess reintegriert werden können" und unterstützt als drittes diejenigen materiell, „die endgültig aus dem Produktionsprozess der Gesellschaft eliminiert wurden."

18

Folgt man Friedrich, so kann das Buch auch heute noch angehende und künftige Sozialarbeiter_innen „im besten Sinne desillusionieren. Das erscheint mir durchaus notwendig, denn ein zentrales Problem für Linke in der Sozialen Arbeit besteht aus meiner Sicht darin, dass der buchstäbliche Glaube daran, durch sozialarbeiterische Operationen die Verhältnisse zum Positiven zu wenden, mehr zerstört als ermöglicht, wenn etwa unbezahlt dutzende Überstunden gemacht werden und alle politische Energie in die Soziale Arbeit gelegt wird. Die Erfahrungen mit den in den meisten Feldern notwendigen Schranken der Veränderung, die institutionalisierte Soziale Arbeit aufgrund ihrer ideologischen und ökonomischen Funktionen hat, führen nicht selten zur Lethargie. Soziale Arbeit hingegen in erster Linie als Lohnarbeit im Kapitalismus zu begreifen und die Widersprüchlichkeit des eigenen Handelns zu erkennen, dürfte unerlässliche Grundlage für die Entwicklung linker sozialarbeiterischer Praxen sein. Dafür liefert das Buch wertvolle Anregungen."

Ein anderes Beispiel der aktuellen Auseinandersetzung mit unserer Einschätzung von 1973 ist die Bachelor-Arbeit von Moana Kahrmann aus dem Jahr 2023: „Kritische Perspektiven auf die Funktion Sozialer Arbeit." Darin heißt es: „Die erste Hochphase einer kritischen Betrachtung der Funktion Sozialer Arbeit, ist in Deutschland in der Zeit der 68er-Bewegung zu verorten. Inspiriert vom allgemeinen gesellschaftlichen Auf- und Umbruch und der immer weiter fortschreitenden Professionalisierung Sozialer Arbeit, stellten sich in der Sozialen Arbeit Tätige vermehrt die Frage nach Möglichkeiten einer herrschaftskritischen Praxis. Ein Grundlagenwerk, welches erstmals eine offene Kritik an den Verstrickungen Sozialer Arbeit in staatliche Unterdrückungsmechanismen zusammenfasste, stellt der Sammelband „Soziale Arbeit unter kapitalistischen Produktionsbedingungen" im Jahr 1973 herausgegeben von Walter Hollstein und Marianne Meinhold dar. Sowohl Skeptiker*innen der von den vertretenen Autor*innen ausgeführten Funktionsbeschreibung Sozialer Arbeit, als auch Befürworter*innen dieser, beziehen sich immer wieder darauf."

Umgekehrt umgehen die dickbändigen und anerkannten Lehrbücher der sozialen Arbeit unsere Kritik von 1973 oder setzen sich nicht wirklich mit ihr auseinander. Ein Beispiel ist die Arbeit von Werner Thole/Peter Cloos „Soziale Arbeit als professionelle Dienstleistung. Zur „Transformation des beruflichen Handelns" zwischen Ökonomie und eigenständiger Fachkultur." Darin heißt es zu unserem gesellschaftskritischen Ansatz sehr allgemein: „Diese politisch motivierten, von marxistisch aufgeklärten Perspektiven begleiteten

Analysen konnten letztendlich nicht zu einer theoretisch ambitionierten Reformulierung eines Professionalisierungskonzeptes beitragen, vermochten sie doch nicht, Gesellschaftsanalyse und Professionstheorie für die Soziale Arbeit theoretisch gehaltvoll zu verbinden."

Bei Wikipedia werden gesellschaftskritische, materialistisch fundierte Ansätze gar nicht erst erwähnt. Dort werden als Theorien aufgeführt:

- Verhaltensanpassung – vertreten durch Christian Jasper Klumker, Mary Ellen Richmond, Hans Scherpner, Lutz Rössner;
- Erziehung, Bildung und Befähigung – einschließlich Fragen nach einer Idealgesellschaft, der kulturellen Identität, der Verberuflichung des Sozialen und der Subjektentwicklung – vertreten durch Paul Natorp, Herman Nohl, Klaus Mollenhauer, Karam Khella, Marianne Hege, Hans-Uwe Otto, Bernd Dewe, Michael Winkler;
- Armut und soziale Ungerechtigkeit – vertreten durch Alice Salomon, Jane Addams, Ilse Arlt, Lieselotte Pongratz, Silvia Staub-Bernasconi;
- Alltags- und Lebensbewältigung – vertreten durch Louis Lowy, Carel B. Germain, Alex Gitteman, Wolf Rainer Wendt, Hans Thiersch, Lothar Böhnisch;
- Kommunikation und Lebensführung – Wolf Rainer Wendt, Heiko Kleve, Tilly Miller, Wilfried Hosemann, Wolfgang Geiling, Wolf Ritscher, Albert Scherr, Peter Sommerfeld, Dieter Röh, Jan V. Wirth, Björn Kraus, Bringfriede Scheu, Otger Autrata, Werner Schöning

Auch im knapp 1000seitigen Großwerk „Grundriss Soziale Arbeit", herausgegeben von Werner Thole, wird unsere Kritik von 1973 weder behandelt noch erwähnt. Noch etwas erstaunlicher mag vielleicht sein, dass unsere Untersuchung auch nicht in einem Buch genannt wird, das sich ausdrücklich als kritisch anpreist: Roland Anhorn, Frank Bettinger u. a.: „Kritik der Sozialen Arbeit – kritische Soziale Arbeit" aus dem Jahr 2012.

Vielleicht erklärt sich das so: Hartmann und Herzog nennen in ihrem erwähnten Beitrag die Untersuchung „Sozialarbeit unter kapitalistischen Produktionsbedingungen" einen „Stachel im Fleisch der sozialen Arbeit." Vielleicht war der Stachel für manche einfach zu scharf oder zu giftig ...

Hilfe und Kapital

Zur Funktionsbestimmung der Sozialarbeit[1]

Das Selbstverständnis der Sozialarbeit kumuliert im Begriff der Hilfe. Sozialarbeit wird definiert als „Hilfeleistung mit Individualcharakter vorwiegend beratender und erzieherischer Natur."[2] Wesen und Fundament dieser Hilfe wurzeln im Allgemein-Menschlichen. „Hilfe ist eine Urkategorie des menschlichen Handelns überhaupt, ein Begriff, der nicht weiter zurückführbar ist außer auf den des gesellschaftlichen Handelns überhaupt. ‚Hilfe' ist wie ihr Gegenteil ‚Kampf' eine Grundform des Verhaltens der Menschen zueinander. Wie es in der Wirklichkeit des menschlichen Zusammenlebens von jeher Kampf gegeben hat und immer geben wird – er braucht sich ja nicht immer in der Form des Krieges abzuspielen –, so ist auch ohne Hilfe, ohne das positive Zusammenwirken von Menschen, die gegenseitige Hilfe, menschliches Zusammenleben überhaupt nicht denkbar."[3]

Der Sozialarbeiter als Freund

Ihren konkreten Inhalt bezieht die Hilfeleistung der Sozialarbeit aus „religiösen und humanistischen Werten. Wir gründen unsere Arbeit auf die Achtung für jedes menschliche Wesen und erkennen sein Recht auf vollste Entfaltung seiner Fähigkeiten an, wobei jeder die Rechte anderer respektiert und nach seinen Fähigkeiten zu ihrer Persönlichkeitsentfaltung beiträgt."[4]

In der Sozialarbeit offenbart sich das menschliche Grundbedürfnis, den Mitmenschen zu unterstützen, in ihm den ‚Freund' und ‚Bruder' zu sehen. „Dass in der Tat soziale Hilfsarbeit im innersten Kern Freundesdienst ist, Liebesdienst, dafür spricht die instinktiv gewählte Bezeichnung für fast alle Formen der sozialen Hilfsarbeit, die Namen von Freunden und Freundinnen für junge alleinstehende Mädchen, die Jugend überhaupt, die Verwahrlosten usw. Wenn die soziale Arbeit sich nicht veräußerlicht in die Beschaffung materieller Mittel oder den Unterhalt dinglicher Institutionen (Suppenküchen, Anstalten usw.), wenn und soweit sie Arbeit am Menschen ist, ist sie nach

---

1   Eine ausführliche und präzise Darlegung der sozio-ökonomischen Verhältnisse in der Bundesrepublik als Voraussetzung für eine genaue Funktionsbestimmung der Sozialarbeit war in unserem Rahmen nur ansatzweise möglich. Wo wir uns mit pauschalen Äußerungen oder Andeutungen begnügen mussten, verweisen wir wenigstens auf grundlegende resp. weiterführende Literatur.
2   Lingesleben, O., 1968, S. 111
3   Scherpner, H., 1962, S. 122
4   Konopka, G., 1966, S. 117; vgl. dieselbe, 1961

einem Teil ihrer Motive, nach ihrem ganzen Geist und vielfach auch nach ihren Methoden an der geistigen Wechselwirkung, die Freundschaften ausmacht, orientiert. Man darf also sagen, dass ein Stück Freundschaft, Menschenfreundlichkeit und Liebe wesentlich in der sozialen Hilfsarbeit steckt."[5]

Die Hilfe des Sozialarbeiters ist „nicht standardisiert, sondern im besonderen Maße persönlicher Natur und dadurch jeweils einzigartig." Der Sozialarbeiter wendet nicht etwa nur „sein objektives Können" an, „sondern auch durch seine Persönlichkeit wirkt und hilft"[6] er. So ergibt sich zwischen Sozialarbeiter und Klient ein Verhältnis der „Partnerschaftlichkeit"[7].

Der Klient wird „vom Sozialarbeiter in warmherziger, menschlicher Weise" verstanden; er kann seine Nöte und Bedürfnisse in „einer warmen Atmosphäre des Angenommen-Werdens"[8] artikulieren.

Die persönliche Hilfeleistung

Empirische Untersuchungen über das Berufsbild der Sozialarbeiter bestätigen die bezeichneten Topoi. „Das traditionell gefühlsbetonte Helfermotiv" bestimmt auch das Selbstverständnis der befragten Sozialarbeiter. Kategorien wie „Toleranz", „Aufgeschlossenheit", „Einfühlungsvermögen" und „Engagement" sieht der Sozialarbeiter als dominant an. „Verbunden wird dieses Bündel affektbetonender Einstellungen nur teilweise mit Anforderungen an die Rationalität der Sozialarbeiter: „Sachlichkeit" und „berufsbezogenes Wissen einsetzen" erreichen zusammen ca. 20% der Nennungen." Erhärtet wird das „Selbstbild vom in erster Linie altruistisch, in zweiter Linie fachlich helfenden und dabei im Wortsinn „selbst"-losen Sozialarbeiter."[9] Die Methodenlehre der Sozialarbeit entspricht – wie in diesem Band mehrfach vermerkt, diesen Vorstellungen.

Doch nicht nur Theorie, Ausbildung, Methoden und Selbstverständnis der Sozialarbeit reduzieren letztere auf die individuelle Hilfeleistung als „Freundesdienst". Auch die Gesetzgebung versteht Sozialarbeit als Hilfe im bezeichneten Sinne. So wird in der Fürsorgegesetzgebung vom „Vorrang persönlicher Hilfe" gesprochen. Die Fürsorgeempfänger werden als „Hilfesuchende" und „Hilfeempfänger" bezeichnet. Im Paragrafen 75 des Bundessozialhilfegesetzes

5   Fischer, A., 1968, S. 231
6   Friedländer, W. A., 1966, S. 287
7   Iben, G., 1970, S. 189
8   Friedländer, W. A, 1960, S. 6
9   Helfer, I., 1971, S. 84

(BSHG) wird in Bezug auf alte Menschen von „Hilfe zur Tätigkeit, Hilfe zur Wohnungsbeschaffung, Hilfe zum Besuch von Veranstaltungen zur Geselligkeit [...], Hilfe zur Verbindung mit nahestehenden Personen" gesprochen. Das, was Ämter und Behörden ihren Klienten offerieren, heißt „Sozialhilfe", der Zustand, der sie nötig macht, „Hilfsbedürftigkeit". Sozialarbeit „hilft", wenn Menschen „Hilfe zum Lebensunterhalt" oder „Hilfe in besonderen Lebenslagen" brauchen.

Hans Scherpner fasst zusammen: „Die erste Grundform der Hilfebedürftigkeit hat ihren Grund in der Unangepasstheit des Einzelnen an die materiellen Lebensbedingungen der Gesellschaft, entspringt also aus einem Versagen den wirtschaftlichen Erfordernissen des Gesellschaftslebens gegenüber. Diese wirtschaftliche Hilfebedürftigkeit nennen wir mit der einfachen alten Bezeichnung Armut (auch wenn dieser Begriff heute nicht modern ist und durch Umschreibungen ersetzt wird). Die zweite Grundform der Hilfebedürftigkeit beruht auf der Unzulänglichkeit gegenüber der moralischen Ordnung der Gemeinschaft und den daraus sich stellenden Forderungen an den Einzelnen. Diese erzieherische Hilfebedürftigkeit bezeichnen wir als Verwahrlosung."[10]

Im einen Fall hilft Sozialarbeit, Armut zu überwinden, im anderen, Verwahrlosung aufzuheben. Eindeutig ist hier wie da und immer: Sozialarbeit hilft.

Krankes Individuum und gesunde Gesellschaft

Diese Konzeption impliziert ungefragt das „Versagen" des Klienten und die „Ordnung der Gemeinschaft." Dass letztere so intakt gar nicht sein könnte, wird nicht einmal als Frage problematisiert. Die Stoßrichtung ist klar: „In unserem Beruf haben wir aus jahrelanger Erfahrung mit vielen Klienten und Einrichtungen die Überzeugung gewonnen, dass jede Bitte um Hilfe bei einer sozialen Dienststelle psychologischer Natur ist."[11]

Indem Sozialarbeit dem Klienten dergestalt sein persönliches Defizit anlastet, ist auf einfachste Weise ihr institutioneller Hilfeakt gerechtfertigt.

Das Gesellschaftsbild, das solcher Hilfeleistung zugrunde liegt, ist das der harmonischen Gemeinschaft. Schon stigmatisierende Begriffe wie „Abweichung" oder „Devianz" tragen die Wertvorstellung von Harmonie in sich. Wer abweicht, dem muss dann nur konsequent die helfende Hand der

---

10 Scherpner, H., 1962
11 Biestek, F., zit. n. Peters, H., 1972

Sozialarbeit gereicht werden, damit er in die Gemeinschaft aller zurückfindet. Konsensus ist das Ziel; Konflikt wird negiert und als schädlich gebrandmarkt. Ob dem so ist, stellt sich für die Sozialarbeit nicht als Frage. Ebenso wenig problematisiert sie ihre Hilfeleistung in irgendeiner Weise. Dass sie einzig hilft und nicht etwa wie Polizei und Justiz auch einen Faktor im Kriminalisierungsprozess des Klienten darstellt, ist für die Sozialarbeit eindeutig. Ihre Hilfe ist als solche gut und notwendig, wobei die Frage, ob auch der Klient dieser Ansicht ist, gar nicht erst aufkommen kann. Als völlig unantastbar steht die Erkenntnis fest, dass der Klient zu seinem Nutzen und aus eigener Entscheidung zum Sozialarbeiter kommt.

Dass Sozialarbeit kontrollieren, stigmatisieren und sogar bestrafen könnte, scheint offenbar schon als bloße Möglichkeit nicht denkbar zu sein; denn Sozialarbeit hilft ja. Dass die Zielrichtung ihrer Hilfe, nämlich Integration und Anpassung des Klienten, nicht unbedingt im Sinne des letzteren ist, stellt sich für die Sozialarbeit ebenfalls nicht als Problem.

Dass Anpassung ein ambivalentes Phänomen darstellt, dass sie einigen zum Nutzen und anderen zum Schaden gereichen könnte, wird von der Sozialarbeit nicht reflektiert. Gleichermaßen umgeht sie die Frage nach den Normen und Werten, auf die ihre Hilfeleistung die Klienten festlegt. Ob bestimmte Interessen in ihre Arbeit eingehen und ihr Auftrag spezifische Intentionen erfüllt, wird von der Sozialarbeit ebenfalls nicht thematisiert. Sie reduziert ihre Aktivitäten und alle damit zusammenhängenden Probleme auf ihr ewiges Losungswort der Hilfe. Doch dies ist eine Annahme ohne Beweis. Die Sozialarbeit hat bisher ihre Konzeption der Hilfe weder empirisch erhärtet noch kritisch reflektiert. Dass Sozialarbeit hilft, ist damit nur ein Dogma, an das sich glauben lässt.

Ob sich die Hilfeleistung als einzige und entscheidende Funktion der Sozialarbeit erweist, kann in Wahrheit nur geklärt werden, wenn der Auftrag fürsorgerischen Bemühens nicht aus dessen Selbstverständnis isoliert, sondern aus den gesellschaftlichen Tatsächlichkeiten vermittelt abgeleitet wird.

Eine Funktion erhält generell nur Sinn und Zweck von der ihr zugrunde liegenden Struktur, die sie zu reproduzieren hilft. Sozialarbeit muss demnach auf das gesellschaftliche System bezogen werden, in welchem sie je tätig wird. Das verlangt Fragen nach der Beschaffenheit dieses Systems, nach seinen Wirkungen und Einflüssen auf das Berufsfeld der Sozialarbeit und nach der Bedeutung der Sozialarbeit für die Reproduktion dieses Systems.

Der Grundwiderspruch der Gesellschaft

Das gesellschaftliche System der Bundesrepublik ist vom Phänomen des Kapitals geprägt, dessen Gegensatz die Lohnarbeit ist. Ihr Verhältnis bezeichnet den Grundwiderspruch der kapitalistischen Gesellschaft, der darin besteht, dass zwar allgemein produziert, das Resultat gesellschaftlicher Arbeit aber nur privat akkumuliert wird. Solches ist möglich, weil die Produktionsmittel (Maschinen, Fabriken u. a.) zum Privateigentum weniger gehören, die die vielen für sich arbeiten lassen.

Aus dieser Arbeit zieht der Kapitalist seinen Gewinn, indem er den Arbeiter nur für einen Teil seiner Leistung bezahlt und den Rest als Mehrwert einbehält. „Die Arbeitskraft ist also eine Ware, die ihr Besitzer, der Lohnarbeiter, an das Kapital verkauft. Warum verkauft er sie? Um zu leben. Die Betätigung der Arbeitskraft, die Arbeit, ist aber die eigne Lebenstätigkeit des Arbeiters, seine eigne Lebensäußerung. Und diese *Lebenstätigkeit* verkauft er an einen Dritten, um sich die nötigen *Lebensmittel* zu sichern. Seine Lebenstätigkeit ist für ihn also nur ein Mittel, um existieren zu können. Er arbeitet, um zu leben. Er rechnet die Arbeit nicht selbst in sein Leben ein, sie ist vielmehr ein Opfer seines Lebens. Sie ist eine Ware, die er an einen Dritten zugeschlagen hat."[12]

Die Verfügung über die Arbeitskraft der Produzenten und der Profit, der ihm aus dieser Disposition über fremde Leistung erwächst, ermöglicht dem „personifizierten" Kapital als herrschender Klasse nicht nur das ökonomische Leben der Gesellschaft, sondern auch das politische, soziale und kulturelle nach seinen Vorstellungen zu bestimmen. Dabei bewirkt die Perpetuierung des Widerspruchs von Lohnarbeit und Kapital, dass sich das Verhältnis der beiden Gegensätze nicht nur reproduziert, sondern verstärkt und die Position der herrschenden Klasse im gesellschaftlichen System mithin gefestigt wird.

„Ein Arbeiter in einer Baumwollfabrik, produziert er nur Baumwollstoffe? Nein, er produziert Kapital. Er produziert Werte, die von neuem dazu dienen, seine Arbeit zu kommandieren und vermittels derselben neue Werte zu schaffen. Das Kapital kann sich nur vermehren, indem es sich gegen Arbeitskraft austauscht, indem es Lohnarbeit ins Leben ruft. Die Arbeitskraft des Lohnarbeiters kann sich nur gegen Kapital austauschen, indem sie das Kapital vermehrt, indem sie die Macht verstärkt, deren Sklavin sie ist. Vermehrung des Kapitals ist daher Vermehrung des Proletariats, d. h. der Arbeiterklasse."[13]

---

12 Marx, K., 1957, in: Marx, K. / F. Engels, 1957, S. 70
13 Ebd., S. 80

Der ökonomische Konzentrationsprozess

Diese Machtverstärkung des Kapitals drückt sich heute im Konzentrationsprozess der westdeutschen Wirtschaft aus, der sich in den letzten Jahren so sehr intensiviert hat, dass Beobachter „in Konturen" schon „eine künftige Gesellschaft" sehen, „die in ihren wesentlichen Aspekten um einige wenige Mammutkonzerne gravitiert."[14] Riesige Unternehmenseinheiten mit entsprechendem Umsatz bestimmen die sozio-ökonomische Struktur der Bundesrepublik. „Rund ein Drittel des gesamten Industrieumsatzes wurde 1954 von den 100 größten Industrieunternehmen [...] erzielt, 1960 waren schon die 50 größten Unternehmen in der Lage, denselben Anteil des Industrieumsatzes auf sich zu vereinigen, wobei nicht vergessen werden darf, dass dieses Umsatzdrittel sich in absoluten Zahlen bald verdoppelt hat. Sieben Jahre später, 1967, kommen die 50 größten Unternehmen bereits auf einen Anteil von 42, 2% am Industrieumsatz."[15]

„Ebenfalls aufschlussreich sind die Angaben des Bundeskartellamtes zur marktbeherrschenden Stellung der Konzerne. Der Umsatzanteil der 50 größten westdeutschen Industrieunternehmen am gesamten Industrieumsatz stieg von 25, 4% im Jahre 1954 auf 42, 2% im Jahre 1967. Allein der Umsatzanteil der 10 größten Industrieunternehmen (Volkswagen, Siemens, Hoechst, ATH, Bayer, VEBA, Daimler-Benz, AEG-Telefunken, BASF, Krupp) betrug 1967 16, 8%. Die Beherrschung der Branchenmärkte wird aus den Ziffern des Umsatzteils der jeweils vier größten Unternehmen der Branche am gesamten Branchenumsatz deutlich: Mineralöl und Erdgas: 1966 = 83, 7% (1960 = 70, 2%); Fahrzeugbau: 81, 3% (71, 2%); Elektrotechnik: 47, 4% (43, 3%); Chemie: 49% (40%)."[16]

Der Konzentrationsprozess manifestiert sich auch in den Beschäftigtenquoten (Zahlen von 1968): „In der Betriebsgrößenklasse von 1 bis 9 Beschäftigten befanden sich über 43 v. H. aller Betriebe, die jedoch lediglich je 2 v. H. der Beschäftigten und des Umsatzes auf sich vereinigten. Für die höchste Betriebsgrößenklasse, in der die Großbetriebe zusammengefasst sind (1000 und mehr Beschäftigte), liegen fast genau umgekehrte Zahlenverhältnisse vor. Hier entfielen auf nur 1,2 v. H. der Betriebe fast je 40 v. H. der Beschäftigten und des Umsatzes. Fasst man alle Betriebe mit mehr als 500 Beschäftigten zusammen, so fallen in diese Größenklasse 2713 Betriebe

---

14 Hirsch, J., 1972; Kress, G. / D. Senghaas, 1972, S. 175; vgl. dazu ausführlich: Huffschmid, J.,1969; Tjaden-Steinhauer, M. / K. H. Tjaden, 1979
15 Huffschmid, J., 1969, S. 44
16 Harrer, J. / H. Jung, 1971, S. 52, in Jung, H. / F. Deppe / K. H. Tjaden, 1971

oder knapp 3 v. H. aller Betriebe mit einem Beschäftigten- und Umsatzanteil von jeweils über 50 v. H. Entsprechend repräsentieren die übrigen 96 770 Betriebe oder 97, 2 v. H. lediglich knapp die Hälfte der Beschäftigten und des Umsatzes."[17]

Schließlich verweist die „zentralisierte" Herstellung des Bruttoinlandproduktes (BIP) auf die zunehmende Konzentration der westdeutschen Wirtschaft: „Mehr als ein Fünftel des Bruttoinlandproduktes entstand 1968 in nur 130 Konzernen und Unternehmen. 80 Industriekonzerne und -unternehmen der verarbeitenden Industrie erbrachten mehr als 41 v. H. des hier erzeugten Bruttoinlandproduktes, was einem Anteil von über 14 v. H. an dem gesamten Bruttoinlandprodukt entspricht (jeweils ohne Umsatzsteuer). Dabei verteilen sich die bei Erzeugung des BIP anfallenden Umsätze auf 1 652 408 natürliche und juristische umsatzsteuerpflichtige Personen."[18]

Aus diesen wenigen Zahlen und Fakten, die wir in diesem Rahmen zum Konzentrationsprozess in der Bundesrepublik vorlegen können, muss geschlossen werden, dass „wir heute Zeugen des Heranwachsens von Unternehmensgiganten" sind, „deren Umsatzzahlen oft das Etatvolumen kleiner Staaten überschreiten und von denen vielfach die Lebensgrundlage Hunderttausender von Arbeitern und das wirtschaftliche Schicksal vieler Klein- und Mittelbetriebe abhängt."[19]

Die wenigen Reichen ...

Vom Konzentrationsprozess profitieren indessen nur wenige wesentlich. „Zusammenfassend ist festzustellen: Von dem aus Anteilen an Kapitalgesellschaften und Betriebsvermögen der Einzelunternehmen und Personengesellschaften bestehenden, in Steuerwerten gemessenen Produktivvermögen in Höhe von rund 130 Milliarden DM entfiel mit rund 93 Milliarden DM ein Anteil von 72 v. H. auf eine relativ kleine Zahl von vermögensteuerpflichtigen Haushalten. Addiert man die Zahl der Haushalte mit Kapitalanteilen einerseits und Betriebsvermögen andererseits, so ergibt sich eine Gesamtzahl von 451 000 Haushalten – 2, 1 v. H. aller privaten Haushalte."

Eine solche Addition sei jedoch unzulässig, weil dabei Doppelzählungen auftreten. Sie habe nur als Näherungsrechnung einen Sinn, um eine Maximalquote zu ermitteln. In Wirklichkeit sei der Prozentsatz geringer. Berücksichtige man diesen Sachverhalt, so führe „die Rechnung in die Nähe der von

---

17 Höhnen, W. u. a., 1971, in: WWI-Mitteilungen No. 8/9
18 Ebd.
19 Hirsch, J., 1972, S. 170

Siebke errechneten Zahlen, wonach 1, 7 v. H. aller Haushalte Ende 1966 über 73, 5 v. H. des im Eigentum an gewerblichen Unternehmen bestehenden Produktivvermögens verfügten."[20]

Diese Zahlen dokumentieren klar, dass das private Unternehmenskapital bei wenigen Personen konzentriert ist. Was das Gesamtvermögen angeht, so verfügen 1, 7% aller Haushalte „über 35% des gesamten privaten Vermögens, während 98, 3% der Haushalte nur 65% des Vermögens besitzen. Weniger als 1% der Haushalte verfügt über mehr als 10%, nämlich über 13% des gesamten Privatvermögens." [21]

Der Anteil der Arbeitnehmer und der Rentner am Gesamtvermögen hat sich seit 1950 um die Hälfte reduziert.

. . . und die vielen Nicht-Reichen

Trotz des Anstiegs des Bruttosozialprodukts um mehr als das Fünffache seit 1950 haben die Brutto-Wochenverdienste der Industriearbeiter mit dieser Entwicklung nicht Schritt gehalten: sie haben sich knapp mehr als verdreifacht. Während der Anteil der Arbeiterschaft am Sozialprodukt 1950 noch 35 Prozent betrug, belief er sich 1969 nur noch auf 29 Prozent. Das bedeutet, dass ein wachsender Prozentsatz der Lohnarbeiter sich mit einem immer kleiner werdenden Teil des gesellschaftlichen Vermögens begnügen muss. „Dieses Zurückbleiben der Einkommen der Unselbstständigen hinter der allgemeinen Einkommensentwicklung wurde bislang durch das ziemlich starke absolute Wachstum des Gesamteinkommens und damit auch der Löhne und Gehälter überdeckt; es ist erstmals im Jahre 1968 wieder voll sichtbar geworden, als die Lohnquote mit einem Schlag um 2, 4% von 67, 2% auf 64, 8% zurückging."[22]

Eine Konsequenz dieser Sozialkonstellation ist, dass die Arbeiterschaft den Großteil ihres Lohneinkommens für die Reproduktion der Arbeitskraft benötigt. „Das bedeutet: Obwohl die Arbeitnehmer einen wesentlich höheren Prozentsatz zur Bildung des Sozialprodukts beitragen als die Selbstständigen – wie sich aus der Einkommensbildung ergibt –, obwohl ihr Anteil am verfügbaren Einkommen höher ist als das der Selbstständigen – wenn die Proportionen auch noch längst nicht der Relation der Beschäftigten entsprechen –, ist es den Arbeitnehmern offensichtlich unmöglich, einen annähernd gleich hohen Teil ihres Einkommens zu sparen wie die Selbstständigen. Die entscheidende Ursache hierfür ist, wie die Bundesbank

20 Höhnen, W, 1971, in: WWI-Mitteilungen No. 8/9
21 Huffschmid, J., 1969, S. 33
22 Ebd.

dargelegt hat, der relativ hohe Betrag, der von den Unselbstständigen für ihre Lebenserhaltung ausgegeben werden muss, also verbraucht wird."[23]

Der Lohnarbeiter erreicht im Gegensatz zu den Selbstständigen keine Einkommenshöhe, die es ihm erlaubte, Geld anzulegen und damit Vorsorge zu treffen. Nach der Untersuchung von Adolf Kozlik, die ergab, dass niedriges Einkommen über Verbrauchsgüter für den sofortigen Konsum verfügen lässt, höheres Einkommen die Disposition über Geld für späteren Verbrauch sichert, noch höheres Einkommen Nutzen aus dem daraus gebildeten Kapital ziehen lässt und sehr hohes Einkommen zu Macht verhilft[24], vermag der Lohnarbeiter niemals die erste Stufe des Konsumeinkommens zu überspringen.

Auch der Weg zur Sparkasse führt für den Arbeiter nie zum Ziel produktiver Vermögensbildung: „Ein Bezieher niedriger Einkommen hat nur zwei Verwendungsmöglichkeiten für seine notwendigerweise geringen Ersparnisse: er kann entweder ausweichen in die „häuslichen Investitionen", also langlebige Gebrauchsgüter wie Autos, Kühlschränke, Fernsehapparate oder, im günstigsten Fall, Eigenheime erwerben und damit die produktive Potenz seines Geldvermögens vernichten; oder aber er bildet Geldvermögen, d. h. er bringt seine Ersparnisse zu einer Kapitalsammelstelle, hat aber dann keine Möglichkeiten, aus der Abstraktion dieser Form des Geldvermögens herauszukommen."[25] Das heißt: der Arbeiter bleibt grundsätzlich auf seinen Status des Lohnabhängigen fixiert. Sein Einkommen ist das niedrigste im Vergleich zu anderen Erwerbsgruppen (siehe Tabelle 1 über Haushaltsnettoeinkommen).

Eindeutig zeigt sich in der Bundesrepublik, dass die Entwicklung des Lohns auf der einen Seite und des Profits auf der anderen immer weiter auseinanderklafft. Zwischen den bescheidenen Lohnsteigerungen der Arbeiter, den Preiserhöhungen, der Konjunkturentwicklung und dem Einkommen aus Kapitalbesitz besteht ein prinzipielles Missverhältnis. Nicht die Forderung nach ökonomischer Gleichheit, sondern der Trend zur Ungleichheit setzt sich vermehrt durch.[26]

„Die zunehmende Verfestigung der kapitalistischen Herrschaftsstrukturen spiegelt sich wider in einer immer ungleichmäßiger werdenden Einkommensverteilung zu Lasten der abhängigen Beschäftigten und insbesondere der Arbeiterschaft. Die Lohnquote (Bruttoeinkommen aus unselbstständiger

---

23 Huffschmid, J., 1969, S. 16
24 Kozlik, A. / M. Jilg, 1968, S. 16 f.
25 Huffschmid, J., 1969, S. 25
26 Vgl. dazu grundsätzlich: Bottomore, T. B., 1965; für die BRD: Huffschmid, J., 1969;
    Huffschmid, J., 1970; Jung, H. / F. Deppe / K. H. Tjaden, 1971

Haushaltsnettoeinkommen nach Erwerbsgruppen und Familiengröße

Monatl. Haushalts-netto-einkommen	Jahr	Beamter				Angestellter				Arbeiter			
		Soziale Stellung des Haushaltsvorstandes — Zahl der Haushaltmitglieder											
		2	3	4	5+	2	3	4	5+	2	3	4	5+
		in %				in %				in %			
unter 600,—	1957	55	48	37	18	61	52	42	26	88	78	69	51
	1969	—	—	—	—	(2)	—	—	—	7	3	(2)	(2)
600,— bis 800,—	1957	26	29	29	24	24	29	29	28	11	18	20	23
	1969	(7)	(8)	(3)	—	9	7	4	3	31	24	21	16
800,— bis 1200,—	1957	17	20	28	41	13	17	25	35	(1)	4	11	22
	1969	30	33	33	21	35	73	73	30	43	51	56	54
1200,— u. mehr	1957	(2)	3	6	17	(2)	(2)	4	11	—	—	—	4
	1969	62	59	64	79	54	55	58	67	19	22	21	28
davon bis 1800,—	1969	41	37	40	43	36	36	35	41	18	20	18	23
2500,—	1969	18	18	20	28	14	15	17	18	1	2	3	5
über 2500,—	1969	(3)	(4)	(4)	(8)	4	5	6	8	—	—	—	—

Tabelle 1: Haushaltsnettoeinkommen[27]

Arbeit zu Volkseinkommen) wuchs zwar von 58, 6% im Jahr 1950 auf 65, 3% im Jahr 1969, aber wenn man den Struktureffekt beachtet und die Quote von 1969 um die Zunahme der Zahl der Arbeiter und Angestellten (Pro-Kopf-Quote) bereinigt, so ist die Lohnquote in Wirklichkeit von rund 59% auf rund 55% gesunken."[28]

Die Werte des Systems und der Sozialcharakter

Entgegen dieser Tatbestände wird in der Bundesrepublik die Vorstellung genährt, dass Chancengleichheit und Mobilität für alle bestehe. Wer nur zureichend am eigenen Fortkommen und an seiner individuellen Prosperität interessiert ist, so wird gelehrt, könne mit Leistungswillen, Fleiß, Aufstiegsmotivation und Disziplin den zum Ziel gesetzten Wohlstand und Erfolg erreichen. Damit wird aber in Wahrheit nicht die Gleichheit postu-liert, sondern die Ungleichheit legitimiert: wer nämlich im Gegensatz zum Reichen arm bleibt, leistet eben (noch) nicht genug und ist mithin selber

---

27 Ebd.
28 Huffschmid, J., 1970, vgl.: Der Bundesminister für Arbeit und Sozialordnung (Hrsg.), 1970, S. 12

an seiner Lage schuld; der Reiche indessen hat mehr gearbeitet als der Arme und sieht sich deshalb von der Gesellschaft belohnt. Die bestehenden sozialen Unterschiede, die niemand leugnet, werden dergestalt als gerecht dargestellt.

Es bleibt indessen nicht bei der bloßen Darstellung. Die Werte der kapitalistischen Gesellschaft von Erfolg und Besitz über Disziplin, Arbeitswille und Ordnungsliebe bis zu Fleiß, Mobilität und Leistungswettbewerb dominieren auch die Sozialisation eines jeden Bürgers und werden verinnerlicht. „Statt zu fragen, warum begehen Menschen, deren ökonomische Situation ihnen die legale Befriedigung an sich normaler Bedürfnisse nicht erlaubt, Delikte, die die Befriedigung dieser Bedürfnisse ermöglichen sollen, wäre es richtiger, die Frage umgekehrt zu stellen: warum begehen die meisten Menschen in eben dieser ökonomischen Situation keine Delikte, um sich die Befriedigung solcher Bedürfnisse zu verschaffen, die einer Reihe von Mitgliedern der Gesellschaft auf legalem Wege möglich ist? Die Antwort auf diese Frage ist sehr einfach. Die Gesellschaft erreicht es durch die Art der Erziehung und durch gesellschaftliche Institutionen, der besitzlosen Masse Ideale einzupflanzen, die es den meisten möglich machen, die Armut der Unehrlichkeit vorzuziehen."[29]

Mithin verhält sich der Bürger konform, weil ihm die interessengebundenen Werte des Systems introjiziert worden sind. Beispielsweise stiehlt er nicht, weil er „weiß", dass nur die Arbeitsleistung Privatbesitz legitimiert, aber nicht der Diebstahl. Diese im Erziehungsprozess erzwungenen systemkonformen Verhaltensweisen und Einstellungen fasst Erich Fromm im Begriff „Sozialcharakter" zusammen: „Es ist die Funktion des Sozialcharakters, die seelischen Kräfte der Mitglieder der Gesellschaft so zu beeinflussen, dass ihr Verhalten in der Gesellschaft nicht eine bewusste Entscheidung ist, ob sie den gesellschaftlichen Regeln folgen wollen oder nicht, vielmehr eine Haltung, die sie wünschen lässt, so zu handeln, wie sie zu handeln haben, und sie zugleich Befriedigung darin finden lässt, den Erfordernissen der jeweiligen Gesellschaft gemäß zu handeln. Anders gesagt, die Funktion des Sozialcharakters besteht darin, die menschlichen Energien innerhalb einer gegebenen Gesellschaft so zu formen und zu kanalisieren, dass sie das kontinuierliche Funktionieren eben dieser Gesellschaft verbürgen."[30]

Kapital und Lohnarbeit

Von diesem „Funktionieren" profitieren aber primär nur die Besitzenden, denn in einer Gesellschaft, „in der fast das gesamte Vermögen sich in den Händen relativ weniger Eigentümer befindet und der Rest der Gesellschaft abhän-

---

29 Fromm, E., 1970, S. 120
30 Fromm, E., 1968, S. 74

gig von diesen Arbeit ‚nehmen' muss, bedeutet Stabilität und Expansion der Wirtschaft eben Stabilität der Macht und Ausdehnung des privaten Vermögens dieser Eigentümer."[31] Dass auch das Anwachsen der Löhne grundsätzlich an der Situation der Arbeiterschaft nichts ändert, formulierte Marx schon frühzeitig mit den Worten: „Selbst die günstigste Situation für die Arbeiterklasse, möglichst rasches Wachstum des Kapitals, so sehr sie das materielle Leben des Arbeiters verbessern mag, hebt den Gegensatz zwischen seinen Interessen und den Bourgeoisinteressen, den Interessen des Kapitalisten, nicht auf. Profit und Arbeitslohn stehen nach wie vor im umgekehrten Verhältnis."[32]

Tatsächlich verschlechtert sich das Verhältnis von Kapital und Lohnarbeit sogar noch zuungunsten des Arbeiters in der geschilderten Situation der Prosperität. „Ist das Kapital rasch anwachsend, so mag der Arbeitslohn steigen; unverhältnismäßig schneller steigt der Profit des Kapitals. Die materielle Lage des Arbeiters hat sich verbessert, aber auf Kosten seiner gesellschaftlichen Lage. Die gesellschaftliche Kluft, welche ihn vom Kapitalisten trennt, hat sich erweitert."[33]

Im Vergleich zum Kapitalisten wird der Lohnarbeiter immer arm sein, weil er arm bleiben muss. Nur seine Armut garantiert den Status des Kapitalisten als solchen. „Die Interessen des Kapitals und die Interessen der Arbeiter sind dieselben, heißt nur: Kapital und Lohnarbeit sind zwei Seiten eines und desselben Verhältnisses. Die eine bedingt die andere, wie der Wucherer und Verschwender sich wechselseitig bedingen. Solange der Lohnarbeiter Lohnarbeiter ist, hängt sein Los vom Kapital ab. Das ist die viel gerühmte Gemeinsamkeit des Interesses von Arbeiter und Kapitalist."[34]

Weder kann sich also die Arbeiterschaft innerhalb der kapitalistischen Gesellschaft aus ihrer Oppression emanzipieren noch das Kapital trotz aller Versprechungen Exploitation und Unterdrückung eliminieren, will es seine eigenen Gesetze der Profitmaximierung nicht selber aufheben: „Denn entscheidend wichtig ist nun mal die Erkenntnis, dass der Monopolkapitalismus bei aller Produktivität und dem Reichtum, die er geschaffen hat, überhaupt nicht in der Lage ist, die Grundlagen für eine Gesellschaft zu schaffen, die für die gesunde und glückliche Entwicklung ihrer Mitglieder sorgt."[35]

31 Huffschmid, J., 1970, S. 34
32 Marx, K., 1957, S. 85
33 Ebd.
34 Ebd., S. 80; vgl. ausführlich: Gans, H. J., 1972; Baran, P. A. / P. M. Sweezy, 1967
35 Baran, P. A., / P. M. Sweezy, 1972, S. 273

Die Klassengesellschaft

So stehen sich in der kapitalistischen Gesellschaft unveränderbar die sich bedingenden Gegensätze von Kapital und Lohnarbeit in ihrer ‚Personifizierung‘ als antagonistische Klassen gegenüber. „Beherrscher des Prozesses der materiellen und gesellschaftlichen Produktion und Reproduktion sind die Produktionsmittelbesitzer, die durch die Aneignung und Anlage des von lohnabhängig Beschäftigten produzierten Mehrwerts die Entwicklungsrichtung der kapitalistischen Unternehmen bestimmen. Ihnen sind die angestellten direkten Funktionäre der Einzelkapitale in den verschiedenen Unternehmensbereichen zuzurechnen. Die Eigentümer und Leiter der kapitalistischen Unternehmen außerhalb der Produktionssphäre, die den Prozess der Kapitalzirkulation vermitteln, sind selbstverständlich ebenfalls zur herrschenden Klasse der kapitalistischen Gesellschaftsformation zu rechnen. Zu ihr gehört ebenfalls der Kreis des Führungspersonals im Staatsapparat und in den Institutionen der Vermittlung der Wirtschaft mit der Gesamtgesellschaft. Die Mitglieder dieser Klasse dürften, soweit sie nicht der Kategorie der Nichterwerbspersonen zuzurechnen sind, zwischen 1 1/2 und 2% der Erwerbspersonen der BRD von 1969 ausmachen."[36]

Diese kleine, kompakte Gruppe kann auch als Machtelite bezeichnet werden. Ihr folgen in der Sozialstruktur die kleineren Selbstständigen (Kaufleute, Bauern, Handwerker u. a.), deren Anteil an den Erwerbspersonen in der Bundesrepublik 17 Prozent ausmacht. Ihr sozio-politischer Einfluss zeigt sich ebenso rückläufig wie ihre numerische Teilhabe an der herrschenden Klasse.

Der Rückgang der Selbstständigen an den Erwerbspersonen dokumentiert wie vor allem auch der Zuwachs der lohnabhängigen Klasse die wachsende Polarisierung in der westdeutschen Gesellschaft. Die lohnabhängige Klasse „umfasst neben den Arbeitern in der materiellen Produktion auch die wachsende Gruppe derjenigen Angestellten, die den unmittelbaren Produktionsprozess im kapitalistischen Betrieb sach- und sozialtechnisch organisieren. Zu diesen Mehrwertproduzenten treten als weitere Angehörige der Arbeiterklasse der BRD diejenigen Arbeiter und Angestellten kapitalistischer Unternehmen, die – verschiedenen Wirtschaftsbereichen zugehörig – die Mehrwertrealisierung vermitteln. Zur Arbeiterklasse müssen auch diejenigen Arbeiter, Angestellten und Beamten gerechnet werden, die als Lohnabhängige im Bereich des öffentlichen Dienstes sowie des kapitalistischen Dienstleistungsgewerbes zum Funktionieren des kapitalistischen Gesamtsystems beisteuern.

---

36 Tjaden-Steinhauer, M. / K. H. Tjaden, 1970

Darüber hinaus gibt es die Arbeiter und Angestellten im nicht spezifisch kapitalistischen Bereich der kleinbetrieblichen Warenproduktion, Warenzirkulation und Dienstleistungstätigkeiten, die unter den Begriff ‚Vorproletariat' zusammengefasst werden können. Der Umfang der Gesamtkategorie der abhängig Beschäftigten beträgt 1969 gegen 81% der Erwerbspersonen."[37]

Betrug der Anteil der lohnabhängigen Klasse an der erwerbstätigen Bevölkerung 1950 noch 70 Prozent, so wuchs er bis 1960 auf 76 Prozent an und bewegt sich heute bei über 81 Prozent. Dabei nahm vor allem die Gruppe der Büro- und Handelskräfte zu, die sich seit 1950 verdoppelte.[38]

Die Klassenlage der Arbeiter

Die Sozialstruktur der Bundesrepublik wird damit von einer rigorosen Hierarchie geprägt, innerhalb derer eine Mobilität nach oben für die Angehörigen der lohnabhängigen Klasse nur auf der Ebene der individuellen Ausnahme möglich ist, die das hierarchische Prinzip nur beweist, aber nicht verändert. Die Diskrepanz zwischen den beiden Hauptklassen hat sich dabei noch vertieft: „Indiz dafür ist, dass bei weiterer Zunahme des Anteils der Unselbstständigen an den Erwerbstätigen von 1960 bis 1968 deren Anteil am Volkseinkommen nahezu konstant blieb.

Hieraus ergibt sich angesichts des Sachverhalts, dass die kleinen Einkommen fast völlig dem Individualkonsum dienen und nur die hohen Besitzeinkommen Vermögensbildung erlauben, dass auch für die sechziger Jahre die schlichte Wahrheit weiter gegolten hat, die Föhl für die fünfziger Jahre empirisch belegt hat: „Wer hat, dem wird gegeben!"

Vor allem aber ist die westdeutsche Arbeiterklasse in der Krise 1966/67, gegen deren Ende die Zahl der Arbeitslosen erstmals seit dem Winter 1959/60 wieder die 1/2-Millionen-Grenze überschritt, in der Erfahrung der Arbeitsplatzunsicherheit wieder unmittelbar mit ihrer Grundsituation, Klasse kapitalabhängiger Lohnarbeiter zu sein, konfrontiert worden. Auch nach Überwindung der Krise verstärkt sich die Gefahr, dass es trotz steigender Nachfrage nach hochqualifizierten und -spezialisierten Arbeitskräften – wofür das weitere Anwachsen der Angestelltenzahlen nur ein Ausdruck ist – zu einer Zunahme der Zahl der Arbeitslosen kommt, deren Arbeitskraft infolge des

---

37 Tjaden-Steinhauer, M. / K. H. Tjaden, in: Jung, H. / F. Deppe / K. H. Tjaden, 1971
38 Institut für Gesellschaftswissenschaften beim ZK der SED, 1971, S. 336;
   Tjaden-Steinhauer, M. / K. H. Tjaden, in: Jung, H. / F. Deppe / K. H. Tjaden, 1971

kapitalistisch angewandten wissenschaftlich-technischen Fortschritts nicht mehr verwertbar ist."[39]

Kennzeichnende Merkmale der Klassenlage der Arbeiterschaft sind Machtlosigkeit und Unsicherheit, die auf der Besitzlosigkeit der Arbeiterklasse beruhen. Die logische Folge davon ist, dass für Notfälle nichts oder nur relativ wenig an Ersparnissen zurückgelegt werden kann. Daran hat der Wirtschaftsaufschwung in der Bundesrepublik grundsätzlich nichts geändert. Der allgemeine Lohnanstieg hat zwar das Wachstum von Elend eingeschränkt, nicht aber die Unsicherheit der Existenz, die die Lohnabhängigen als solche betrifft. Überdies zeigte sich „die generelle Verbesserung" der Lohneinkommen nicht zuletzt als „Resultat der Mitarbeit von mehreren Haushaltsangehörigen."[40]

Ferner „ist das Anheben des realen Lohnniveaus nicht einfach als höhere Entlohnung bei gleicher Arbeitsleistung pro Zeiteinheit zu interpretieren, sondern war auch begleitet von einer zunehmenden Intensivierung der Arbeit. Dieses Abpressen von mehr Arbeit pro Zeiteinheit durch Verschärfung des Arbeitstempos, Rationalisierung des Arbeitseinsatzes sowie durch Lohnanreizsysteme und Arbeitsbewertungsmethoden bringt eine erhöhte physische und psychische Beanspruchung des Arbeiters mit sich. Ein Teil der realen Lohnsteigerung stellt insofern nichts anderes dar als ein Entgelt für mehrgeleistete Arbeit, erforderlich zur normalen Reproduktion der Leistungskraft des Arbeiters."[41]

Die Steigerung der Arbeitsproduktivität hat als Konsequenz für den Arbeiter einen höheren Exploitationsgrad und damit eine größere Belastung mit sich gebracht, die die folgende Diagnose von Marx noch deutlicher akzentuiert: „Innerhalb des kapitalistischen Systems vollziehen sich alle Methoden zur Steigerung der gesellschaftlichen Produktivkraft der Arbeit auf Kosten des individuellen Arbeiters; alle Mittel zur Entwicklung der Produktion schlagen um in Beherrschungs- und Exploitationsmittel des Produzenten, verstümmeln den Arbeiter in einen Teilmenschen, entwürdigen ihn zum Anhängsel der Maschine, vernichten mit der Qual seiner Arbeit ihren Inhalt, entfremden ihm die geistigen Potenzen des Arbeitsprozesses [...]; sie verunstalten die Bedingungen, innerhalb derer er arbeitet, unterwerfen ihn während

39 Vgl. Tjaden-Steinhauer, M. / K. H. Tjaden, in: Jung, H. / F. Deppe / K. H. Tjaden. 1971
40 Tjaden-Steinhauer, M. / K. H. Tjaden, in: Jung, H. / F. Deppe / K. H. Tjaden, 1971, S. 172
41 Huffschmid, J. 1970; vgl. Schäfer, H., 1968, S. 31

des Arbeitsprozesse der kleinlichst gehässigen Despotie, verwandeln seine Lebenszeit in Arbeitszeit [...]"[42]

Die überwiegende Mehrheit der Arbeiterschaft kann in ihrer Tätigkeit keinen Sinn entdecken. Auch hier gilt nach wie vor Marx' folgende Frage und Antwort: „Und der Arbeiter, der zwölf Stunden webt, spinnt, bohrt, dreht, baut, schaufelt, Steine klopft, trägt usw. – gilt ihm dies zwölfstündige Weben, Spinnen, Bohren, Drehen, Bauen, Schaufeln, Steinklopfen als Äußerung seines Lebens, als Leben? Umgekehrt. Das Leben fängt da für ihn an, wo diese Tätigkeit aufhört, am Tisch, auf der Wirtshausbank, im Bett. Die zwölfstündige Arbeit dagegen hat ihm keinen Sinn als Weben, Spinnen, Bohren usw., sondern als Verdienen, das ihn an den Tisch, auf die Wirtshausbank, ins Bett bringt."[43]

Doch die Auswirkungen der Arbeitswelt lassen auch die Reproduktionssphäre des Arbeiters nicht unberührt. Nicht einmal die Familie erweist sich mehr als Ort der Regeneration, zumal Frauen und Jugendliche der meisten Arbeiterfamilien ebenfalls in den abstumpfenden Arbeitsprozess eingespannt sind. Überdies zeigt sich eine zunehmende Kluft zwischen den Reproduktionsbedingungen der Arbeiter und deren wachsenden Bedürfnissen. Allgemein muss festgestellt werden: „Der nicht zu bestreitenden verbesserten Versorgung der Arbeitnehmerschaft mit Konsumgütern, die einerseits angesichts der raschen Entwicklung der Produktivität der menschlichen Arbeit und bei den emanzipatorischen Möglichkeiten modernen Technologie selbstverständlich sein müsste und andererseits in ihrer Struktur eher als Ausdruck der manipulierten und systemerhaltenden Bedürfnisweckung denn als Ausdruck der eigentlichen Bedürfnisse anzusehen ist, steht gegenüber eine krasse Unterversorgung mit anderen, die materielle Lage der Arbeiterklasse wesentlich mitbestimmenden Gütern."[44]

Das trifft insbesondere für den Sektor der Erziehung und Weiterbildung, den gesamten kulturellen Bereich, die Wohn- und Verkehrsverhältnisse, die Erholungsmöglichkeiten und die Gesundheitspflege zu, die für die Arbeiterschaft zu unzureichend sind, um die Reproduktion ihrer Arbeitskraft angemessen zu gewährleisten.[45] „Die gesellschaftlichen Kosten der Reproduktion der Arbeitskraft (der einfachen Reproduktion und vor allem [...] der erweiterten Reproduktion) zeigen bereits die Tendenz, ebenso schnell oder sogar schneller zu steigen als die individuelle Kaufkraft; d. h. dass der

---

42 Marx, K., 1970
43 Marx, K., 1957, S. 70
44 Huffschmid, J., 1970
45 Ebd.; Der Bundesminister für Arbeit und Sozialordnung (Hrsg.), 1970

Struktur der Erwerbstätigen 1968/69

Arbeiterklasse[a]	20 800 000
Arbeiter	12 000 000
Angestellte und Beamte[b]	8 800 000
Bourgeoisie[c]	600 000
Finanzoligarchie	300
sonstige Monopol- und Großunternehmer	16 000
Manager und Agenten im Herrschaftsapparat der Finanzoligarchie, bourgeoise Schicht der Angestellten und Beamten	280 000
nichtmonopolistische Bourgeoisie	330 000
Mittelschichten	4 400 000
Landwirtschaft	1 300 000
Handwerk	590 000
Handel	395 000
sonstige Selbständige (medizinische Berufe, Architekten, Journalisten, Schriftsteller, Künstler und andere)	235 000
mithelfende Familienangehörige	1 900 000
Erwerbstätige insgesamt	25 800 000
nichterwerbstätige Personen	32 800 000
Bevölkerung insgesamt	58 600 000

[a] Einschließlich der zu dieser Zeit in der BRD beschäftigten ausländischen Arbeitskräfte (über 1,3 Millionen);
[b] Angestellte und Beamte, soweit sie zur Arbeiterklasse gehören;
[c] Schätzungen.

Tabelle 2: Struktur der Erwerbstätigen 1968/1969 [46]

gesellschaftliche Lebensstandard der Arbeitnehmer tendenziell stagniert oder sogar sinkt, selbst wenn ihre individuelle monetäre Kaufkraft steigt."[47]
Damit ist eine soziale Konstellation gegeben, die bereits die „unmittelbare Frustration vitaler Lebensbedürfnisse von Kindern"[48]in den Unterschichten bedingt und für die „erheblichen Defizite in der Ausbildung von intellek-

---

46 Institut für Gesellschaftswissenschaften beim ZK der SED, 1971, S. 337
47 Gorz, A., 1967, S. 115
48 Berndt, H., 1967, S. 474

tuellen, motivationalen und affektiven Fähigkeiten"[49] verantwortlich ist. Die Kinder aus den Unterschichten sind damit a priori gegenüber ihren Altersgefährten aus den Mittel- und Oberschichten benachteiligt. So kann es auch nicht verwundern, dass die „Kinder aus den unteren Sozialschichten [...] die größte ,Chance' (haben), den pathogenen Sozialisationsbedingungen der öffentlichen Erziehung ausgesetzt zu werden, als Heimkinder aufzuwachsen und somit die nächste Generation der ,sozial Randständigen' zu bilden."[50]

Die Gefahr der Deklassierung

Diese Möglichkeit der Deklassierung ist der Arbeiterexistenz je immanent. Die grundsätzliche Unsicherheit seiner Lage als Lohnabhängiger verstärkt sich zur desolaten Situation, wenn Arbeitsschwierigkeiten, Entlassung, Krankheit, Schulden oder Verteuerung der Wohnungsmiete auftreten, die – wie gezeigt – durch Ersparnisse nicht kompensiert werden können. Gegen solche Ereignisse ist keine Arbeiterfamilie gefeit. In den letzten Jahren bewirkte vor allem „die wachsende Anspannung im Arbeitsprozess" eine „rapide Steigerung der Unfallraten und der Krankenraten." Schwere Betriebsunfälle nehmen immer mehr zu. „Der Raubbau an der Arbeitskraft zeigt sich auch in der hohen Frühinvalidität"; so konstatiert die Sozialversicherung einen doppelt so hohen Zugang an frühinvalidisierten Rentnern wie an Altersrentnern.[51]

Die anhaltenden Preissteigerungen – insbesondere, was die Wohnverhältnisse betrifft – stellen einen weiteren Faktor dar, der viele Familien aus den Unterschichten vor unlösbare Probleme stellt und sehr oft zur Umsiedlung in ein Obdachlosenasyl zwingt. Schuld an solcher ,Verelendung' tragen nicht die betroffenen Angehörigen der Unterschichten als Individuen, sondern die sozio-ökonomische Konstellation, die „Gruppen von Arbeitern bestimmte Rollen zudiktiert, in denen das Leben nicht gedeihen kann."[52]

Dass dem so ist, lässt sich kausal wiederum auf den Gegensatz von Lohnarbeit und Kapital zurückführen: „Die Akkumulation von Reichtum auf dem einen Pol ist also zugleich Akkumulation von Elend, Arbeitsqual, Sklaverei, Unwissenheit, Brutalisierung und moralischer Degradation auf dem Gegenpol, d. h. auf der Seite der Klasse, die ihr eignes Produkt als Kapital produziert."[53]

---

49 Ortmann, H., 1971, S. 76
50 Eckensberger, D., 1971, S. 139
51 Huffschmid, J., 1970; Gerns, W., 1967; Tjaden-Steinhauer, M. / K. H. Tjaden, in: Jung, H. / F. Deppe / K. H. Tjaden, 1971
52 Mitscherlich, A., 1966, S. 17
53 Marx, K., 1970, S. 675

Was dergestalt die Motorik des Kapitals erzeugt, muss indessen gesteuert werden, um nicht das Kapital selber zu gefährden. Degradation und Elend im Ausmaße von massenhafter Arbeitsunfähigkeit würden das bestehende System gleich doppelt attackieren: Politisch, indem die Legitimationsbasis des Kapitalismus insbesondere in seiner Auseinandersetzung mit dem Sozialismus brüchig und er selber unglaubhaft würde; ökonomisch, indem der Verwertungsprozess des Kapitals durch den Mangel an Arbeitskräften akut bedroht wäre. So anerkennt der Sozialbericht der Bundesregierung von 1970 sogar in Bezug auf die Gefängnisinsassen, dass „aus volkswirtschaftlicher und arbeitsmarktpolitischer Sicht [...] die völlige Ausgliederung der Strafgefangenen (z. Z. rund 60 000) aus dem Arbeitsprozess nicht zu vertreten"[54] ist.

Andererseits erfüllt eine kontrollierte Zahl von Arbeitslosen unter kapitalistischen Produktionsverhältnissen die Funktion einer für das Kapital günstigen Lohnregulierungs-Politik: das Vorhandensein von Arbeitssuchenden bedeutet für die Arbeithabenden einen Konkurrenzdruck, der vom Kapital ausgenützt wird, um die Löhne zu drücken. „Diese offene Form der industriellen Reservearmee existierte während der ersten Zeit der Rekonstruktionsperiode. Die Arbeitslosenquote betrug 1950 über 10 Prozent; sie sank kontinuierlich während der fünfziger Jahre bis auf unter 1 Prozent im Jahre 1961. Mit dem Schrumpfen des Arbeitslosenheers und dem Versiegen des Arbeitskräftezustroms aus den früheren Ostgebieten und der DDR unternahm das Kapital verstärkt Anstrengungen, die Verknappung des ‚Arbeitsfaktors' und deren lohnerhöhenden Einfluss zu umgehen durch Import ausländischer Arbeitskräfte (1965 bereits 1, 1 Mio., März 1970 1, 7 Mio.) und verstärkte Eingliederung weiblicher Arbeitskräfte. Beide sind als versteckte Formen der Reservearmee zu betrachten, da sie deren klassische Funktionen, nämlich lohnsenkenden Einfluss und Einsetzbarkeit bei Expansionsstößen des Kapitals, ganz oder teilweise übernehmen."[55] Inzwischen hat sich ja auch die inländische „Reservearmee" an Arbeitskräften wieder erhöht.

Man wird damit in der Sphäre der Armut (Pauperismus) mehrere Schichten unterscheiden müssen: neben den potenziell Arbeitsfähigen befinden sich die invaliden Opfer der Industrie, die arbeitsunfähig geworden sind, sowie das ‚Lumpenproletariat' der Bettler, Kleinkriminellen und Prostituierten.[56] In diesem Bereich des Pauperismus eröffnet sich ein entscheidendes Tätigkeitsfeld der Sozialarbeit.

---

54 Der Bundesminister für Arbeit und Sozialordnung (Hrsg.), 1970, S. 18
55 Huffschmid, J., 1970; vgl. vgl. Tjaden-Steinhauer, M. / K. H. Tjaden, 1970
56 Vgl. dazu ausführlich: Marx, K., 1970; Rote Presse Korrespondenz 54/1970; 7/1972

Generell lässt sich jetzt bemerken:

- dass Sozialarbeit sich um jene Lohnarbeiter kümmert, die aufgrund des sozio-psychischen Drucks, der alltäglich auf sie ausgeübt wird, in Problemsituationen geraten sind, welche sie aufgrund ihres reduzierten ökonomischen Status nicht selbsttätig lösen können,
- dass Sozialarbeit die „industrielle Reservearmee" pflegt, damit einzelne ihrer Mitglieder bei Bedarf in den Arbeitsprozess reintegriert werden können, und
- dass Sozialarbeit diejenigen Bürger materiell unterstützt, die endgültig aus dem Produktionsprozess der Gesellschaft eliminiert wurden.

Die Klienten der Sozialarbeit

Die vorliegenden statistischen Daten bestätigen diese Aussage. Mit Vorsicht konstatiert sogar die positivistische Richtung der Soziologie, dass die Klienten der Sozialarbeit „in ihrer überwiegenden Zahl als den regulären Unterschichten unserer Gesellschaft zugehörig erachtet werden. Dabei lässt sich freilich nicht leugnen, dass ein kleiner Teil zugleich den Bodensatz dieser Unterschichten bildet, gewissermaßen als konstantes „Lumpenproletariat."[57]

Etwa 80 Prozent der Jugendlichen, die sich in der Fürsorgeerziehung befinden, kommen aus Arbeiterfamilien.[58] „Eben diese Unterprivilegierten, Jugendliche aus der Unterschicht, sind denn auch weit überrepräsentiert unter den ‚Betreuten' der Sozialarbeit, sei es in den Beratungen, in Sprechstunden und bei Hausbesuchen oder in Fürsorgeerziehungsheimen."[59]

Eine analysierte Gruppe von entlassenen Fürsorgezöglingen entstammte bei den männlichen Jugendlichen zu 79, 2 Prozent und bei den weiblichen Jugendlichen zu 84, 6 Prozent aus Arbeiterfamilien.[60]

Untersuchungen über männliche Sozialhilfebedürftige dokumentieren, dass sich die Klienten „fast ausnahmslos aus der Arbeiterschaft" rekrutieren. Dabei wird „der Anteil der Sozialhilfebedürftigen mit traditionellen und technisch qualifizierten Handwerks- und Industrieberufen durch die Gruppe der disponiblen ungelernten und angelernten, häufig berufswechselnden und teilweise höchst unstet tätigen Arbeitskräfte überstiegen, die sich im Hoch- und

---

57 Strang, H., 1970, S. 221; Aebersold, P., 1972, S. 108
58 „Wir können auf Heimerziehung nicht verzichten", in: Neue Praxis 1/1972; Mollenhauer, K., 1971, S. 143; Hornstein, W., 1970, S. 99
59 Haferkamp, H. / G. Meier, 1972
60 Pongratz, L. / H. O. Hübner, 1959

Tiefbau, für Lagerarbeiten, als Kraftfahrer, Hilfs- und Gelegenheitsarbeiter und in der Landwirtschaft verdingt haben."[61] Solches bestätigt unsere Aussagen insbesondere in Bezug auf das Klientenfeld aus der „industriellen Reservearmee." Eine Auswertung von 80 Fällen, die wir in West-Berlin vorgenommen haben, ergab nach unserer Dreiteilung 32 Prozent der Fälle aus der Schicht der regulären Lohnarbeiter, 60 Prozent aus dem Bereich der „industriellen Reservearmee" und 8 Prozent aus der Sphäre des „Lumpenproletariats."

Über die hauptsächlichen Klienten der Sozialarbeit schreibt Heinz Strang: „Mehr als ein Viertel der männlichen Sozialhilfebedürftigen hat ein wechselvolles Berufs- und Arbeitsleben hinter sich, in dem verschiedene Beschäftigungen wahllos aufeinanderfolgten, ohne dass vielfach eine erfolgsgerichtete Berufsstetigkeit und Aufstiegsorientierung erkennbar sind, häufig vielmehr die manchmal konstatierbaren Aufstiegsversuche in einen endgültigen sozio-ökonomischen Abstieg einmünden. So können wir beispielsweise folgende Berufsbahnen, die aus einer Fülle anderer im vorliegenden Material herausgegriffen worden sind, beobachten: Fischerknecht – Räucherer – Schiffsreiniger – Klempnerhilfe – Straßenbahnführer – Bauarbeiter – Platzmeister – Landarbeiter – Fabrikarbeiter – Tiefbauarbeiter – Krankenpfleger – Vertreter – Lagerarbeiter; Schlosser – Hilfsarbeiter – Bauarbeiter – Feinmechaniker (Aufstieg)."[62]

Für die weiblichen Klienten stellt Strang fest: „In der Rangfolge solcher bis zum Sozialhilfeempfang ausgeübten Tätigkeiten stehen an vorderster Stelle die Beschäftigungsverhältnisse in privaten Haushalten. Mehr als ein Drittel aller weiblichen Probanden war als ‚Hausangestellte' tätig. An zweiter Stelle, jedoch in deutlichem Abstand, folgen die Beschäftigten der öffentlichen Dienstleistungsgewerbe, der Gaststättenbetriebe, Krankenhäuser, Pflegeheime und des Handels. Dann reiht sich die Gruppe der Fabrikarbeiterinnen an, und schließlich folgt die Kategorie der in der Landwirtschaft beschäftigt gewesenen Frauen."[63]

Auch die vorliegenden Daten über die von der Sozialarbeit betreuten Bewohner von Obdachlosenasylen ergeben, dass die Klienten oft keine besondere Berufsqualifikation besitzen (Hilfsarbeiter, Straßenkehrer, Kanalreiniger u. a.), allesamt aus der Unterschicht stammen und in der Regel zur „industriellen Reservearmee" zählen.[64] Tatsächlich ist für einen großen Teil der Klienten die berufliche Kontinuität nicht mehr gegeben; die Nichterwerbstätigenfamilien

61 Strang, H., 1970, S. 125
62 Ebd.
63 Ebd., S. 127
64 Klanfer, J., 1969; vgl. Aich, P. / O. Bujard, 1972

bilden denn auch neben den Angehörigen von Arbeiterhaushalten die wichtigste Gruppe der hilfsbedürftigen Armen.[65]

Hilfeleistung und Herrschaftssicherung

Der Tatbestand, dass die Lebensrechte und Entfaltungsmöglichkeiten einer großen Zahl von Menschen als Klasse in der gegenwärtigen Gesellschaft durch die objektiven sozio-ökonomischen Bedingungen eingeschränkt sind, bedingt eine institutionalisierte und rechtlich kodifizierte Hilfeleistung des Staates, die im sozialpolitischen Verbund von der Sozialarbeit ausgeführt wird. Dabei lässt sich der Staat von den Wohlfahrtsorganisationen der Kirchen und Verbände helfen.[66]

Die ökonomische Funktion dieser Hilfeleistung besteht darin, die Reproduktion der Arbeitskraft im kapital-adäquaten Maßstab zu gewährleisten. Die soziale Funktion lässt sich im Versuch des Staates resümieren, mit den gesetzlichen Fürsorgemaßnahmen die bestehenden Klassenunterschiede und die daraus erwachsenden Diskriminierungen zu mildern. Die politische Funktion der Hilfe muss darin gesehen werden, dass der Staat zur Stabilisierung der gegebenen Machtverhältnisse einen Zustand „sozialen Friedens" herzustellen versucht, indem er auch die Bedürfnisse der Armen „befriedigt."

Alle drei Funktionen tendieren auf Herrschaftssicherung. Nicht umsonst dominiert in der Literatur über die sozialpolitischen Zielvorstellungen der Sozialarbeit die Überlegung, dass Unsicherheit und Gefährdung eines großen Teils der Gesellschaft eine permanente Bedrohung für die bestehende Ordnung darstellen. „Die Fürsorge", gesteht beispielsweise Fischer, „trägt zu einem erheblichen Teil zur inneren Ruhe bei."[67] Dabei wirkt Sozialarbeit wie ein Palliativ: der Elende wird individuell beruhigt, ohne dass Elend an sich verschwände.

In diesem Kontext zeigt sich Sozialarbeit im sozialpolitischen Verbund auch als Mittel in der Auseinandersetzung mit der Arbeiterbewegung. Historisch lässt sich nachweisen, dass die meisten „sozialen Maßnahmen" als Konzession an den Kampf der organisierten Arbeiterschaft eingeführt wurden.[68] Sozialarbeit zielt damit darauf ab, die reformistischen bzw. revolutionären Anstrengungen

---

65 Strang, H., 1970, S. 124; Gräser, H.,1970; Der Bundesminister für Arbeit und Sozialordnung (Hrsg.), 1970; Schwarz, D. / A. Weidner, 1970
66 Vgl. dazu ausführlich: Aich, P., / O. Bujard, 1972; Autorenkollektiv, 1971., Achinger, H., 1958
67 Fischer, A., 1968; vgl. Heraud, B. J., 1970
68 Vgl. dazu ausführlich: Achinger, H., 1958; Müller, W. / C. Neusüss, 1970

der Arbeiterschaft in Stoßrichtung auf das bestehende System (Klassenkampf) abzuschwächen und ihnen besonders manifeste Angriffspunkte, die sich in Prozessen kollektiver „Verelendung" u. a. anbieten könnten, zu nehmen. Sozialarbeit geht es in diesem gesellschaftspolitischen Zusammenhang um die Integration der Arbeiterklasse in die bestehende Gesellschaft. In diesem Sinne wurden auch Begriffe wie „Fürsorge", „Armut" und „Bedürftiger" in der offiziellen Sprache der Politik und des Rechts durch kaschierende Termini wie „Sozialhilfe", „Hilfesuchender" u. a. ersetzt. Integration verheißt auch das neue Bundessozialhilfegesetz mit seiner Intention, „alle Bevölkerungskreise an den Fortschritten [...] (des Systems / W. H.) teilhaben"[69] zu lassen.

Sozialarbeit erweist sich in diesem Zusammenhang als ein Mittel des Staates, zwischen den Klassen zu vermitteln[70]; sie reiht sich ein in die Kette der Maßnahmen der Umverteilung (Redistribution) der Sozialversicherung und der anderen Sozialleistungen, deren Intention es ist, den „sozialen Frieden" im Sinne des Kapitals zu sichern, d. h. also ohne die Grundwidersprüche des Systems aufzuheben. Doch das letztere verbirgt sich uneingestanden hinter der Doktrin des „Sozialstaates", der – folgt man seiner Selbstdarstellung – eine im wesentlichen so gerechte Sozialstruktur garantiert, dass die „Sozialpartner" zwar noch verschiedene Interessen in einer pluralistischen Gesellschaft, aber keine unversöhnbaren Gegensätze in einer antagonistischen Sozietät verkörpern.

Herrschaft und Kontrolle

Die Ideologie des „Sozialstaats" erweist sich gleichzeitig als Legitimationsgrundlage des Systems. Da der Staat die Gesellschaftsordnung als gerecht ausgibt, rechtfertigt er damit gleichzeitig sein Vorgehen gegen jene, die des „abweichenden Verhaltens" beschuldigt werden. Was Devianz und die ihr zugeordneten Phänomene beinhalten, definiert dabei der Staat in seiner Qualität als Garant und Organisator der bestehenden Ordnung. Dieser Definitionsprozess basiert auf den je gültigen Normen, in denen sich Verhaltenserwartungen von Herrschaft und Gesellschaft kristallisieren. Ihren imperativen Charakter erhalten die Normen dadurch, dass Verstöße gegen sie geahndet werden, wobei die Sanktionen durch die Strafgesetze die strengsten sind. Der Staat delegiert dabei seine Funktion der sozialen Kontrolle an seine Machtinstrumente wie Polizei, Strafbehörden und Sozialarbeit.

---

69 Mergler, O., 1963, S. XXXIV
70 Vgl. Zur Rolle des Staates im Kapitalismus: Müller, W. / C. Neusüss, 1970;
    Jung, H. / F. Deppe / K. H. Tjaden, 1971; Hirsch, J., 1972

Die Benennung der Sozialarbeit in diesem punitiven Zusammenhang mag erstaunen; sie wird im übrigen noch deutlicher zu belegen sein. Doch erweist sich die Sozialarbeit tatsächlich als Agentur der sozialen Kontrolle, die, falls die strikte Beachtung der gültigen Normen nicht gewährleistet ist, die Klientenschaft in Kontakt mit den therapeutischen Organen der Fallhilfe, der Psychiatrie, der Erziehungsstätten u. a. oder mit den punitiven Organen der Heime, Gefängnisse, Strafjustiz u. a. bringt. Diese Kontrollfunktion der Sozialarbeit wird freilich generell als Hilfeleistung ausgegeben, wobei in der Tat bei der Sozialarbeit im Gegensatz zu Polizei und Justiz ein Mixtum von Assistenz und Repression entsteht, dessen genaue Verbindungslinien nicht immer exakt bestimmbar sind. Grob kann man dieses Mixtum von Beistand und Unterdrückung damit erklären, dass das System heute generell aufgrund seines materiellen Potenzials subtilere Mechanismen von Kontrolle und Repression als früher bevorzugen kann. Subtilität der Maßnahmen wirkt auch überzeugender als Brutalität, wenn man sich erinnert, dass das erklärte „Ziel der Sozialarbeit [...] die soziale Integration des Klienten in seine Umwelt"[71] bzw. die „bessere Anpassung des Klienten"[72] ist. „Die hierin enthaltene Prämisse, es handele sich um ‚anormale' Personen, rechtfertigt es, sie in die Obhut medizinischer oder strafrechtlicher Instanzen zu geben, ohne dass durch die Abweichung – verstanden als konkrete Verneinung relativer Werte, die als absolut und unabänderlich postuliert und definiert wurden – die Gültigkeit der Norm und ihrer Abgrenzungen in Frage gestellt würden. So tragen Medizin und Jurisprudenz mit ihrer Definition des Abnormen dazu bei, das Phänomen unter Kontrolle zu halten, indem sie es auf eine Ebene verlagern, auf der die Kontinuität der bestehenden Normen garantiert ist."[73]

Hilfe und Administration

Diese Ebene ist die staatliche oder durch den Staat delegierte Institution, deren Rahmen durch Gesetze, bürokratische Vorschriften und behördliche Organisation fixiert ist. Die Institution bestimmt in einem Prozess der Etikettierung über die Grenze zwischen Devianz und Integration. Was aus diesem Prozess als therapeutisch behandelbar, juristisch bestrafbar, als normal, deviant, delinquent und kriminell hervorgeht, ist das Resultat der institutionellen Pressionen, der konventionellen Normen und der Gesetze.

---

71 Hunziker, A., 1969
72 Bowers, S., 1950
73 Basaglia, F. / F. Basaglia-Ongaro, 1972, S. 13 f.

Die Kriterien, die das Recht dabei zur Beurteilung des Klienten anbietet, sind unscharf. So spricht beispielsweise das Jugendwohlfahrtsgesetz (JWG) von „Gefährdung", „Recht auf Erziehung", „Verwahrlosung", „Wohlfahrt", „gesellschaftlicher Tüchtigkeit" u. a. Solche Begriffe können nur den Sinn haben, einen administrativen Eingriff zur sozialen Kontrolle überhaupt zu legitimieren und den Hilfebedürftigen damit zum Objekt der staatlichen Maßnahmen werden zu lassen. „Die verwaltete Welt wird so zur Ausgangsposition des sozial Benachteiligten."[74]

Die pragmatische Ausrichtung der juristischen Paragrafen auf die Verwaltung der sozialen Fälle setzt sich im bürokratischen Alltag der Sozialarbeit fort. Die Organisationsroutine zielt auf die rationelle Behandlung der anstehenden Gesuche, Akten, Maßnahmen und Aufgaben. „Sozialarbeiter finden ihre Kompetenzen eingeengt, den Zugang zum Klienten und zu seiner individuellen Problematik durch die Fülle der Verwaltungsaufgaben, die Regelung der Kostenübernahmen und Fürsorgemaßnahmen verstellt. Ihre Leistungen stehen mehr im Dienste eines reibungslosen Funktionierens der Institution und im Interesse ihrer Ökonomie als in dem des Patienten. Dabei verhindert zugleich die Überlastung mit den andrängenden Aufgaben, die nur administrativ-schematisch gelöst werden können, die Vertiefung in die Problematik des Einzelfalles. Schon gar nicht besteht in einer solchen Praxis die Möglichkeit, über die Individualität der Einzelfälle, als Objekt der ‚Fürsorge', hinauszugelangen zu einer diagnostischen Erfassung übergreifender Ursachen und zur Konzeption genereller Maßnahmen [...]."[75]

Letzteres indessen würde den eigentlichen Auftrag der Sozialbürokratie überschreiten, der ja nicht darin bestehen kann, sich selbst ad absurdum zu führen, sondern eben das Elend zu administrieren. So kann die im folgenden konstatierte Frustration der jüngeren und wissenschaftlich ausgebildeten Sozialarbeiter eigentlich nicht verwundern: „Bei den für die Untersuchungen vorgenommenen Befragungen wurde deutlich, dass vor allem jüngere Sozialarbeiter gerade deshalb verunsichert sind, weil ihr Wissen um die ökonomischen und psychisch-emotionalen Voraussetzungen von Erziehung – selbst da, wo es in Diagnoseprozesse Eingang findet – unfruchtbar bleibt, weil die Handlungsmöglichkeiten des Jugendamtes seine praktische Aktualisierung und Umsetzung verhindern. So ist der einzelne Sozialarbeiter z. B. gezwungen,

---

74 Brocher, T. in: Eckensberger, D., 1971, S. 9; vgl. Brusten, M. / S. Müller, 1972; Hornstein, W., 1972, S. 94; Autorenteam, 1971, S. 23; Cicourel von, A., 1968; Kursbuch 28/1972
75 Rose, H., 1972

trotz des verfügbaren Wissens um die sozialstrukturelle Bedingtheit sozialer Chancenungleichheit und der Kenntnis von schichtspezifisch deprivilegierten Sozialisationsprozessen, jeweils am Einzelfall das zu lindern, was seiner ‚Diagnose' nach sich als Ergebnis sozialer Wirkfaktoren und Ursachenzusammenhänge darstellt, die zu beeinflussen er aber in den seltensten Fällen in der Lage ist. Probleme, wie sie sich z. B. aus der Wohnraumnot in den Ballungsgebieten ergeben, die ihrerseits wieder Auswirkungen auf die physische und psychisch-emotionale Ausgangslage familialer Erziehungsprozesse hat, können zwar konstatiert und als Ursache von Erziehungsstörungen expliziert werden, bleiben aber in der Jugendhilfe ohne eine Plattform, auf der sie wirksam angegangen werden können."[76]

Sozialarbeit als Kontrollagentur

So verhindert die bürokratische Struktur der Sozialarbeit mit dem ihr gesetzten Zweck speditiver Verwaltung des Anfallenden, dass Hilfe zur Abhilfe wird. Lösung der Probleme muss in diesem administrativen Zusammenhang weniger wichtig sein als Kontrolle. Eine Untersuchung von H. Haferkamp und G. Meier über das Tätigwerden der öffentlichen Jugendhilfe bestätigt diese Aussage. Die Autoren fanden, dass beim untersuchten Material die Aktivität der Sozialarbeit in 57, 9 Prozent der Fälle von der Polizei, in 9, 2 Prozent von der Staatsanwaltschaft, in 8, 6 Prozent von den Eltern, in 5, 6 Prozent vom Amtsgericht, in 4, 7 Prozent von anderen städtischen Behörden, in 3, 2 Prozent von Nachbarn u. a. ausgelöst wurde. Bei allen aktenkundig gewordenen Tatbeständen handelte es sich um Normverstöße, an deren Spitze die Eigentumsdelikte, gefolgt von Aufenthalten an jugendgefährdenden Orten, Weglaufen von zu Hause, Schulschwänzen u. a., rangierten.[77]

Besonders deutlich erweist sich hier das vorgängig bezeichnete Mixtum von Repression und Assistenz. Die Sozialarbeiter erscheinen in der Untersuchung von Haferkamp und Meier ungeschminkt als Agenten des bestehenden Rechtssystems, „die neben den Strafanstalten und anderen formalen Organisationen die Aufgabe haben, Individuen an rechtliche Normen anzupassen." Im Gegensatz zu einigen dieser Organisationen benutzten Sozialarbeiter nicht die groben Mittel physischen Zwangs, sondern subtilere Mittel sozialer Kontrolle, wie Überredung oder Überzeugung und Bekehrung; diese Mittel können als manipulative bezeichnet werden. „In dem hier gemeinten Sinn

---

76 Böhnisch, L., 1972; vgl. Keil, A., 1972
77 Haferkamp, H. / G. Meier, 1972; vgl. Brosch, P., 1971, S. 31; Autorenkollektiv, 1971, S. 79; Pongratz, L. / H. O. Hübner, 1959

46

heißt manipulative Kontrolle, Einfluss durch Überredung und Bekehrung zu gewinnen, mit dem Ergebnis, dass die Personen, die durch diesen Einfluss kontrolliert werden, sich dieser Tatsache nicht bewusst werden, sondern der Ansicht sind, dass das, was sie tun, selbstbestimmt ist."

Das Tätigkeitsfeld der öffentlichen Jugendfürsorge situiert sich damit eindeutig im Bereich von Polizei und Justiz, die im Verbund die Normverstöße der Jugendlichen verfolgen. „Berücksichtigt man den Hintergrund normativer Regelungen, dann kommt man zu dem Ergebnis, dass Sozialarbeit, vordergründig legitimiert durch ihre Hilfe-Ideologie und durch Bestimmungen des Jugendwohlfahrtsgesetzes, zumindest im Bereich der öffentlichen Jugendfürsorge als Instanz sozialer Kontrolle handelt und damit der herrschenden Schicht als zuverlässiges Mittel zur Erhaltung des gesellschaftlichen Status quo zur Verfügung steht."[78]

Nun könnte man einwenden, dass die öffentliche Jugendfürsorge nicht stellvertretend die Funktion aller Sozialarbeit bezeichnen kann. Das ist prinzipiell richtig. Indessen lassen sich in den anderen Bereichen der Sozialarbeit – sieht man einmal von den medizinischen Dienstleistungen der Krankenfürsorge, der Tbc-Fürsorge u. a. ab – keine Beweise dafür finden, dass Kontrolle nicht eine primäre Funktion der Sozialarbeit wäre. Sowohl eine Analyse der Fallakten, eine Auswertung von Gesprächen zwischen Sozialarbeiter und Klient wie auch insbesondere die kritische Betrachtung der Hausbesuche, welche die Sozialarbeiter von Amts wegen bei ihren Klienten vornehmen müssen, verweisen eindeutig auf eine Kontrollfunktion der Sozialarbeit, was – trotz aller Hilfe-Ideologie – sogar von den Sozialarbeitern selbst bestätigt wird.[79]

Die Kontrollfunktion der Sozialarbeit für den Staatsapparat bestätigt sich nicht zuletzt auch an jenen Zwischenfällen der vergangenen Monate, als sich kritische Sozialarbeiter – beispielsweise in Frankreich und in Deutschland – weigerten, vor Gericht über ihre Klienten auszusagen, gegenüber Staatsorganen ihre Klienten zu denunzieren, mit der Polizei zusammenzuarbeiten u. a. In jedem dieser Fälle gingen Dienststellen und Justiz gegen die „aufmüpfigen" Sozialarbeiter vor. Wie sehr Sozialarbeit Kontrolle zu sein hat, stellte dabei das Bundesverfassungsgericht fest, indem es den Sozialarbeitern kein Aussageverweigerungsrecht zubilligte. In der Grundsatzentscheidung hieß es: „Da der Sozialarbeiter in der Regel keine unabhängige und eigenverantwortliche Stellung einnimmt [...], ist er grundsätzlich nicht geeignet,

---

78 Haferkamp, H. / G. Meier, 1972
79 Skiba, E.-G., 1969, insbes. S. 117 und 48

seinem Klienten gegenüber der Strafjustiz als Hüter privater Geheimhaltungs-
interessen zu dienen."[80]

Kriterien und Maßstäbe der Kontrolle

Kriterien der Kontrolle liefern jene Gesetze, die die Sozialarbeit rechtfertigen. Wenn beispielsweise das Bundessozialhilfegesetz in seinem Paragrafen
72 davon spricht, dass der Klient „zu einem geordneten Leben hingeführt
werden" muss oder das Jugendwohlfahrtsgesetz in seinem ersten Paragrafen
die Erziehung zur „gesellschaftlichen Tüchtigkeit" verlangt, ist damit angezeigt, dass sich der Sozialarbeiter um die Anpassung seiner Klienten an die bestehende Sozietät zu kümmern hat. Die detaillierten Kriterien der Kontrolle
transportiert der „Sozialcharakter" (E. Fromm), d. h. – pauschal formuliert – die von den Sozialarbeitern verinnerlichten Normen der Gesellschaft,
an denen Person und Verhalten der Klienten gemessen werden.

Ausschlaggebend sind für die Einschätzung der Menschen Kategorien wie:
geordnete Verhältnisse, geregeltes Leben, gesichertes Einkommen, Ordnung,
Sauberkeit, sozial und privat unauffällig, keine Vorstrafen bzw. ungeordnete
Verhältnisse, regellose Lebensweise, häufiger Arbeitsplatzwechsel, sozial
auffällig, „labil", haltlos, süchtig, „nicht wirtschaften können", Vorstrafen,
schlechter Ruf. „Die Orientierung an derartigen Kriterien führt zur strikten
Unterscheidung zwischen Menschen ‚aus guter Familie' und solchen aus
‚einfachen Verhältnissen'; letztere werden tendenziell durch das Klischee
‚Vater Säufer, Mutter auch nicht viel besser' charakterisiert. So kommen etwa
für eine Adoptionsvermittlung grundsätzlich nur ‚Kinder aus guter Familie' in
Betracht – Kinder, deren (ledige) Mutter eine ‚Tochter aus gutem Hause' ist,
die unglücklicherweise einen ‚Fehltritt' begangen hat, bzw. Kinder ‚aus ernst-
haften Beziehungen', denn: ‚Ich wollte auch kein Kind, wo der Vater Säufer
ist und die Mutter, na ja'."[81]

Innerhalb der Routinetätigkeit der Sozialbürokratie haben sich solche
Kriterien sehr bald zu einem Beurteilungssyndrom versteinert, das von
den Sozialarbeitern nicht mehr auf seinen stereotypen und vorurteils-
vollen Charakter reflektiert, sondern als objektiv angesehen wird. Statt die
Entstehungs- und Wirkungsgeschichte des Klientenverhaltens zu prüfen
und damit zu verstehen, werden Typisierungen summiert und Verdachts-
kriterien konstruiert, aus deren Resultat der Stigmatisierung sich dann die

---

80 Zit. n. Der Tagesspiegel vom 25. 10. 1972; vgl. den Fall d'Escrivan und die „Affäre von
    Besançon" in Frankreich, den Fall Rabatsch u. a. in West-Berlin
81 Eckensberger, D., 1971, S. 137; Gravenhorst, L., 1970, S. 104

gesellschaftskonforme Therapie ableitet: „Dieter muss nacherzogen werden. Diese Erziehung muss konsequent und zielstrebig sein. Der Junge gehört unter die Anleitung und Aufsicht erfahrener Erzieher. Nur in einer festen Ordnung besteht die Möglichkeit, ihn zu erfassen und auf die rechte Bahn zu lenken." „Petra muss in eine ganz stramme Hand und stark gefordert werden, damit sie von ihren dummen Flausen abkommt."[82]

Den beschriebenen Prozess exemplifiziert Lerke Gravenhorst an Frauen, die aufgrund abweichenden Verhaltens in ein Arbeitshaus eingeliefert wurden, wie folgt: „Das abweichende Verhalten der Frauen wird beschrieben als ‚unordentlich', ‚ungesetzlich' und ‚unsolide', als Ursachen werden angegeben: ‚Mangel an innerer Festigkeit' und ‚Willenskraft', außerdem ‚Triebhaftigkeit' und ‚Arbeitsscheu.' In der Sicht des Personals erscheint so eine konforme, geregelte Arbeit als der Hebel, über den allein sozial und individuell akzeptables Verhalten erreicht werden kann. „Die respektable Arbeit soll die Alternative zur Prostitution sein und zudem eine allgemein disziplinierende Wirkung haben, die zu einer angemessenen Lebensbewältigung verhilft. Die Hauptintention ist es deshalb, die Klientinnen auf irgendeine Weise zu einer herkömmlichen Arbeit zu bewegen: ‚Will nur ganz vorübergehend unsolide sein und sich bald Arbeit suchen. Ließ sich nicht überreden, dies sofort zu tun.' [...]

Die Fürsorgerinnen halten an der Vorstellung fest, dass die Verhinderung der Prostitution die Voraussetzung für ein ‚gesetzmäßiges und geordnetes Leben' ist. Das heißt, dass sie selbst den Frauen nicht aktiv helfen, sich zunächst einmal innerhalb ihres gewohnten prostitutiven Lebensbereiches zu stabilisieren. Das Ziel eines subjektiv befriedigenden Lebens fällt unmittelbar und von vornherein mit dem eines normenkonformen Lebens zusammen, ja, das letztere gewinnt meist sogar die Oberhand [...]."[83]

Sämtliche kritischen Beobachtungen und Studien über die Sozialarbeit bestätigen die vordergründige Ausrichtung an den gängigen Normen der bestehenden Gesellschaft. Der besondere Akzent liegt dabei auf der Arbeitstüchtigkeit der Klienten; bereits die Abneigung gegen regelmäßige Arbeit wird als deviantes Verhalten gebrandmarkt.[84]

Konformes Leben erscheint für die Sozialarbeit als arbeitsames Leben. Die folgenden Notizen zeigen die Auseinandersetzung um die Arbeit als den roten Faden, der sich durch die Pflegeamtsakten für die untersuchten Frauen zieht. Zu Frau A. heißt es u. a.: „[...] besonders haltloses Mädchen, das ohne

---

82 Brusten, M. / S. Müller, 1972
83 Gravenhorst, L., 1970, S. 48
84 Vgl. dazu ausführlich: Foucault, M., 1968; Heraud, B. J., 1970

Ausdauer und Verantwortungsgefühl für seine Kinder ist und trotz der ihm immer wieder angebotenen Hilfe nicht zu geordneter Lebensführung gelangte – unerfreulich, lahm, wenig arbeitsfreudig, verbummelt immer mehr, versackt immer mehr, auch äußerlich – tut harmlos, unschuldig, ist aber raffiniert und gerissen – völlig heruntergekommen, fast [...] Schwachsinn [...], indolent, primitiv, reicht es zur Entmündigung? Arbeitet nicht gern, treibt sich herum, nicht an fester Arbeit interessiert, keineswegs einsichtig, tut sehr arbeitswillig, als ob dies sehr ernst gemeint ist; schon wieder versagt, ohne Arbeit, ohne Krankenkasse, dafür aber mit Bräutigam [...]."[85] Unwille oder Unfähigkeit, als Arbeitskraft tätig zu werden und an der Akkumulation „gesellschaftlichen" Reichtums teilzunehmen, verlangen im „gesellschaftlichen" Interesse die strenge Sanktion von Seiten der Sozialarbeit.

Wie die Sozialarbeit auf die Arbeitswilligkeit ihrer Klienten dringt, um die gesellschaftliche Produktion zu gewährleisten, so betont sie als zweiten zentralen Wert die Integrität der Kleinfamilie, die die Aufgabe der Reproduktion der Arbeitskraft zu erfüllen hat. Offen anerkennt F. Sack diese Funktion, wenn er schreibt: „Der überaus wichtige Sektor der Wirtschaft verdankt seine Leistungsfähigkeit der extrem arbeitsteiligen Struktur der Berufe, seiner hochgradigen Durchrationalisierung und Bürokratisierung sowie der immer stärker werdenden Technologisierung und Verwissenschaftlichung. Diese Merkmale verlangen dem Menschen in seinem Beruf eine Präzision und programmierbare Leistungsfähigkeit und -bereitschaft ab, die nur bei äußerster Disziplinierung der Bedürfnisse und Wünsche erbracht werden können. Der Familie kommt in einer solchen Gesellschaft die Funktion zu, diese Leistungsfähigkeit immer wieder erneut zu regenerieren und sie auch zu produzieren. In dem Maße, wie sich die Mitglieder den damit an sie gestellten Forderungen erfolgreich entziehen, gefährden sie zentrale Voraussetzungen und Bedingungen der modernen Leistungsgesellschaft."[86]

Insbesondere amerikanische Untersuchungen über „family casework" bestätigen, dass die Kleinfamilie von der Sozialarbeit therapeutisch gestärkt wird, weil sie für Entwicklung und Aufrechterhaltung des industriellen Systems „funktional" ist und jedwede Tendenz zur Auflösung der engsten familiären Bindungen sich für die Reproduktion der Arbeitskraft ‚dysfunktional' auswirken würde.[87] Solche Funktionen der Sozialarbeit werden auch in den entsprechenden Gesetzen formuliert. So heißt es im Paragrafen 7 des

---

85 Gravenhorst, L, 1970. S. 48
86 Sack, F., 1972, S. 320
87 Vgl. dazu ausführlich: Heraud, B. J., 1970; Weber, G., 1972

50

Bundessozialhilfegesetzes, dass die Sozialhilfe „die Kräfte der Familie zur Selbsthilfe und den Zusammenhang der Familie festigen" soll; der Paragraf 25 des Bundessozialhilfegesetzes sieht vor: „Wer sich weigert, zumutbare Arbeit zu leisten, hat keinen Anspruch auf Hilfe zum Lebensunterhalt."

Hilfe und Strafe

Wer diesen Normen und den darin enthaltenen gesellschaftlichen Anforderungen nicht nachkommt, verdient – gemäß der Sozialarbeits-Ideologie – „Hilfe" in Form des ausführlich bezeichneten „Liebesdienstes". Realiter weist der viel beschworene „Liebesdienst" freilich eher Strafcharakter auf. So sind beispielsweise die Obdachlosensiedlungen bewusst primitiv ausgestattet, „um den ‚sozial intakten Familien' einen bestimmten Grad von ‚Leidensdruck' aufzuerlegen – aus erzieherischen Gründen, wie sich versteht"[88], weil sie dafür, dass sie die gesellschaftlichen Anforderungen nicht erfüllt haben, bestraft werden müssen.

Deshalb werden die Obdachlosen aus der „zivilisierten" Welt ausgesiedelt und an deren Rand verfrachtet. „Die Zufahrtswege zu den Notunterkünften sind meist verrottet oder unbefestigt. Der Besucher hat Schwierigkeiten, die Siedlung zu finden. Bei näherem Nachfragen in der Umgebung des Siedlungsbereiches erfährt er den ganzen Wust von Vorurteilen in den Bezeichnungen, die jene, die nicht in den Siedlungen leben müssen, für die bereit haben, derer sie sich als Nachbarn schämen: ‚Die Asozialen', ‚die Arbeitsscheuen', ‚die Trinker', ‚der Abschaum', der ‚Schandfleck' [...], da drüben ‚in der Mau-Mau-Siedlung', ‚im Mecki-Bau', ‚im Kinderparadies' [...]. Die Kinder dieses ‚Paradieses' haben gefährlichere Schulwege als andere Kinder. Sie müssen Schnellstraßen, Waldstücke, Schrott- und Müllgelände passieren, weite Fußmärsche durch abgelegenes und unwegsames Gelände zurücklegen. Die Frauen wären, wollten sie wie jedermann in Großmärkten oder Diskontgeschäften günstig einkaufen, zu kilometerweiten, teuren Taxitouren gezwungen. Bushaltestellen in direkter Siedlungsnähe sind ein seltener Zufall."[89]

Solches ist freilich Intention. Die Um- und Zustände der Obdachlosenexistenz sind so beschaffen, dass sich dort niemand wohl fühlen kann. „Das Land Hessen hat 1963 ‚Richtlinien für die Gewährung von Landesdarlehen zur Finanzierung von Wohnunterkünften für Obdachlose' erlassen. Diese Richtlinien, an deren Erfüllung also die Gewährung von Geld gebunden ist,

---

88 Aich, P. / O. Bujard, 1972; vgl. dazu ausführlich: Klanfer, J., 1969
89 Aich, P. / O. Bujard, 1972

sehen vor, dass in die Obdachlosenunterkünfte keine Duschen eingebaut werden. Sie sollen nur eine ‚Anschlussmöglichkeit für den späteren Einbau einer Dusche' erhalten.

Das bedeutet unmissverständlich, dass die mit Landesbaudarlehen gebauten Wohnungen den Bewohnern ohne Dusche übergeben werden. Die Bewohner werden ja vielleicht bereit sein, sich selber eine Dusche einzubauen? Aber zunächst werden diese Armen kaum das Geld haben. Und im übrigen verraten die Richtlinien des Landes sehr deutlich, dass die Wohnungen extra mangelhaft ausgestattet werden, damit sich die Bewohner darin nicht allzu wohl fühlen sollen. Im verschleierten Amtsdeutsch liest sich das so: ‚Dabei sind lediglich die Mindestanforderungen bauaufsichtlicher und bautechnischer Art als Regelausführung anzusehen, damit den geeigneten umsetzungswilligen und -würdigen Obdachlosen der Anreiz zum Wohnungswechsel erhalten bleibt.' Also rechnet man wohl auch die Duschen zu den Annehmlichkeiten, die man den Obdachlosen vorenthalten will, damit sie sich rasch in bessere, ‚umsetzungswürdige' Menschen verwandeln, die dann auch umziehen wollen.

Nun erscheint das ja schon deshalb irrational, weil man aus Untersuchungen weiß, dass der größte Teil nicht aus vordergründig erkennbarem Verschulden in die Lage der Obdachlosigkeit gerät, so dass die versteckte Strafabsicht der Behördentaktik ohnehin ungerechtfertigt erscheint."[90]

So wie die geschilderten Druckmittel bewirken sollen, dass die Bewohner von Obdachlosensiedlungen sich rasch wieder den gesellschaftlichen Produktions- und Reproduktionsbedingungen fügen, so sehr bleiben auch die Lebens- und Sozialisationsbedingungen der Erziehungsanstalten und Heime unter dem gesellschaftlichen Standard, um einerseits die Zöglinge für ihr abweichendes Verhalten zu strafen und sie andererseits zur Anstrengung zu zwingen, sich den bestehenden Normen wieder anzupassen.[91]

Es ist das Prinzip der Sozialarbeit, ihre „Hilfe" so zu strukturieren, dass sie dem Klienten gerade das Nötigste gibt, um überleben zu können. Mithin zeigen sich auch die finanziellen Hilfen so bemessen, dass die „Hilfeempfänger in jedem Fall noch weniger bekommen als der am schlechtesten bezahlte Lohnarbeiter. In Hessen betrug der monatliche Regelsatz 1968 für den Haushaltsvorstand und für Alleinstehende 136 DM, für Haushaltsangehörige bis zu 6 Jahren 68 DM, in Bayern 1970 für den Haushaltsvorstand

---

90 Richter, H. E., 1972, S. 306
91 Autorenkollektiv, 1971, S. 63; Roth, J., 1971; Pourquoi le travail social?, 1972

und für Alleinstehende 148 DM, für Haushaltsangehörige bis zum Alter von 6 Jahren 67 DM (immer zuzüglich Mietkosten)."[92]

In jedem Falle ist der soziale Status des Klienten mit all seinen finanziellen Implikationen also niedriger als der des niedrigsten Arbeitenden. Damit institutionalisiert die Sozialarbeit den Anreiz, sich in die produktive Gesellschaft wieder als Arbeitskraft einzugliedern, als Zwang. Ihre Hilfe ist so beschaffen, dass sie ja niemanden anlockt, aber alle degoutiert. Abschreckung und Strafe dominieren sie viel entscheidender als Verständnis und Assistenz. Die Hilfe der Sozialarbeit sorgt mithin für das gesellschaftliche Wohlverhalten ihrer Klienten statt für deren Wohlbefinden.

Loyalität als Rollenerwartung

Solches reflektiert sich deutlich in der täglichen Praxis der gängigen Sozialarbeit. Jene Klienten, die Gehorsam zeigen, indem sie sich mechanisch an das von ihnen Geforderte halten, werden mit „Butterscheinen, Theaterkarten, Kleiderbeihilfen und verbilligten Eintrittskarten für den Zoo als ‚Zuckerstückchen‘[93] quasi belohnt. Uneinsichtigkeit, Missverhalten, Kritik und Beharren auf dem eigenen Standpunkt werden hingegen durch den Entzug von Vergünstigungen bzw. durch Verschärfung von Strafen sanktioniert.[94]

Nicht anders präsentiert sich die Therapie der Sozialarbeit in den Anstalten: „Materielle Vergünstigungen und soziales Ansehen innerhalb der Anstalt sind mit der Forderung nach ‚Wohlverhalten‘ verknüpft. Die Kriterien für dieses Wohlverhalten sind im Grunde jene für die ‚gute Gefangene‘ d. h. für diejenigen, die das Funktionieren eines Apparates, der ein Kollektiv von Menschen verwaltet, nicht stört. Gleichzeitig wird das Verhalten an Normen gemessen, die durch das Resozialisierungsziel des Freiheitsentzugs bestimmt sind. Die Gefangenen sollen die Angebote der Anstalt an Information, Bildung und Ausbildung aufgreifen und in kleinen Bereichen Gemeinschaftsaufgaben übernehmen, um sich in das Leben nach der Entlassung einzuüben.

Die Verpflichtungen für die praktisch bedeutsamere zweite Stufe lauten: ‚Von der anhaltenden vorbildlichen Führung und Arbeitsleistung abgesehen, weitere aktive Teilnahme an den Kursen und Freizeitgruppen [...] und in angemessenem Rahmen an den allgemeinen größeren Veranstaltungen, regelmäßig aktive Teilnahme an den Zusammenkünften der Gruppe II; Übernahme von Ämtern und Pflichten der Mitverwaltung‘ [...] Es herrscht die Vorstellung von der ‚guten

---

92 Autorenkollektiv, 1971, S. 105
93 Roth, J., 1971, S. 125
94 Vgl. ausführlich: Heraud, B. J., 1970

Gefangenen', die sich durch maximale Anpassung an die Vorschriften die Chancen einer frühzeitigen Entlassung und einige Vergünstigungen während der Unterbringung erwirbt."[95]

Damit wird von den Klienten gefordert, dass sie einerseits ihr früheres Verhalten als falsch bewerten und das jetzt von ihnen verlangte Verhalten als richtig erkennen. Diese Rollenerwartung als solche wird von der Sozialarbeit in keiner Weise problematisiert, sondern in Form externen Drucks (Forderung/Belohnung, Forderung/Strafe) an den Klienten gestellt. Gewollt ist nur, dass sich der Klient, wenn er als Fall „erledigt" ist, loyal verhält, worunter nicht mehr als ein apathischer Gehorsam gegenüber den gesellschaftlichen Normen verstanden wird. Im symptomatischen Extremfall veranschaulicht die Heimerziehung dieses „Erziehungsziel" der gängigen Sozialarbeit:

„Neben der Vereinzelung muss der Jugendliche seinen eigenen Willen, sein Selbstbewusstsein, seine eigenen Normen und Werte verlieren, er muss ganz klein gemacht werden, sein ganzer Widerstand muss gebrochen werden, erst dann können die neuen Normen und Werte eingetrichtert werden. So hat der Jugendliche kein persönliches Eigentum. Von der Aufnahme an werden ihm die eigenen Kleider und alles übrige weggenommen. Er hat auch keine Möglichkeit, eigene Sachen zu kaufen. Denn Geld kommt kaum in seine Finger. Er kann keines von den Bedürfnissen befriedigen, die andere Jugendliche in seinem Alter zigfach befriedigen: Kino, Weiterbildung, Sexualität, Unterhaltung, Feste. Die Unterdrückung der Sexualität führt zu mit Schuldgefühlen verbundener, versteckter Onanie und Homosexualität. Rauchen ist so ungefähr der einzige ‚Genuss', der erlaubt ist, wenn auch oft in eingeschränkter Form.

Das Herbeirufen von Hilfe durch Briefe und sonstige Mitteilungen ist ebenfalls fast unmöglich. Es herrscht überall Postzensur. Obwohl die Einschränkung dieses Grundrechtes durch das Jugendwohlfahrtsgesetz nicht erlaubt ist, daher offen ein Verfassungsbruch ist, wird sie tagtäglich und trotz Protests durchgeführt. Kein Brief kommt und kein Brief geht, der nicht ‚wegen eventueller schlechter Einflüsse oder falscher Angaben' gelesen und gegebenenfalls zensiert wird. Das planmäßige Verinnerlichen von Schuldgefühlen und des Empfindens, zu Recht bestraft zu sein, erfolgt durch ein straffes Bestrafungs- und Belohnungssystem. Wer die klaren Unterdrückernormen nicht erfüllt und erwischt wird, dem droht in abgestufter Form: Taschengeldentzug, Ausgangsverbot, Schläge, Geschlossene Abteilung, Karzer, Verlegung in ein schlimmeres Heim,

---

95 Gravenhorst, L., 1970, S. 64 und 72

54

Androhung von Strafanzeigen, Knast. Die meisten lernen dabei nach einiger Zeit, sich wie Sklaven zu verhalten, sie lernen, der Gewalt auszuweichen, keine Angriffsflächen zu bieten und hoffen auf den Tag der Entlassung, träumen von dem ‚Leben danach‘. In ihren Vorstellungen muss es dem Paradies ähnlich sein.

Bei eigentlich allen, die längere Zeit im Erziehungsheim leben, hat die Zerstörung der Persönlichkeit durch dieses straffe und terroristische Disziplinierungssystem Erfolg. Erschütternd sind dabei die vielen Selbstverstümmelungen und Selbstmordversuche. Die einen werden Arschkriecher, helfen den Erziehern bei der Disziplinierung. Die anderen, die sich weiter auflehnen, werden physisch zerstört, indem sie in den Jugendknast abgeschoben werden. Knapp 20 Prozent wandern während ihres Heimaufenthaltes in Jugendknast.“[96]

Die Funktionen der Exklusion

Wer sich auch in Heim und Haft nicht „helfen“ lässt, wird aus der Gesellschaft ausgeschlossen. Die Ausschließung kumuliert in der Maßnahme, die Allgemeinheit vor jener kriminellen Karriere des Delinquenten zu schützen, die sie durch ihre oppressiven Mittel und Pressionen selbst gefördert hat.[97] Doch auch die Exklusion in Anstalt und Gefängnis hat noch ihre Funktion, indem sie abweichendes Verhalten als schlechtes ahndet und dadurch als abschreckendes darstellt. Die Strafjustiz „demonstriert eine der wichtigsten Eigenschaften des Vaters: seine Macht zu strafen, und sie erregt die Angst, die die Haltung liebender Verehrung der der Auflehnung vorziehen lässt. So wie für das Kind eine der wesentlichen und konstituierenden Qualitäten des Vaters seine Strafpotenz ist, so muss sich auch der Staat als Vertreter der herrschenden Klasse diese Strafpotenz zusprechen und sie demonstrieren, weil darin ein wichtiges Mittel liegt, sich dem Unbewussten der Masse als Vaterfigur aufzuzwingen. Die Strafjustiz ist gleichsam der Stock an der Wand, der auch dem braven Kinde zeigt, dass der Vater ein Vater und das Kind ein Kind ist.“[98]

Das schlechte Beispiel des Inhaftierten zwingt die „Freien“ zum guten Beispiel, den gesellschaftlich anerkannten Normen zu folgen, das gesellschaftliche Potenzial als Bruttosozialprodukt zu mehren und Gehorsam zu leisten. So hat die Gruppe der gesellschaftlich Ausgestoßenen „eine gewichtige gesellschaftliche Funktion. Ihre pure Existenz demonstriert denjenigen, die

---

96 Brosch, P., 1971, S. 74 f.
97 Vgl. dazu ausführlich: Brusten, M. / S. Müller, 1972; Gravenhorst, L., 1970, S. 45; Roth, J., 1971; Richter, H. E., 1972, S. 202
98 Fromm, E., 1968, S. 39

sich Tag für Tag in die Mühle kapitalistischer Produktion und Distribution einspannen lassen, was ihnen widerfährt, wenn sie die Hergabe von Arbeitskraft verweigern würden."[99]

Dieser negativ geschilderte Sachverhalt lässt sich freilich auch „positiv" ausdrücken. Die strafende Ausschließung des Delinquenten stellt für die Masse Lob und Beweis dar, sich auf dem richtigen Weg zu befinden. Die Bestrafung des Abweichenden stimuliert mithin die Genugtuung der Normalen über ihre Normalität. „Für das Sozialgefüge gilt das gleiche wie für das Individuum: Moralische Entrüstung gegenüber Abweichenden dient dazu, die Gerechten von einem Gefühl der eigenen Schuld und Unwürdigkeit zu befreien und trägt dazu bei, ihre moralische Identität zu stützen. Eine Entrüstung dieser Art kanalisiert jene Impulse, die das Ich dazu verleiten könnte, sich mit dem Verbrecher zu identifizieren. Erst vor dem Hintergrund des abweichenden Verhaltens erhalten die Rechtschaffenen die tröstliche Bestätigung ihrer eigenen Normalität. In dem Maße, wie „unsere" Unschuld von „ihrer" Schuld abhängig ist, liefert das Versagen anderer uns erst die Gelegenheit, uns selbst zu achten."[100]

So teilt die Strafe die Gesellschaft in Gute und Böse ein. Der sozioökonomische Widerspruch von Kapital und Lohnarbeit kaschiert sich im moralischen von Wohlverhalten und Abweichung. Mit dem Kranken oder Kriminellen kann sogar dem niedrigsten Arbeiter noch jemand vorgestellt werden, der unter ihm und vor allem schlechter ist als er. Solche Ablenkung von den wirklichen Trennungslinien in der kapitalistischen Gesellschaft stärkt diese und wirkt also herrschaftsstabilisierend. Gewissermaßen entsteht so die Gemeinschaft der Guten, Ordentlichen und Fleißigen, zu der Kapitalist und Lohnarbeiter je zusammen gehören; ihr gemeinsamer Feind ist der Böse, Unordentliche und Faule, vor dem sich die Guten zu eigenem Nutz und Frommen schützen müssen.

„Es ist schon bemerkt worden, nichts einige die Gruppenmitglieder so sehr wie ein gemeinsamer Feind. Wettstreit um Reichtum, Macht, Ansehen und andere Werte, divergierende Philosophien, Langeweile, Frustration und Ermüdung – all dies entzweit die Menschen, untergräbt die Moral und schwächt die Effizienz der Gruppe. Ein äußerer Feind, der das, was die Gruppenmitglieder gemeinsam hochhalten, tatsächlich oder vermeintlich bedroht, weckt das Gemeinschaftsgefühl und belebt von neuem den

---

99 Gottschalch, W., S. 160
100 Coser, L. A., 1968, S. 24

schwindenden Zusammenhalt. Innere Feinde können dieselbe Funktion ausüben."[101] So stilisiert die Herrschaft bewusst die Abweichenden zur ‚out-group' und verstärkt damit den Konsens der ‚in-group' über die Ordnung der gegebenen Gesellschaft.

Hilfs- und Helfersdienste

Die Hilfsleistung der Sozialarbeit erweist sich demnach zusammenfassend als Helfersdienst für die bestehende Herrschaft. Der ‚Freundesdienst' der Sozialarbeit mag für den einzelnen Sozialarbeiter subjektiv eine Realität sein; objektiv zeigt er sich als Ideologie, die das humanitäre Deckmäntelchen für die herrschaftsstabilisierende Funktion der Sozialarbeit darstellt.[102]

„Als das institutionalisierte schlechte Gewissen der bürgerlichen Gesellschaft gegenüber den Problemen, mit denen sie nicht fertig wurde aus ihrer Organisation heraus, hat man den Beruf des Sozialarbeiters sozusagen mit einer ethischen Überhöhung versehen. Man hat ihn dahingehend stilisiert, dass es eben Arme, Hilfsbedürftige usw. ja immer gebe und es deshalb auch idealistische Menschen geben müsste, die immer und zu allen Zeiten sich dieser Armen annehmen müssen und ihnen helfen müssen."[103]

Manifestiert sich solches als Ideologie, so zeigt sich auch, dass nicht das Interesse des Klienten die gegenwärtige Sozialarbeit bestimmt, sondern jenes ganz andere des Kapitals. Beiden ist indessen mehr gemeinsam als nur der Anfangsbuchstabe K; ihre Beziehung ist mehrheitlich eine kausale: Kapital schafft Klienten.

---

101 Cohen, A. K., 1968; Coser, L. A., 1968, S. 24
102 Haferkamp, H. / G. Meier, 1972; Skiba, E.-G., 1969, S. 141
103 Hornstein, W., 1970, S. 99

Zusammenfassende Diskussionsthesen zur Funktion der Sozialarbeit unter kapitalistischen Produktionsbedingungen

1. Reproduktionsagentur

a) Sozialarbeit hat sich um die Erhaltung des Arbeitskraft-Potenzials der bestehenden Gesellschaft zu kümmern. Wie die Konsum- (Nahrung, Kleidung u. a.) und die Kulturindustrie (Unterhaltung, Ablenkung u. a.) sorgt die Sozialarbeit für die Reproduktion der Ware Arbeitskraft.

b) Sozialarbeit kümmert sich im besonderen um jene Lohnarbeiter, die aufgrund des sozio-psychischen Drucks, der alltäglich auf sie ausgeübt wird, als Arbeitskräfte psychisch und physisch untauglich zu werden drohen.

c) Die Sozialarbeit pflegt eine industrielle Reservearmee, die in ökonomischen Hoch-Zeiten eingesetzt werden kann.

2. Sozialisationsagentur

a) Sozialarbeit reproduziert die gültigen Normen und Werte der bestehenden Gesellschaft und vermittelt sie den Klienten in sozial-therapeutischer Absicht (Preisung von Leistung, Pflicht, Gehorsam, Treue, Familie u. a. vor allem in Erziehungs-, Ehe- und Familienberatung).

b) Sozialarbeit wacht wie andere staatliche Institutionen (Polizei, Justiz) über die Einhaltung der offiziellen Normen. Wer letztere zu befolgen verspricht, wird belohnt (Unterstützung, Hilfe).

c) Sozialarbeit psychologisiert und subjektiviert die anstehenden Probleme (Einzelfallhilfe). Dadurch, dass sie dem Klienten die Schuld an Missständen anlastet, die gesellschaftlich bedingt sind, überfordert sie ihn sozio-psychisch bewusst, um ihn besser der bestehenden Gesellschaft (Leistungsdruck) anzupassen.

d) Sozialarbeit fördert gesellschaftliches Wohlverhalten (‚mechanistische' Anpassung), statt für gesellschaftliches Wohlbefinden zu sorgen.

3. Kompensationsagentur

a) Sozialarbeit gleicht individuell die Mängel, Widersprüche und Ungerechtigkeiten des sozialen Systems aus, die dieses aufgrund seiner Klassenstruktur kollektiv schafft.

b) Sozialarbeit verdeckt die Widersprüche zwischen
- vergesellschafteter Arbeit und privater Aneignung der Arbeitsprodukte,
- gesellschaftlichem Reichtum und individueller Kapitalbildung,
- Sozialstaatsidee und Sozialstaatswirklichkeit,

- verbürgter Chancengleichheit und praktizierter Ungleichheit,
- Hochentwicklung der Produktivkräfte und Perpetuierung schlechter Arbeitsbedingungen u. a.
c) Sozialarbeit gleicht Defizite aus. Durch die „Überkapitalisierung" des privatwirtschaftlichen Sektors und die damit verbundene „Unterkapitalisierung" des öffentlichen Sektors ergeben sich Mangelerscheinungen in der gesellschaftlichen Infrastruktur, die für den sozio-ökonomischen Reproduktionsprozess unentbehrlich ist (Schulen, Krankenhäuser, Freizeitstätten, Hygiene, Wohnungsbau u. a.).
d) Sozialarbeit zeigt sich als das schlechte Gewissen einer schlechten Gesellschaft.

4. Oppressionsagentur

a) Sozialarbeit schützt die Gesellschaft vor den möglichen Auswirkungen abweichenden Verhaltens, indem sie dieses administriert und fragmentiert.
b) Sozialarbeit lässt „soziale Fälle" aktenkundig werden und hält sie dadurch unter Kontrolle (wie Polizei und Justiz).
c) Sozialarbeit diszipliniert nur die Abweichung der materiell Unterprivilegierten.
d) Sozialarbeit verschleiert die systembedingten Ungerechtigkeiten durch materiellen und ideellen Trost (Pflästerchen-Therapie).
e) Sozialarbeit fördert in ihrem Wertsystem (z. B. subjektivistische Konfrontation Sozialarbeiter-Klient, individualistische Lösungsmuster für alle Fälle) die Ignorierung der systembedingten Missstände. Sie vergreift sich am individuell „Schuldigen", nie am System.
f) Sozialarbeit verhindert dergestalt die Solidarisierung der Klienten und – über die Solidarität – den Weg zur kollektiven Aufklärung und Aktion, um die anstehenden Ungerechtigkeiten zu beseitigen.
g) Sozialarbeit intendiert die Versöhnung der abweichenden Klienten mit dem System durch Einzelhilfe („Psychiater der armen Leute").
h) Sozialarbeit ist die kodifizierte Angst des bestehenden Systems vor seiner Veränderung.

5. Disziplinierungsagentur

a) Sozialarbeit sorgt (direkt) für die Anpassung der Klienten an die bestehenden Gesellschaftsstrukturen.
b) Sozialarbeit sorgt (indirekt) für die Anpassung der Nicht- Klienten an die bestehenden Gesellschaftsstrukturen, indem abweichendes Verhalten als

schlechtes behandelt und bereits dadurch als abschreckendes dargestellt wird.

c) Die Sozialarbeit kaserniert dezidiert abweichendes Verhalten in Heimen, Arbeitshäusern u. a. und schafft unter denen, die sich konform verhalten, einerseits die Angst vor Abweichung (Strafeffekt) und andererseits das Solidaritätsgefühl, besser zu sein als die Bestraften (Kontrasteffekt).

d) Die Abweichung der Abweichler (out-group) verstärkt die Normen der bestehenden Gesellschaft in der Mehrheit (in-group). Die Sozialarbeit pflegt durch ihre Aktivität das Feindbild, das sich die in-group von der out-group macht.

Sozialarbeit im Kapitalismus –
Themen und Probleme

Die Definition von Sozialarbeit provoziert Bilder aus dem Bereich der Ersten Hilfe: Sozialarbeit wird mit Sanitätsdienst, Schmerzlinderung, Unfallbeistand, Pannenhilfe, SOS-Assistenz und Feldlazarett verglichen; der Sozialarbeiter zeigt sich in dieser Optik als Sozialsanitäter, Nothelfer, Krankenpfleger und als „Ambulanzmann, der die Wunden verbindet, um den Soldaten an die Front zurückzuschicken."[1] Diese militärischen Begriffe wären zu übersetzen: Mit ‚Front' ist im besonderen der Arbeitsprozess unserer Gesellschaft gemeint, die sich selber als kapitalistische versteht; bei den ‚Soldaten' wird an die Adressaten (Klienten) der Sozialarbeit gedacht, die aus der dissozialen Vielzahl von Fürsorgezöglingen, Süchtigen, Behinderten, Obdachlosen, Prostituierten, Pflege- und Unterstützungsbedürftigen, Straffälligen, lernunwilligen Kindern, Erwerbsunfähigen u. a. bestehen.

Die Bereiche der Sozialarbeit

Um die Bezeichneten hat sich Sozialarbeit zu bemühen; sie kommt dieser Pflicht in folgenden Funktionsbereichen nach:

- Sozialhilfe
- Gefängnisfürsorge, Bewährungshilfe
- Erziehungsbeistand
- Erziehungs- und Familienberatung, psychohygienische Einrichtungen
- Gefährdetenhilfe
- Betreuung geistig und seelisch Behinderter, sozialmedizinische Dienste
- Geschlechtskrankenfürsorge
- Kinder- und Jugendhilfe, Jugendgerichtshilfe
- Körperbehindertenfürsorge
- Tbc-Fürsorge
- Krankenhausfürsorge, Gesundheitsdienste
- Pflegekinderwesen
- Pflegeamt, betr. Prostitution
- Problemfamilien

---

1 Pourquoi le travail social?, 1972; vgl. auch Keil, A., 1972; Iben, G., 1970

- Medizinische, berufliche und soziale Rehabilitation
- Säuglingsfürsorge
- Soziale Gerichtshilfe
- Schulfürsorge, Sonderkindergärten, Heime
- Schwangerenfürsorge
- Telefonfürsorge
- Vormundschaftsgerichtsfürsorge
- Werksfürsorge, Beratung in Industriebetrieben
- Sozialversicherung
- Jugendfreizeitdienste, Jugendpflege, Jugendarbeit
- Berufsberatung, Arbeitsvermittlung
- Erholungseinrichtungen
- Altenfürsorge, Altenheime, Altentagesstätten, Planung von Sozialeinrichtungen, Verwaltung.

Dieser Katalog lässt sich einigermaßen grob in folgenden sechs übergeordneten Bereichen der Sozialarbeit resümieren:

1. Familien-, Jugend- und Altenarbeit,
2. Jugend- und Erwachsenenbildung,
3. Vorschulerziehung,
4. Resozialisierung,
5. Rehabilitation,
6. Soziale Administration und soziale Planung.

Resozialisierung als Anpassung

Die genannten Bezeichnungen der verschiedenen Funktionsbereiche, die das Totum ‚Sozialarbeit' ausmachen, sind meist schon verräterisch genug; sie verstecken ihre Intentionen kaum: Insgesamt und gemäß Auftrag geht es ihnen darum, bestehende Defizite auszugleichen, Mängel zu beheben und die Klienten wieder den gültigen Normen der Gesellschaft anzupassen. Damit ist der Sozialarbeiter insofern ‚sozial', als seine offizielle Aufgabe darin besteht, die Gesellschaft normativ bei jenen zu vertreten, die ihren Anforderungen und Pflichten nicht mehr zureichend nachgekommen sind. Die Klienten, die sich dissozial verhalten haben, müssen resozialisiert werden.

Sind solche Termini, mit denen die Sozialarbeit hantiert, einmal durchschaut, so erweist sich die Resozialisierung als Anpassung an die Strukturen und Werte der bestehenden Gesellschaft. Fibeln und Fachbücher bekennen sich denn auch zur „integrierenden Funktion"[2] der Sozialarbeit. „Da der soziale Ausfall, soziale Notzustände und Hilfsbedürftigkeit von Einzelnen und Gruppen vor allem in gestörten mitmenschlichen Beziehungen und Anpassungsschwierigkeiten bestehen, muss die Hilfe heute vor allem soziale Integrationshilfe sein [...]"[3]

Nach diesem Ziel, ‚Hilfe zur sozialen Integration' zu sein, richten sich auch die drei verbindlichen Arbeitsmethoden der Sozialarbeit aus:

1.   Einzelhilfe,
2.   Gruppenarbeit,
3.   Gemeinwesenarbeit.

Die Einzelhilfe will „Kräfte im einzelnen Menschen" mobilisieren, um „eine bessere soziale Integration des Klienten in seine ganze Umwelt oder in Teile seiner Umwelt herbeizuführen."[4] Die Gruppenarbeit versteht sich als Methode, „welche einerseits durch die Bildung von Behandlungsgruppen dem Einzelnen durch zweckbestimmte Gruppenerfahrung (bewusst gehandhabte Gruppenprozesse) zu besserem sozialen Funktionieren verhilft, andererseits bei vorgegebenen Gruppen (zum Beispiel Familie, Berufsgruppen) durch die erwähnten Techniken auch der Gruppe selber zur besseren sozialen Integration in die Umwelt oder in Teile derselben verhilft."[5] Die Gemeinwesenarbeit schließlich ist eine „Integrationsmethode der Sozialarbeit zur Anregung eines kommunitären Integrationsprozesses, auf Grund dessen ein Gemeinwesen sowohl nach innen wie auch nach außen dazu befähigt wird, als Beziehungs- und Planungsgemeinschaft wirksam zusammenzuhalten und zusammenzuarbeiten zur eigenen Bewältigung gemeinsamer Probleme zwischenmenschlicher und sachlicher Art."[6]

Ausgangspunkt der Sozialarbeit ist damit der Klient, „der eine oder mehrere der von ihm geforderten sozialen Rollen nicht erfüllen kann oder will." Ziel der Sozialarbeit muss es deshalb sein, den Klienten „rollentüchtiger"[7] zu machen. Dieser pragmatische Zweck der Sozialarbeit, den Klienten in die bestehende Gesellschaft zu reintegrieren (resozialisieren), wird so nüchtern freilich nicht

---

2   Friedländer, W. A. / H. Pfaffenberger, 1966, S. 9
3   Hunziker, A., 1969
4   Bowers, S., 1950, S. 127
5   Hunziker, A., 1969
6   Buess, zit. n. Hunziker, A., 1969
7   Lotmar, P., 1969

beschrieben, sondern vielmehr innerhalb des Leitbilds vom demokratischen und sozialen Rechtsstaat dargestellt. Das liest sich dann beispielsweise so: „Die Tätigkeit des Sozialarbeiters bei der Entwicklung und Organisation sozialer Dienste für Wohlfahrt und Gesundheit ist darauf gerichtet, den Menschen [...] zu helfen, bessere Lebensbedingungen, Glück und Zufriedenheit zu sichern. Das demokratische Ideal vom Wert und der Würde des Einzelnen bleibt der Angelpunkt."[8] Unter solcher Perspektive würde sich die Resozialisierung des dissozialen Klienten in der Tat verlohnen und darüber hinaus auch legitimieren lassen.

Sozialarbeit und Sozialstaat

In den Artikeln 20 und 28 des Grundgesetzes wird die Bundesrepublik Deutschland als demokratisches und soziales Staatswesen qualifiziert. Diese Charakterisierung der Bundesrepublik als Sozialstaat impliziert ein ausgedehntes System der sozialen Sicherung, das allen Bürgern ein Leben ohne Not ermöglicht.[9] Die Sozialpolitik schuf mit ihren entscheidenden drei Ordnungsprinzipien der Versorgung, der Versicherung und der Sozialhilfe die Gewähr, dass niemand mehr Not leiden muss und dass sogar der Fürsorgeempfänger ein Leben fristen kann, welches, wie es das Bundessozialhilfegesetz formuliert, „der Würde des Menschen entspricht."

Elend soll es nicht mehr geben und auch Armut als strukturelle nicht. Die Sozialpolitik tendiert auf gerechte Umverteilung des Volkseinkommens, auf die breite Streuung des Eigentums an Produktionsmitteln, auf die Sozialpartnerschaft und die soziale Sicherung für alle. Diese „soziale Sicherung ist nichts anderes als die sekundäre Form der Beteiligung der Alten, Kranken und Schwachen am erwirtschafteten Produkt, die notwendig geworden ist, nachdem das sekundäre System des Industriezeitalters den primären Gruppen die Tragkraft für alle Notstände des Lebens genommen hat. Das ist die dauerhafte Rechtfertigung des sozialen Sicherungssystems."[10] Innerhalb dieses Sicherungssystems sorgt die Fürsorge mit ihrer Hilfe zum Lebensunterhalt für die Garantie, alle Bedürfnisse des täglichen Lebens befriedigen zu können, und mit ihrer Hilfe in besonderen Lebenslagen für die Aufhebung von Notlagen. Dabei ersetzen die Sozialplaner den Begriff ‚Fürsorge' immer

---

8 Friedländer, W. A. / H. Pfaffenberger, 1966, S. 4; vgl. Bundesministerium des Inneren (Hrsg.), 1968, S. 80
9 Vgl. dazu ausführlich: Der Bundesminister für Arbeit und Sozialordnung (Hrsg.), 1972; Bundesministerium des Inneren (Hrsg.), 1968; Peters, H., 1972
10 Schäfer, D., 1966, S. 138; vgl. Kaufmann, F.-X., 1970

eindeutiger durch den Terminus ‚Sozialhilfe‘, um dergestalt „das Klischee von einer besonderen Schicht der Armen (zu) zerstören und den einzelnen Hilfsbedürftigen von vornherein in den Verband der Gesamtgesellschaft mit ihrer allgemein sozialstaatlichen Vorstellungswelt (zu) integrieren.“[11]

Folgt man diesen Thesen, so ist Elend verschwunden und Wohlstand allgemein. Angesichts solcher Überlegungen, die die soziale Realität reflektieren sollen, kann es dann nicht verwundern, wenn Sozialpolitik als etwas ausgegeben wird, das „nicht mehr wie einst die Lösung der Arbeiterfrage“[12] bedeutet, sondern „ein umfassendes System der Einkommenssicherung und Gesundheitshilfe.“[13] „So verschieden auch die Methoden, so schwankend auch die Leistungsgenauigkeit sein mag, die Einkommenshilfe hat in den modernen Industriestaaten dem einzelnen und damit zugleich auch dem kleinen Mehrpersonenhaushalt die Sorge vor Gefahren abgenommen, die noch vor hundert Jahren allen Hausvätern schlaflose Nächte gemacht haben. Es sind Risiken weggefallen, die nach allen Angaben über die Ursachen der Armut aus der Zeit bis zur vollen Wirksamkeit des Systems der sozialen Sicherung die große Mehrzahl aller Verarmungsfälle verschuldeten. Im ganzen Umfang aber wird die Veränderung der Lebensform und der entsprechenden Attitüde zum Leben erst erkennbar, wenn neben den Barleistungen für Einkommenshilfe auch die anderen öffentlichen Leistungen in Betracht gezogen werden.“[14]

Der Wohlstand dominiert die kapitalistische Gesellschaft der Bundesrepublik. Während manche im Anschluss an J. K. Galbraith gar von einer bundesdeutschen „Gesellschaft im Überfluss“ sprechen, sind andere vorsichtiger und prägten den Begriff der „nivellierten Mittelstandsgesellschaft“ (Helmut Schelsky). Eins ist für alle indessen klar: „Armut manifestiert sich in der industriellen Gesellschaft der Bundesrepublik Deutschland nicht in einer bestimmten Klasse und festen gesellschaftlichen Schicht mit übereinstimmender Mentalität und Selbstrekrutierung. Die Armutsrealität ist vielmehr höchst komplex und amorph und gründet sich auf eine Vielzahl unterschiedlichster individueller Schicksale.“[15] Die Existenz dieser vereinzelten Armen kann nicht mehr den spezifischen Gesetzen des kapitalistischen Systems angelastet werden. „Ihre Existenz folgt nicht aus dem Wirken bestimmter gesellschaftlicher Mechanismen mit gemeinsamer Position,

11 Strang, H., 1970, S. 49; vgl. Bundesministerium des Inneren (Hrsg.), 1968, S. 24; Achinger, H.,1958, S. 80
12 Bundesministerium des Inneren (Hrsg.), 1968, S. 5; vgl. Achinger, H., 1958, S. 59
13 Achinger, H., 1958, S. 161
14 Achinger, H., 1958, S. 84; vgl. ders., 1970
15 Strang, H., 1970, S. 74

sondern beruht auf einer Vielzahl je individueller, wenngleich im Einzelfall natürlich auch gesellschaftlich vermittelter Schicksale. Dieses Lumpenproletariat hat weder sozial noch politisch eine prägende Kraft oder auch nur Potenz."[16]

Innerhalb dieser Sichtweise fällt der Sozialarbeit die Aufgabe zu, dem temporär in Schwierigkeit geratenen Individuum zu helfen, wieder Eingang in die „nivellierte Mittelstandsgesellschaft" zu finden. Konsequent weitergedacht, sieht sich „die heutige Sozialarbeit als Teil des Sozialwesens" im „expansiven tertiären Sektor" angesiedelt, wo sie, wie „Verwaltung", „Banken", „Gastgewerbe" und „kommerzieller Freizeitbetrieb", die verlangten „Dienstleistungen für die Gesellschaft"[17]erfüllt.

Die Individualtherapie der Sozialarbeit

Eine Konzeption der Sozialarbeit als Dienstleistung impliziert, dass jeder Bürger im Laufe seines Lebens darauf angewiesen sein kann, die Hilfe der Sozialarbeit in Anspruch zu nehmen. Damit verliert die Sozialarbeit offenbar vollends den „Arme-Leute-Geruch", der ihr weiland anhaftete; sie hat sich zur Dienstleistung für alle in einer klassenlosen Gesellschaft gemausert. „Die Vorläufer der Sozialarbeit – Armenhilfe und Mildtätigkeit – schufen dürftige Hilfe lindernder Art für die niedrigste Klasse der Gesellschaft, für die Armen und Elenden; traditionsgemäß gaben sie materielle Hilfe zum Lebensunterhalt für die Armen, die Blinden und Taubstummen und die chronisch Kranken. Die Sozialarbeit von heute dagegen verliert ihren Klassencharakter. Ihre Einrichtungen dienen der Verbesserung der Bedingungen für alle Klassen der gesamten Gemeinde. In zunehmendem Maße helfen soziale Dienste Menschen aller sozialen Schichten (einschließlich Einzelner und Familien, die nicht wirtschaftlich abhängig sind) und in verschiedensten sozialen Situationen."[18]

Von solcher Aussage nicht zu trennen ist die Feststellung, dass die „soziale Problematik" unserer Tage „weniger in materieller Not" als vielmehr „wegen der wachsenden gegenseitigen Abhängigkeit häufiger in gestörten mitmenschlichen Beziehungen; wegen des Schwundes an Stabilität vermehrt in Anpassungsschwierigkeiten von einzelnen und Gruppen an die sich wandelnde Um- und Mitwelt"[19] besteht. Dementsprechend verschieben sich die ‚Dienstleistungen' der Sozialarbeit „von materieller zu psychosozialer Hilfe, von der

---

16 Dahrendorf, R., 1965, S. 113
17 Hunziker, A., 1969
18 Friedländer, W. A. / H. Pfaffenberger, 1966, S. 9
19 Hunziker, A., 1969; vgl. Röhrs, R. (Hrsg.), 1968; Strotzka, H., 1965, S. 26 f

Abstellung äußerer, materieller, sicht- und greifbarer Nöte und Bedürfnisse auf die Hinwendung zu interindividuellen und intrapsychischen Problemen und Konflikten, Spannungen und Gleichgewichtsstörungen. Damit aber findet die sozialpädagogisch-soziale Arbeit zu ihrer eigentlichen und zentralen Funktion, die für sie wesensbestimmend und konstituierend ist. Sie ist heute schon und wird in Zukunft in noch stärkerem Maße sein: psychosoziale Lebenshilfe in den Formen der Anpassungs-, Entwicklungs-, Reifungs- und Bildungshilfe, der Hilfe in Lebenskrisen und Problemsituationen."[20]

Also muss sich die Sozialarbeit heute um „Verhaltensstörungen"[21], „psychische Hilfsbedürftigkeit"[22] und um „Verhaltenssteuerung"[23] des einzelnen in den zwischenmenschlichen Beziehungen kümmern. Die Gesellschaft in ihrer Vorgegebenheit wird damit weder reflektiert noch in Frage gestellt; ihr Status quo erscheint vielmehr als Wertvorstellung, in welche angenommene Realitäten wie Demokratie, Sozialstaat, Gerechtigkeit und Wohlstand eingegangen sind. Angesichts dessen erscheint es nur logisch, dass die Sozialarbeit ihr Augenmerk auf das nichtangepasste Individuum richtet. Der Grundsatz der Individualisierung bestimmt die Therapie moderner Sozialarbeit; „soziale Hilfe" ist ihr nahezu exklusiv „persönliche Hilfe", bei der der Sozialarbeiter sich dem isolierten Klienten gegenübersieht.

Die wissenschaftlich-technokratische Konsequenz dieser Theorie und Praxis von Hilfe ist die Innovation und Differenzierung von Techniken, die die Frage effizient beantworten sollen, wie die Klienten nun am besten in die bestehende Gesellschaft reintegriert werden können. Vorab geht es dabei um die operationalisierbaren Konzepte der Kontaktaufnahme mit dem Klienten, der sinnvollen Gesprächsführung, des Einfühlens, des Überzeugens u. a. Eine individualistisch begriffene Psychologie liefert dazu das Rüstzeug und rechtfertigt quasi wissenschaftlich, dass jedwede soziale Diagnose ignoriert werden kann. Sozialarbeit lernt zunächst und lehrt dann, dass menschliches Handeln einer psychischen Konstellation unterliegt, die weithin über Sozialität und Dissozialität, über Normalität und Anormalitwät des Individuums bestimmt. „Dieser Rückgriff auf ‚innere Kräfte' legitimiert nicht nur die individualisierende Intervention, sondern diese überhaupt. Die Möglichkeit, Verhalten von

20 Pfaffenberger, H., 1968
21 Bäuerle, W., 1967, S. 34
22 Rose, H. K., 1972
23 Peters, H., 1972

unbewussten Kräften verursacht zu sehen, gestattet die Intervention im Interesse des Adressaten auch gegen seinen Willen."[24]

Kriterien und Normen der Sozialarbeit

Immerhin ist die Sozialarbeit gezwungen, denjenigen, der ihr zum Fall und Klienten wird, zu definieren, um ihren Eingriff überhaupt rechtfertigen zu können. Das geschieht mit Begriffen wie „verwahrlost", „anomal", „fehlentwickelt", „gefährdet", „unordentlich", „unsolide", „Mangel an innerer Festigkeit", „Triebhaftigkeit", „Arbeitsscheu", „Faulpelze", „anpassungsunwillig", „Schmarotzer der Gesellschaft", „unruhiger, mürrischer und verdrießlicher Geist", „Nörgler", „entwickelte er einen eigenen Willen, der oft gebrochen werden musste"[25] u. a.

Dieses Konglomerat von Termini, die allesamt selektionieren und stigmatisieren, lässt sich unter dem Oberbegriff abweichendes Verhalten (Devianz) zusammenfassen. Wenn nun jemand sich abweichend verhalten kann, so setzt solches voraus, dass es überhaupt etwas gibt, von dem er sich zu unterscheiden in der Lage sieht. Tatsächlich hängt der Tatbestand „abweichendes Verhalten" kausal von jenem anderen ab, dass es in jedem Interaktionsprozess fixierte Vorstellungen darüber gibt, wie sich die Menschen zu verhalten haben. Diese fixierten Vorstellungen bestimmen als Normen das menschliche Handeln und zwingen die Individuen zu einer bestimmten Verhaltenskonformität. Der Klient der Sozialarbeit definiert sich nun dadurch, dass er Normen verletzt und sich also nicht konform verhalten hat.

Wer die Schule schwänzt, ungezogen ist, stiehlt, nicht arbeiten will, Autoritäten angreift, sich nicht um seine Kinder kümmert, nicht auf Ordnung hält, einen liederlichen Lebenswandel führt u. a., verletzt die gültigen Verhaltensmuster und droht damit aus der Konformität auszubrechen, die die Gesellschaft, wie behauptet wird, fordern muss, um funktionstüchtig zu bleiben.[26]

Zu diesem Zweck übt sie mittels institutionalisierter Instanzen, zu denen auch die Sozialarbeit gehört, soziale Kontrolle aus, die über die Einhaltung des Normalen wacht.

---

24 Peters, H., 1972; vgl. dazu: Friedländer, W. A. / H. Pfaffenberger, 1966;
    Pourquoi le travail social?, 1972; Otto, H.-U. / K. Utermann (Hrsg.), 1971, S. 100
25 Vgl. Bäuerle, W., 1967, S. 94; Gravenhorst, L., 1970, S. 48; Richter, H. E., 1972;
    Foucault, M., 1969
26 Vgl. dazu ausführlich: Parsons, T., 1968; Rössner, L., 1971; Cohen, A. K., 1968

Um dieses „Normale" an dem sie sich täglich orientiert, zu bezeichnen, rekurriert die Sozialarbeit auf „Standards wie ‚gesunde Familie', ‚behütete Jugend', ‚normale Entwicklung' [...], die gerade, insofern sie als eine vorgeblich gesellschaftliche Wirklichkeit einer anderen Wirklichkeit entgegengesetzt werden, ihre utopische Herkunft ausweisen. Die angeführten Standards lassen sich nirgendwo als eine solche Realität ausmachen und einfangen, als welche sie von der Sozialarbeit ungeprüft vorausgesetzt werden. Für die Sozialarbeit sind aber diese Kontrastchiffren nicht nur operationale Hilfen zur mündlichen und schriftlichen gegenseitigen Verständigung. Sie sind in erster Linie scheinbar geeichte Normen, an denen das gemessen und bewertet wird, was der Sozialarbeiter realiter antrifft."[27]

Die bezeichneten Standards sind freilich nicht nur „scheinbar geeichte", sondern sie sind es tatsächlich in dem Maße, als sie den herrschenden Normen in der Gesellschaft entsprechen und offiziell sanktioniert werden. „Ordnung, Sauberkeit, Hygiene, geregelte Lebensführung", „Leistungsfähigkeit, Produktion und Höchstleistung", „Fleiß, Lernfreudigkeit, Intelligenz, zivilisierte Umgangsformen, technische Geschicklichkeit etc.", „Arbeitsfähigkeit"[28] erscheinen als entscheidende Normen in der primären und sekundären Sozialisation und sind, tausendmal wiederholt und gepriesen, von den Menschen verinnerlicht worden. Das war sozio-historisch notwendig; denn die genannten Normen erweisen sich als die der kapitalistischen Leistungsgesellschaft. Gesellschaftliche Integration und – für die Desintegrierten – Resozialisierung stellen sich damit nicht als wertfreie Anpassung an ewige Normen dar, sondern als gesellschaftlich erzwungene Einordnung in den Produktionsprozess dieser Sozietät. Sozialarbeit freilich sieht keine Interessen, keine Zwänge und keine zweckdienlichen Normen; Sozialarbeit kennt nur den humanitären „Umgang mit den fehlgeleiteten Menschen", der „Züge eines Ringens um den Menschen im Menschen" zeigt und sich als „Lebenshilfe" und „beratende Wegweisung"[29] darstellt.

Ziel solcher Aktivität ist es, „immer mehr ‚ganze' Menschen herauszubilden, die ihr „Leben frei und verantwortlich führen lernen." Dabei fordert „das Wesen der Sozialarbeit die sozial-ethischen Prinzipien, die alles mitmenschliche Wirken bestimmen sollen: die der Gerechtigkeit, der Solidarität, der Liebe, der Subsidiarität und der Autorität [...]. Der Klient wird nicht nur

---

27 Nr. 27: Bäuerle, W., 1967, S. 94; vgl. Gottschalch, W., 1971, S. 94
28 Eckensberger, D., 1971, S. 136; Neidhardt, F., 1967, S. 155;
    Wolff, R. / K. Hartung, 1972
29 Röhrs, H., 1968, S. XV

als Objekt gesehen und behandelt, er soll als personales Subjekt in die Hilfs-
bemühungen einbezogen und dazu gebracht werden, an der Aufhebung seiner
Hilfsbedürftigkeit frei, vernünftig und verantwortlich nach besten Kräften
mitzuwirken, wie es der Würde, dem Recht und der Pflicht des Menschen als
Person entspricht."[30]

Diese Konzeption des Dienens, Sorgens und Helfens und das dahinter-
stehende Bild einer heilen Gesellschaft sind so hehr und schön, dass sich alles
Negative um die Person des Klienten zentriert. „Einer integrierten Wert-
ordnung steht der Einzelne gegenüber, der gegen sie verstoßen hat: Die Schuld
kann nur auf seiner Seite liegen. Was an ihm verübt wurde, zählt nicht."[31]

Abweichung und Gesellschaft

Jene Sozialarbeit, die das erstrebenswert Normale jeweils mit dem Status quo
der bestehenden Gesellschaft identifiziert, kann ihr Tätigkeitsfeld nur auf
das Individuum beschränken. Doch „der Klient ist kein Robinson Crusoe.
Er lebt nicht auf einer verlassenen Insel. Er trägt vielmehr eine persönliche
Entwicklung in sich, die die eines ihm eigenen organischen Dynamismus in-
mitten kollektiver Strukturen ist."[32]

Die Abhängigkeit des Individuums von der Gesellschaft ist seit
langem erkannt; der Funktionsbereich der Sozialarbeit kann sich da nicht
ausschließen: „Konkrete Notsituationen einzelner [...] sind nicht nur das
Ergebnis mangelnder Anpassung oder nichtbewältigter Belastungen, sondern
spiegeln auch den Einfluss sozialer Gegebenheiten, von Gruppennormen,
Vorurteilen, latenten und manifesten Diskriminierungen, ökonomischen und
politischen Abhängigkeiten usw. wider."[33]

Emile Durkheim konstatierte schon früh, dass abweichendes Verhalten ein
in bestimmten Situationen erlerntes ist, das von gesellschaftlichen Umständen
provoziert wird. Robert K. Merton sieht abweichendes Verhalten entstehen,
wenn die kulturellen Ziele einer Gesellschaft nicht mit den institutionalisierten Mitteln erreicht werden können. Vilhelm Aubert formulierte, dass
die Ursachen abweichenden Verhaltens nicht ohne Kenntnis der sozialen
Prozesse zu verstehen sind.[34] Auch die deutschen Gesellschaftswissenschaften
akzentuieren den Kontext von Abweichung und Gesellschaft; insbesondere

---

30 Lattke, H., 1968, S. 112 und 114
31 Moser, T., 1972, S. 290
32 Pourquoi le travail social?, 1972
33 Braun, H., 1972
34 Vgl. Durkheim, E., 1965; Merton, R. K., 1968; Aubert, V., 1952

die Kriminalsoziologie korreliert Kriminalität und Schichtzugehörigkeit. Für Sozialpsychiatrie und Medizinsoziologie besteht ebenfalls kein Zweifel daran, dass abweichendes Verhalten von „sozialen Sachverhalten" motiviert ist.[35]

Mit besonderem Nachdruck betont schließlich die marxistische Gesellschaftswissenschaft den Verbund von Devianz und Sozietät. Die individualistische Ausrichtung der Sozialarbeit wird damit entschieden in Frage gestellt. Als gleichermaßen attackierbar erweist sich das Konzept der Sozialarbeit, abweichendes Verhalten durch eine „fehlgeleitete Psyche" oder durch falsch ausgerichtete „innere Kräfte" zu bestimmen. Vielmehr erscheinen Psyche und Triebsituation des Individuums von der sozio-ökonomischen Umwelt geprägt.[36]

Untersuchungen über Kinder von Obdachlosen bestätigen: „Hier sind viele Kinder von der Anlage her normal begabt. Aber ihre Umgebung macht sie bald krank. Das ökonomische Elend, die damit zusammenhängende Schädigung des familiären Klimas, die destruktive Atmosphäre im Getto überhaupt, die Isolation geben den Kindern praktisch keine Chance zur Sozialisation, nur zu einer Art von Dissozialisation. Im Schulalter sind sie dann prompt schon so geschädigt, dass die Schule formal im Recht ist, wenn sie diese Kinder in Sonderschulzweige aussondert und oftmals nicht einmal hier mit ihnen zurechtkommt. Sind diese Kinder herangewachsen, sind sie geradezu gezwungen, genauso wie ihre Eltern zu scheitern und das Elend zu reproduzieren, aus dem sie gekommen sind bzw. dieses Elend wiederum auf die nächste Generation zu übertragen."[37]

Für das, was abweichendes oder in seiner Verstärkung dann delinquentes Verhalten genannt und von der Sozialarbeit kausal weithin auf seelische Störungen zurückgeführt wird, erscheinen tatsächlich defizitäre Sozialisationsbedingungen entscheidend, deren Ursachen nicht im Individuum, sondern in der sozio-ökonomischen Beschaffenheit der Gesellschaft zu ergründen sind. Enqueten aus amerikanischen Gettos und französischen Bidonvilles bestätigen, dass die individuellen Störungen der Klienten sich durch deren unterprivilegierte Lage bedingt zeigen.[38] Individualtherapie in solchem Zusammenhang bedeutet konsequent nichts anderes, als dass die objektiven

---

35 Mitscherlich, A.,1967, S. 157; Sack, F. / R. König, 1968;
    Basaglia, F. / F. Basaglia Ongaro, 1972
36 Vgl. dazu ausführlich: Klanfer, J., 1969
37 Richter, H. E., 1972, S. 304; vgl. Eckensberger, D., 1971; Gottschalch, W., 1971
38 Vgl. dazu ausführlich: Klanfer, J., 1969; Pourquoi le travail social?, 1972

Ursachen des Elends alibihaft in das elende Individuum projiziert werden. Statt Veränderung entsteht ein circulus vitiosus, der die Not perpetuiert.

Zeigt sich also das abweichende Verhalten nicht ursächlich durch ein physisches oder psychisches Defizit bedingt, sondern vielmehr durch einen gesellschaftlichen Missstand, so bedeutet die Resozialisierung des Klienten als Individuum, dass man ihn auf eine Normalität ausrichtet, die in Wirklichkeit anomal ist, weil sie krank bzw. delinquent macht. Präzis besehen, heißt das aber nichts anderes, als dass Devianz und Delinquenz, wie immer sie sich äußern mögen, eine Reaktion auf Schäden der Gesellschaft darstellen und dergestalt ein Protestpotenzial dessen verraten, der abweicht.

Devianz muss deshalb auch als Erwiderung des Betroffenen auf das verstanden werden, was seine libidinöse Entfaltung einzuschränken droht. In diesem Sinne kann Foucault den Wahnsinn als den „wilden Ausdruck der primitivsten menschlichen Wünsche"[39] definieren und T. Moser schreiben: „Kriminalität scheint eine verzweifelte, anarchistische und destruktive Weise der Umkehr erlebter Ablehnung und Feindseligkeit gegen die Gesellschaft zu sein. Zeichen dieser drohenden Umkehrung des erlittenen Bösen in selbst vollzogenes Böses zeigen sich früh. Die Forschung ist damit beschäftigt, sichere Indizien für beginnende Verwahrlosung und delinquente Charakterentwicklung bereits in den ersten Lebensjahren zu ermitteln. Diese Indizien sind am Kind noch leichter als Zeichen des Leidens zu erkennen und zu deuten als später, wenn das selbst zugefügte Leid in den Vordergrund rückt, wenn sich Entbehrung in Gier, Ablehnung in Aggression, Unaufrichtigkeit in Niedertracht und Brutalität in Gewissenlosigkeit verwandelt haben."[40]

Sozialarbeit freilich nimmt das Moment der Revolte, welches sich in der Devianz ausdrückt, nicht auf, sondern kaschiert es durch ihren Akt von Linderung und Trost. Objektiv produzierte und nur subjektiv vermittelte Abweichung wird individuell und quasi privat behandelt anstatt Anlass zur Veränderung ihrer Produktionsfaktoren zu geben, die so von neuem Devianz bewirken. Das impliziert ein zweites: Sozialarbeit greift ein, wenn der Klient bereits zu Schaden gekommen ist, wenn er schon auffällt, wenn er sich längst dissozial benimmt. Wie die Feuerwehr, so kommt auch die Sozialarbeit je immer zu spät. Kann die eine nur löschen, was schon brennt, kann die andere nur zu lindern versuchen, wo bereits gelitten wird. Beide attackieren nicht Ursachen, sondern erst Wirkungen. Die unscharfe, aber dafür

39 Foucault, M., 1969, S. 339
40 Moser, T., 1972, S.289; vgl. dazu Mitscherlich, A.,1967; Basaglia, F. / F. Basaglia Ongaro, 1972

um so pathetischere Konzeption der Sozialarbeit ist der konsequente Reflex dieser Situation, die hinwiederum als Ausdruck der der Sozialarbeit offiziell zugewiesenen Funktion erscheint.

Nicht umsonst basiert auch die Ausbildung des Sozialarbeiters auf „krypto-emotiven und krypto-normativen Leerformeln."[41] Die Studenten an den Fachhochschulen werden instruiert, wie sie Fall auf Fall und Individuum nach Individuum zu behandeln haben. Unterricht und Literatur kumulieren „in der Propagierung bestimmter goldener Regeln zur Aufnahme und Vertiefung zwischenmenschlicher Beziehungen [...]. Nur selten werden konkrete Hinweise auf die notwendigen demografischen und sozialen Daten gegeben, welche möglicherweise einen Fall als sozialen Fall definieren und sein Zustandekommen erklären könnten, [...] an keiner Stelle werden die Bedingungen genannt, welche eine dauerhafte Hilfe zur Selbsthilfe erst ermöglichen, geschweige denn überflüssig machen können."[42]

Die Ausbildung der Sozialarbeiter beschränkt sich weithin auf die Vermittlung der Methoden von Einzelhilfe und – eher zögernd – von Gruppenarbeit, deren Grundlagen aber ebenso wenig reflektiert werden wie ihre sozialen Zwecke. Zusätzlich liefert die Psychologie gewisse banalisierte Verstehensmechanismen von Devianz, während die Juristerei die Studenten mit Abstempelungs- und Hilfeparagrafen bis zum Überdruss versorgt. Die Gesellschaftswissenschaften nehmen dagegen quantitativ und qualitativ einen minderen Rang im Studium ein.

Überdies laufen die verschiedenen Disziplinen in einem vollgepfropften Stundenplan verbindungslos nebeneinanderher, ohne die Studenten auch nur Zusammenhänge, Ursachen und Regelmäßigkeiten einer Sozialarbeit in Theorie und Praxis erahnen zu lassen. „Das den Sozialarbeitern in ihren Ausbildungsstätten vermittelte Wissen ist in seiner Menge darauf zugeschnitten, sie zur Hilfeleistung zu befähigen. Ausgeklammert wird dabei die Frage nach den gesellschaftlichen Ursachen, die als gegeben vorausgesetzt werden. Ihnen wird nicht nur das Wissen vieler Fachrichtungen vermittelt, sie werden auch in verschiedenen Methoden des Vorgehens – zumeist aus den USA übernommen – trainiert. Die verbesserten Methoden lassen das Ziel unverändert: die Wunden zu bedecken, die Ursachen der Krankheit aber als unabänderlich bestehen zu lassen."[43]

---

41 Rössner, L., 1971
42 Sozialatlas Berlin, 1979, S. 17
43 Aich, P. / O. Bujard, 1972, S. 51; vgl. Pressel, A., 1970; Otto, H.-U. / K. Utermann (Hrsg.), 1971; Sozialatlas Berlin, 1979; (Hrsg.), 1971; Sozialatlas Berlin, 1979

Der Verzicht auf einen theoretischen Rahmen, auf die Integration der Erkenntnisse der Gesellschaftswissenschaften und auf eine Darstellung von Zusammenhängen und Ursachen erweist sich indessen nicht als zufällig. Wissenschaftlich unqualifizierte und politisch uninformierte Sozialarbeiter werden weiterhin emotional „Freundesdienst" und „Liebesdienst"[44] leisten, anstatt rational die Funktion ihrer Tätigkeit zu bedenken; sie werden auch weiterhin unkritisch an den Sozialstaat und an die Chancengleichheit glauben, wenn man sie nur die Rezeption des Grundgesetzes und nicht die Analyse der sozialen Wirklichkeit gelehrt hat. Tatsächlich zeigt sich die Praxis anders als die Theorie der Gesetzestexte und deren Interpreten.

Armut in der Bundesrepublik

Armut muss als individueller oder kollektiver Zustand definiert werden, während dessen Dauer es den Betroffenen unmöglich ist, lebensbefriedigend zu wohnen, sich zu ernähren, zu verdienen, sich zu versorgen und sich zu schützen. Das Attribut „lebensbefriedigend" ist dabei ein relatives; es bestimmt die Armut der einen je nach Reichtum und Wohlstand der anderen.

Die Gesellschaftswissenschaft hat lange geleugnet, dass zwischen den beiden Polen der Armut und des Reichtums eine wesentliche und kollektive Diskrepanz bestünde; sie hat auch in der Bundesrepublik in getreulicher Kopie des amerikanischen Vorbilds die These vom Sozial- und Wohlfahrtsstaat, von der Chancengleichheit und vom ökonomischen Überfluss vertreten. Allerdings kam der erste Widerspruch ebenfalls aus den USA. Dort hatte Michael Harrington in seiner Untersuchung über das „andere Amerika" die Lehrmeinung von Wohlstand und „nivellierter Mittelstandsgesellschaft" als Ideologie enthüllt, indem er die Armut wiederentdeckte. Die Armen waren freilich nur in der Sozialtheorie verschwunden gewesen; in der Wirklichkeit waren sie es nie. 1964 zeigte denn auch ein offizieller Bericht der Regierung Johnson, dass ein Fünftel der nordamerikanischen Gesamtbevölkerung in Armut und Elend leben musste. „Die hochgerühmten Maßnahmen des „Wohlfahrtsstaats", bestehend aus armseligen Mindestlohngesetzen, dürftigen Altersrenten und unzulänglichen Arbeitslosenunterstützungen, haben der Verstärkung und der Konsistenz des Armutsdruckes nichts Stichhaltiges entgegenzusetzen vermocht. Die Armen bleiben, und ihre Zahl wird in nächster Zukunft wahrscheinlich noch zunehmen. Die überwiegend wohlhabende Mittelstandsgesellschaft ist nichts als ein Wunschbild

---

44 Fischer, A., 1968, S. 231

isolierter Akademiker [...]. Die Realität sieht anders aus. Beinahe die Hälfte der Bevölkerung des Landes befindet sich in der Lage dessen, der gerade noch seine unmittelbaren physischen Bedürfnisse finanziell zu befriedigen vermag und am Rande des Existenzminimums lebt; einem Drittel des Volkes gebricht es sogar an lebensnotwendigen Gütern. Daneben und darüber lebt eine kleine Schicht, vor allem das oberste, begüterte Zehntel, in jener sorglos-glanzvollen Weise, die nach Auffassung vieler Kommentatoren das Merkmal der amerikanischen Gesellschaft unserer Tage insgesamt sei [...]."[45]

Für die Bundesrepublik ergeben sich ähnlich triste Feststellungen. Harry Gräser errechnete folgende Haushaltsnettoeinkommen:
Als Ergebnis seiner Enquete ergab sich, dass 15 Prozent, d. h. fast jeder siebente Einwohner der Bundesrepublik, als arm zu bezeichnen sind.[46]

Jürgen Roth konstatiert, dass in der Bundesrepublik 21 Prozent aller Haushalte – in absoluten Zahlen 4, 66 Millionen – mit je ca. 3 Personen über ein monatliches Einkommen unter DM 600 verfügen. „Weniger als 600 DM monatliches Familieneinkommen bzw. 7200 DM Jahreseinkommen heißt in Armut leben. Wer als alleinstehender Erwerbstätiger ohne Familie weniger als 300 DM verdient, lebt heute, 1971, in der BRD in Armut bzw. Elend. Insgesamt 2, 6 Millionen Erwerbstätige (ohne Rentenempfänger, Lehrlinge und Erwerbstätige in der Landwirtschaft) müssen mit weniger als 300 DM im Monat auskommen." Die Folgerung: „Heute werden in der Bundesrepublik Deutschland etwa 20% der Bevölkerung von der Möglichkeit ausgeschlossen, am sozialen und gesellschaftlichen Fortschritt teilzunehmen; sie sind arm."[47]

1, 8 Millionen Menschen müssen in Slums wohnen. Dort sieht die Wirklichkeit so aus: „Die Häuser und Baracken sind unbewohnbar. Die Unterkünfte sind unerträglich feucht; verzogene Fensterrahmen und Schimmelpilz beweisen es. Ebenso die von jahrelanger Feuchtigkeit zersetzten Möbel und die immer klammen Betten. Wichtigster, zugleich erschreckendster Beweis: die gesundheitliche Schädigung der Bewohner. Wer nicht schon krank ist, wird es hier. In der Tat sind die Siedlungen Keimzellen von Krankheiten und Epidemien. Eine in Kölner städtischen Notunterkünften durchgeführte Untersuchung hat ergeben – und Köln gilt in Fachkreisen als führend auf dem Gebiet der Obdachlosenhilfe –, dass etwa 30% aller Bewohner an Herz- und Kreislaufstörungen, Asthma und Bronchitis, Tbc (6%), Nieren-, Blasen-, Gallen- und Magenleiden

---

45 Kolko, G., 1967, S. 115 und 134; vgl. Harrington, M., 1962; Klanfer, J., 1969; für Frankreich: Pourquoi le travail social?, 1972
46 Gräser, H., 1970
47 Roth, J., 1971, S. 41 f. und 67

und anderen schweren Krankheiten leiden. Je schlechter der Zustand der Unterkunft, desto häufiger traten schwere Krankheiten auf."[48]

Mit physischem und psychischem Wohlergehen steht es ebenfalls nicht zum besten. „Wenn die Ergebnisse der ersten im Bundesgebiet vorgenommenen umfassenden Vorsorgeuntersuchungen von Krankenkassenpatienten Rückschlüsse auf den allgemeinen Gesundheitszustand der westdeutschen Bevölkerung zulassen sollten – und das wird von Fachleuten für wahrscheinlich gehalten –, dann sind zwei Drittel aller Werktätigen im Bundesgebiet zur Zeit reif für eine Krankenhausbehandlung, und jeder fünfte hätte einen Sanatoriumsaufenthalt nötig. Im Amtsbereich von sechs südwestdeutschen Ortskrankenkassen hatten sich von den 50 000 aufgeforderten Versicherten 31 000 freiwillig und kostenlos einer umfassenden ärztlichen Untersuchung unterziehen lassen. Dabei ergab sich, dass nur bei 10 000 aller Untersuchten keine medizinischen Maßnahmen erforderlich waren. Rund 68 Prozent müssten behandelt werden. Besonders aufschlussreich ist, dass bei fast jedem siebenten aller Untersuchten, nämlich bei 13, 4 Prozent, bisher unbekannt gewesene Erkrankungen festgestellt worden sind."[49]

Eine Vorsorgeuntersuchung an mehr als 50 000 sozialversicherten Arbeitern und Angestellten in Baden-Württemberg, die nicht krank geschrieben waren, ergab, dass

- 79, 9% der Männer und 84, 7% der Frauen pathologische Abweichungen im klinischen Befund zeigten;
- 42, 8% der Männer und 47, 7% der Frauen sofort zum Hausarzt und 19, 5% (Männer) bzw. 22, 1% (Frauen) sofort zum Facharzt mussten ;
- 1, 6% der Männer und 1, 3% der Frauen ins Krankenhaus sowie 20, 8% (Männer) bzw. 17, 9% (Frauen) zur Kur mussten.[50]

Das „psychiatrische Elend in der BRD"[51] manifestiert sich folgendermaßen: ca. 600 000 Psychotiker allein des schizophrenen Formenkreises, ca. 1 000 000 Alkoholiker, ca. 7 000 000 behandlungsbedürftige Neurotiker. An jedem beliebigen Stichtag sind von 10 000 Bundesbürgern: 19 in einer psychiatrischen Anstalt (= 116 000); davon 50% auf richterlichen Beschluss (Zwangseinweisung), 12, 5% von ihnen lebenslänglich hospitalisiert.

---

48 Aich, P. / O. Bujard, 1972, S. 14; vgl. Roth, J., 1971, S. 8; Klanfer, J., 1969
49 Frankfurter Rundschau vom 14.4.1970; vgl. Deppe, H.-U. / E. Wulff, 1971
50 Vgl. dazu ausführlich: Böker, K., 1971
51 Kursbuch 28/1972

Haushalts-nettoeinkommen in DM pro Monat	Gesamtpersonen in . . . Personenhaushalten					Insgesamt
	1	2	3	4	5 u. mehr	
unter 300	1 227 600	332 000	110 400	68 800	76 000	1 814 400
300 – 600	--	--	750 800	469 200	530 000	1 749 000
600 – 800	--	--	--	2 614 400	2 036 000	4 640 400
Insgesamt	1 227 600	332 000	861 200	3 152 400	2 642 000	8 213 800

Tabelle 3: Haushaltsnettoeinkommen

67 psychiatrische Landeskrankenhäuser haben rund 79 000 Betten, 41 von ihnen umfassen mehr als 1000 Betten (WHO-Forderung: ein Limit von 400), 50 000 Betten verschiedener Kliniken freier Wohlfahrtsträger. Das bedeutet: 1 Bett für 543 potenzielle Patienten (Schlüssel: 1, 84:1000); 1 Arztstelle für 63 Patienten, d. h. 4 Minuten Zeit pro Patient am Tag; 1 Sozialarbeiter für 527 Betten und 715 Aufnahmen oder Entlassungen; 1 Beschäftigungstherapeutin für 545 Patienten.

Weniger manifest ist das durch die Behörden kaschierte und administrierte Elend in den Gefängnissen, Zuchthäusern, Heimen und Anstalten. Dass in Anstalten nach wie vor „geprügelt wird, die Kakerlaken im Tee schwappen und die Mäuse hausinterne Sechs-Tage-Rennen durchführen"[52], ist kaum bekannt. In einer Resolution von Heimzöglingen heißt es: „Wir protestieren gegen Prügelstrafe, gegen religiöse Pflichtübungen, Essenszwang, Verletzung des Postgeheimnisses, unhygienische Badeeinrichtungen, Schrankkontrollen, Bezahlung von Bußgeldern, minderwertige Verpflegung [...]. Wir wehren uns gegen eine Erziehung, die durch Zwang und autoritären Druck von oben, statt aufgrund von Diskussion und sachlichen Auseinandersetzungen aller Betroffenen geleistet wird. Wir wehren uns gegen eine Erziehung, die durch Zusammenarbeit mit Betrieb und Schule, Arbeit und Freizeit total reglementiert und uns zu unkritischen Untertanen und willigen Arbeitskräften macht."[53]

Nicht anders präsentieren sich Waisenhäuser und Kleinkinderheime; Tobias Brocher und Dietlind Eckensberger müssen feststellen: „Wer heute ernsthaft vermutet, dass sich an der Waisenhausideologie (mit der dazugehörigen

---

52 Beier, J., 1971
53 Hornstein, W., 1970, S. 104; vgl. ausführlich: Autorenkollektiv, 1971

Pharisäerpsychologie) von Autoritätsrepräsentanten Entscheidendes geändert habe, wird durch die Besichtigung weniger Kinderheime sofort eines Besseren belehrt. Die einzige Änderung besteht in der Verschiebung der Repräsentation vom Landesherrn oder barmherzigen Mäzenaten auf den institutionalisierten Kostenträger [...]. Durch die verbesserte physisch- hygienisch-medizinische Versorgung konnte zwar in der Vergangenheit die außerordentlich hohe Sterblichkeit in Heimen reduziert werden, aber noch immer besteht eine überhöhte Krankheitsanfälligkeit, besonders in Säuglings- und Kleinkinderheimen. Diese Tatsache allein ist bereits ein Beweis dafür, dass unter Heimbedingungen die Befriedigung der psychischen Bedürfnisse nicht garantiert ist, da sich im frühen Kindesalter die affektive Verwahrlosung relativ leicht in den somatischen Bereich auswirkt."[54]

Diese Missstände in der Sozialisation von Kindern verheißen als Konsequenz, dass sich Armut und Elend reproduzieren. Mehr als 800 000 Kinder stehen unter Vormundschaft, mehr als 500 000 leben in Pflegeaufsicht, ca. 130 000 sind in Heimen untergebracht; jährlich muss die Jugendgerichtshilfe sich mit einer viertel Million Kinder beschäftigen.[55] Solches führt sich nicht zuletzt darauf zurück, dass dem Staat Kindererziehung, Mütterberatung, Ausbildung in Sozialberufen, Gesundheits- und Fürsorgeerziehung u. a.[56]aus noch festzustellenden Gründen kein primäres Anliegen sind.

Die Bilanz des „Sozialstaats" erweist sich damit als schon makaber: „Es gibt in der BRD 1 100 000 Menschen in ländlichen Gebieten, die ihre sozialen Bedürfnisse so weit reduzieren müssen, dass sie mit 100 bis 400 DM pro Monat auskommen (es sind die Familien der Kleinbauern, die Altenteiler usw.), 600 000 Bewohner der Armenanstalten, 450 000 Nichtsesshafte, 5 000 000 Erwerbstätige und Familien mit einem monatlichen Einkommen unter 600 DM, 5 397 300 Rentenabhängige mit einer monatlichen Rente bis zu 350 DM, 100 000 Geisteskranke in psychiatrischen Anstalten, 50 000 erwachsene Kriminelle in Haftanstalten, 100 000 Heimkinder, 49 658 Jugendliche in Fürsorgeerziehung bzw. freiwilliger Erziehungshilfe [...], 1 884 000 Kinder, die durch das soziale Schicksal ihrer Eltern in ihrer weiteren Entwicklung erheblich gestört werden und über die soziale Klasse ihrer Eltern nicht hinauskommen werden."[57]

---

54 Vorwort von T. Brocher in: Eckensberger, D., 1971, S. 5, und Eckensberger, D.,1971, S. 91

55 Vgl. dazu ausführlich: Peters, H., 1972; Brosch, P., 1971, S. 31; Autorenkollektiv, 1971

56 Vgl. dazu: Strotzka, H., 1965, insbes. S. 125

57 Roth, J., 1971, S. 70

Kritik der Sozialarbeit

Der entscheidende Impuls zur Kritik der Sozialarbeit ging in allen Ländern von der antiautoritären Protestbewegung aus, die die Differenz, welche die Theorie von der Praxis des „Sozialstaats" trennt, sah und ortete. Dabei ließ sich für die Protestbewegung die Unmenschlichkeit des kapitalistischen Systems am augenfälligsten am miserablen Leben der Armen und Ausgestoßenen beweisen. Gleichzeitig verfolgte die Protestbewegung in Anlehnung an die Sozialphilosophie Herbert Marcuses die Strategie, über die Politisierung der Randgruppen und Marginalexistenzen das bestehende System zu verändern.

Wiewohl diese Absicht scheiterte, hatte sie doch den sekundären Erfolg, dass öffentlich über Zustand und Funktion der Sozialarbeit nachgedacht werden konnte. Dabei wurde weithin „einem traditionellen Selbstverständnis der Sozialarbeit, das darauf beruhte, auf der Grundlage einer vorausgesetzten ‚heilen Welt' ‚Abgeglittenen' und ‚Verwahrlosten' Hilfe zu gewähren, der Boden entzogen."[58]

Aus dieser Diskussion, die sich um das Selbstverständnis der Sozialarbeit entspann, ergaben sich divergierende Konsequenzen: Die einen glaubten, den Graben zwischen Armut und Wohlstand dadurch schließen zu können, dass sie eine größere Effizienz der Sozialarbeit (Professionalisierung, Verwissenschaftlichung, Verbesserung der Interventionstechniken u. a.) forderten[59]; die anderen verlangten, dass Sozialarbeit nicht die unkritische Anpassung des Klienten an die bestehenden Zustände, sondern dessen Emanzipation zu erwirken habe; der Sozialarbeiter müsse sich als Anwalt und Organisator der Armen und nicht als Agent der Obrigkeit verstehen.[60]

In der Folgezeit versuchte die eine Seite, sich zu organisieren. So entstanden beispielsweise in Frankreich das „Mouvement du 10 mars des travailleurs sociaux", das „Comité de Coordination des animateurs" und die „Groupe d'information sur les prisons" (GIP). In Deutschland formierten sich „Arbeitskreise Kritischer Sozialarbeiter" (AKS); Randgruppenprojekte mit Fürsorgezöglingen und Obdachlosen wurden in allen größeren Städten lanciert; die Organisationsfrage beschäftigte von der Arbeiterwohlfahrt-Tagung 1968 in Braunschweig über den 4. Jugendhilfetag 1970 in Nürnberg bis zu den lokalen Diskussionen alle Veranstaltungen, wo immer sich die Vertreter sozialer Berufe trafen. Diese Organisationsdebatte mit ihren parteipolitischen und gewerkschaftlichen Zielvorstellungen ist nach wie vor in

---

58 Otto, H.-U. / K. Utermann, 1971, S. 9
59 Ebd., S. 158
60 Vgl. dazu: Paulsen, P., 1971; Gombin, R., 1972

vollem Gange. Dagegen postulierte die andere Seite eine größere Effizienz der Sozialarbeit, wobei – pauschal beschrieben – die „technokratische" Richtung auf die Modernisierung der Apparatur sozialer Interventionen setzte, während die ‚humanistische' Richtung darauf verwies, dass „die Sozialarbeit um so weniger ein Instrument der herrschenden Kräfte zur Dämpfung von sozialen Spannungen sein wird, je mehr sie sich ihre Aufgaben selbst zuweist."[61]

Beide Vorstellungen gestehen der Sozialarbeit im Kapitalismus einen Grad von Autonomie zu, der es erlaubt, eigene Konzeptionen darüber sinnvoll zu entwickeln, welche Aufgaben sich die Sozialarbeit selber stellen und alsdann verwirklichen kann. Solches beinhaltet, dass die Sozialarbeit über sich selbst bestimmen könnte, falls sie nur wollte, und dass sie nicht von externen Kräften an ihrer eigendynamischen Entfaltung gehindert wird. Legitim kann das aber nur behauptet werden, wenn die Autoren die Frage nach Position und Funktion der Sozialarbeit im sozio-ökonomischen Herrschaftsgefüge der Bundesrepublik beantworteten. Genau diese Antwort steht indessen aus. Um sich ihr anzunähern, müsste geklärt werden, welche Einflüsse auf den Tätigkeitsbereich der Sozialarbeit wirken.

Sozialarbeit und Herrschaftssystem

Die Hilfeleistung der Sozialarbeit realisiert sich nicht in einem pädagogischen Feld, das ‚sachfremden' Eingriffen nicht zugänglich wäre; vielmehr gehört jeder Sozialarbeiter einem Träger an, der, ob es sich nun um Staat, Kirche oder Privatinstitution handelt, jeweils über komplexe organisatorische Strukturen verfügt. Seit Max Weber ist es kein Geheimnis mehr, wie sehr der Prägungsdruck von Organisationen die Arbeit der einzelnen Funktionsträger in bürokratischen Gebilden beeinflusst. Leistungsdruck, Hierarchie, Kontrolle, Rollenverteilung und Vorschriften zwingen auch die Hilfeleistung der Sozialarbeit in ihren spezifischen Rahmen und den Sozialarbeiter zu organisationskonformem Verhalten. Die Hilfe, die der Sozialarbeiter dem Klienten anbietet, ist damit von vornherein in bestimmte Beschränkungen eingebunden.

Entgegen den Intentionen der meisten Sozialarbeiter wird ihre Beziehung zum Klienten jedoch nicht nur durch die Pressionen der bürokratischen Gebilde ‚versachlicht', sondern vor allem auch durch die Notwendigkeit, den individuellen Hilfefall je als Rechtstatbestand zu klassifizieren.

---

61 Moser, T., zit. nach Böhnisch, L., 1972

Richtig merkt Hans Achinger dazu an: „Entscheidend ist die Umschmelzung der Tatbestände und der Intentionen, sobald die Sprache des Rechts gesprochen wird. Die Formenwelt des juristischen Denkens hat sich als weit genug erwiesen, um alle nur möglichen Feststellungen und Handlungen im sozialen Bereich zu erfassen. Verwaltungsrecht, Beamten- und Arbeitsrecht regeln den Aufbau der Dienststellen und ihrer Personalverhältnisse. Ein mehr oder weniger kasuistisches Leistungsrecht regelt den gesamten Inhalt der möglichen sozialen Aktion; Arbeitsgerichtsbarkeit und Sozialgerichtsbarkeit regeln den Vollzug, soweit es sich um die Einhaltung der Gesetze handelt. Für den Leistungsbetroffenen ergibt sich daraus, dass er Anträge stellen muss, dass er dabei bestimmte Formen und Formeln zu beachten, Fristen zu wahren, Beweisstücke zu liefern hat.

Das ganze soziale Geschäft erhält einen juristischen Charakter, und die Folgen für die sozialpolitische Aktion sind eingreifend und mannigfaltig. Das Recht liebt die Dauer, die Wiederkehr desgleichen. Die Geschwindigkeit, mit der man Gesetze wirksam verändern kann, ist begrenzt. Das Recht liebt den Präzedenzfall. Daher das ewig Gestrige im Recht; man möchte, ja, man muss das Neue subsumieren können, um eine rechtliche Entscheidung zu treffen. Daher verstärkt das Recht die Vorliebe für die „gängigen Risiken", für die bereits „deklarierten Kategorien." Das Recht braucht objektive Beweismittel. An die Stelle der persönlichen Überzeugung, dass ein Notstand gegeben, eine Abhilfe erforderlich sei, tritt die „Aktenlage" im Hinblick auf den möglichen Rechtsstreit.

Daher die Vorliebe für materielle Tatbestände, für messbare Fakten. Das Recht stabilisiert das Denken, es schafft Sicherheit und Gleichmäßigkeit des Ablaufs, aber es vereinfacht und simplifiziert auch, es opfert die größtmögliche Annäherung an die tatsächliche Situation, um Durchschnittsergebnisse sicher zu haben. Das Recht entfremdet oft die Partner des sozialpolitischen Geschäfts [...]."[62]

Der „Sozialatlas Berlin" problematisiert die Folge dieser Einbindung der Hilfe in Rechtstatbestände: „Die Akten des Sozialarbeiters sind noch zu sehr bestimmt durch das Interesse an juristischer Absicherung und am Nachweis bestimmter Leistungen. Pädagogische Alternativen werden in den Akten nicht vermerkt. Die Schilderung von Symptomen scheint mehr mit dem Blick auf das Vormundschaftsgericht zu erfolgen, um von ihm leichter eine

---

62 Achinger, H., 1958, S. 105; vgl. Zur Bürokratisierung der Sozialarbeit:
   Bäuerle, W., 1967; Braun, H., 1972; Pressel, A., 1970

Sorgerechtsentziehung zu erwirken, als dass verwertbare Daten für gezielte Erziehungshilfen und Elternberatung aufgeführt werden."[63]

Die von der Sozialarbeit als individuell vorgestellte Hilfe zeigt sich damit bürokratisch-juristisch versachlicht. Das „persönliche Problem" verwandelt sich in administrativer Regie zum Fall. Für den Klienten bedeutet solches nicht zuletzt, dass ihm ein Etikett zuteil wird, das freilich nicht hilft, sondern stigmatisiert: „Die in den Aktenstücken zum Vorschein kommenden Definitionen und Beurteilungen scheinen vorwiegend den Informationsbedürfnissen der Instanzen zu dienen, weniger aber für entsprechende Hilfsmaßnahmen geeignet zu sein. Ein großer Teil der Berichte besteht aus der Aneinanderreihung von diskriminierenden Etikettierungen, die offenbar nur der Beschimpfung und der Degradierung des Beurteilten dienen."[64]

Nun erweisen sich Definitionen wie „kriminell", „asozial", „liederlich", „unordentlich" u. a. nicht als zufällig; in sie gehen, wie vorgängig bezeichnet, die Normen der Gesellschaft ein, die hinwiederum auf jene sozio-ökonomischen Verhältnisse verweisen, deren materiellen Erhalt sie ideologisch abstützen sollen. Wenn Sozialarbeit im bürokratischen Verbund also stigmatisiert, tut sie solches nicht zweckfrei. Vielmehr handelt sie im Auftrage des Staates, der sich als Organisator, Ordnungsgarant und Leistungsträger des gesellschaftlichen Systems versteht. Aber welchen Systems?

Alfred Pressel antwortet allgemein: „Die Struktur der Gesellschaft der Bundesrepublik ist nach wie vor gekennzeichnet durch den Gegensatz von Kapital und Arbeit; das heißt, auf der einen Seite stehen die wenigen mit einer weitgehend unkontrollierten Profitmaximierung, auf der anderen Seite viele, die von ihnen abhängig sind und fremdbestimmte Arbeit leisten."[65]

Die starke Konzentration in der westdeutschen Industrie hat die konstatierte Kluft zwischen den wenigen, die über die Produktionsmittel verfügen bzw. an ihrem Besitz partizipieren, und den vielen, die von der Arbeit für die wenigen leben müssen, noch verstärkt. Aufgrund einer diskriminierenden Einkommensstruktur sieht sich die große Mehrzahl der Bevölkerung von jedweder Vermögensbildung ausgeschlossen. „Die einkommens- und vermögensmäßige Schichtung der westdeutschen Gesellschaft beruht auf einer dreifachen Benachteiligung der Bezieher niedriger Einkommen, die sich zum größten Teil aus Arbeitern und Nicht-erwerbstätigen rekrutieren. Erstens: Ihr

---

63 Sozialatlas Berlin, 1979, S. 52
64 Brusten, M. / S. Müller, 1972
65 Pressel, A., 1970

Einkommen, und damit ihr Lebensstandard, ist erheblich niedriger als das der Selbstständigen, der Beamten und der höheren Angestellten.

Zweitens: Dieses niedrige Einkommen zwingt sie, einen relativ großen Teil hiervon zu verbrauchen, so dass ein relativ (und selbstverständlich auch absolut) geringer Teil für das Sparen, d. h. für die Bildung von Geldvermögen, zur Verfügung steht. Drittens: Die kleineren Einzelbeträge, die von Arbeitern und Nichterwerbstätigen der Vermögensbildung zugeführt werden, bringen einen nicht nur absolut, sondern auch relativ geringeren Ertrag als größere Beträge, wie sie von Beziehern höherer Einkommen gespart werden können."[66]

Mithin ist die Arbeiterschaft nach wie vor gezwungen, den Großteil aller Einkünfte für die Reproduktion ihrer Arbeitskraft auszugeben. Gemessen am Reichtum der Gesellschaft, wie er sich im Bruttosozialprodukt manifestiert, und am Überfluss der Besitzenden, der die Möglichkeiten allgemeiner Bedürfnisbefriedigung im Extrem veranschaulicht, ist der Lebensstandard einer Vielzahl unter kapitalistischen Produktionsbedingungen durchaus noch als relative Armut zu kennzeichnen. „Das rasche Wachstum des produktiven Kapitals ruft ebenso rasches Wachstum des Reichtums, des Luxus, der gesellschaftlichen Bedürfnisse und der gesellschaftlichen Genüsse hervor. Obgleich also die Genüsse des Arbeiters gestiegen sind, ist die gesellschaftliche Befriedigung, die sie gewähren, gefallen im Vergleich mit den vermehrten Genüssen des Kapitalisten, die dem Arbeiter unzugänglich sind, im Vergleich mit dem Entwicklungsstand der Gesellschaft überhaupt. Unsere Bedürfnisse und Genüsse entspringen aus der Gesellschaft überhaupt. Wir messen sie daher nicht an den Gegenständen ihrer Befriedigung. Weil sie gesellschaftlicher Natur sind, sind sie relativer Natur."[67]

In Verhältnis gesetzt zu diesem Entwicklungsstand unserer Gesellschaft, muss festgestellt werden, dass eine Mehrzahl der Arbeitenden unter kapitalistischen Produktionsbedingungen nicht nur zeitadäquat die Bedürfnisse nicht befriedigen kann, sondern darüber hinaus jederzeit von Deklassierung bedroht ist.

Im kapitalistischen Produktionsprozess wird der Arbeiter notwendig als minderer Kostenfaktor angesehen und dementsprechend entlohnt. Da er sich Besitz und damit Sicherheit nicht schaffen kann, besteht für den Arbeiter stets die Gefahr, aufgrund einer ungünstigen Wirtschaftslage oder misslicher persönlicher Umstände wie Krankheit und Unfall der absoluten Armut zu

---

66 Huffschmid, J., 1969, S. 28
67 Marx, K., 1957, S. 411 f.

verfallen. Diese Möglichkeit der Deklassierung ist dem kapitalistischen System als solchem immanent, da die Akkumulation von Reichtum auf der einen Seite die Akkumulation der Beschränkungen auf der anderen Seite bedingt. Der Tatbestand, dass der Arbeitende innerhalb der kapitalistischen Logik der Profitmaximierung nur als minimaler Kostenfaktor behandelt wird, verlangt auch die „Verschwendung am Leben und der Gesundheit des Arbeiters", seine geistige „Verkrüppelung" und seine „Verwandlung [...] in den selbstbewussten Zubehör einer Teilmaschine"[68] mit ihren pathologischen Folgen. Kapitalistische Produktion erscheint so als Destruktion des Menschen.

Durchschnittlicher Frustrationsindex der verschiedenen sozialen Schichten

Soziale Schicht	Bei Männern 1.	Bei Frauen 2.	Insgesamt (Durchschnitt aus 1. und 2.)
Obere Mittelschicht	1,1	2,0	1,55
Mittlere Mittelschicht	1,6	1,6	1,6
Untere Mittelschicht (industriell)	2,0	1,8	1,9
Obere Unterschicht (industriell)	2,1	2,0	2,05
Untere Unterschicht	2,3	2,6	2,45

Mit einem Frustrationsindex hat S. Kätsch denn auch festgestellt, dass die Unzufriedenheit mit der sozialen, physischen, psychischen und intellektuellen Situation je größer sich zeigt, desto tiefer die Schichtenzugehörigkeit der Betroffenen ist.

Aus dieser Frustration als Folge der bestehenden Produktionsverhältnisse erklärt sich auch das aggressiv-delinquente bzw. kriminelle Verhalten, das vor allem in den unteren Schichten besonders häufig zutage tritt. In Bezug auf die Jugendkriminalität schreibt T. Moser: „Ein breites empirisches Forschungsmaterial stützt die These, dass Jugendkriminalität in ihren schweren und dauerhaften Formen in der Unterschicht lokalisiert ist. Die Untersuchungen über die innerfamiliären Ausgangsbedingungen delinquenter Charakterentwicklung haben gezeigt, dass sozialstruktureller Druck auf die Sozialisationsfähigkeit

68 Marx, K. / F. Engels, 1975. Das Kapital I, S. 509 und 508; Das Kapital III, S. 96
69 Kätsch, S., 1965

der Familie und die Kumulation seelisch gestörter Menschen die Unterschicht in erhöhter Weise belasten. Diese Belastung wird nicht erst, wie die Anomietheoretiker annahmen, wirksam als Mangel an objektiven ökonomischen Chancen für Jugendliche beim Eintritt in die Erwachsenenwelt. Sie beeinflusst ihre psychische Entwicklung in frühester Kindheit dadurch, dass sie Reifung und Entfaltung der Eltern einschränkt, aufhält oder zerstört. Und selbst diese Eltern mögen ihrerseits Deformationen ihrer Persönlichkeitsstruktur ausgesetzt gewesen sein in einem über mehrere Generationen hinwegreichenden Prozess der Icheinschränkung, der Verkümmerung von seelischen Funktionen, der Brutalisierung des Verhältnisses zum eigenen Selbst, zur Familie und zur Gesellschaft. Vom Teufelskreis der Potenzierung der Abweichungstendenzen durch den Ausfall gegenwirkender Kräfte wurde an mehreren Stellen gesprochen."[70]

So lässt der Kapitalismus nach wie vor Menschen elend werden. Verelendung bedeutet freilich nicht mehr im gleichen Ausmaße wie weiland die totale Unmöglichkeit zu existieren, aber doch die Unmöglichkeit, unter kapitalistischen Produktionsverhältnissen sinnvoll zu existieren. In diesem Sinne ist André Gorz recht zu geben, wenn er „die spätkapitalistische Gesellschaft als Gesellschaft zutiefst barbarisch" nennt – „und dies in einem Maße, in dem sie nicht eine Zivilisation der gesellschaftlichen Existenz und der gesellschaftlichen Beziehungen zum Ziel hat und nicht eine Kultur des gesellschaftlichen Individuums [...]. Die wirtschaftliche, kulturelle und soziale Entwicklung zielt nicht vordringlich auf die Entfaltung der Menschen und auf die Befriedigung ihrer gesellschaftlichen Bedürfnisse, sondern zunächst auf die Herstellung derjenigen Gegenstände, die mit dem größten Profit verkauft werden können, seien sie nun nützlich oder nicht. Die schöpferischen Tätigkeiten werden gemäß den Kriterien der finanziellen Rentabilität und der gesellschaftlichen Stabilität beschnitten, während Millionen von Arbeitsstunden verschwendet werden, um im Rahmen der monopolistischen Konkurrenz oft nur geringfügige, aber stets kostspielige Änderungen an Konsumgütern vorzunehmen, die jedoch keineswegs dazu dienen, (den ästhetischen oder) den Gebrauchswert des Produkts zu erhöhen."[71]

Entfremdung wird diagnostiziert. Je mehr indessen die kapitalistischen Produktionsverhältnisse alle Lebensbereiche des Menschen infiltrieren, desto deutlicher betrifft die Dynamik der Profitmaximierung nicht nur die

---

70 Moser, T., 1972, S.289; vgl. Sozialatlas Berlin, 1979; Autorenkollektiv, 1971
71 Gorz, A., 1967, S. 87 und 86

Arbeiterklasse, sondern auch die Mittelschichten. Als aktuelles Beispiel wären die jugendlichen Drogenabhängigen zu nennen: „Die pubertären Rauschgift-süchtigen sind bisher meist Gymnasiasten, Kinder von höheren Angestellten, Selbstständigen, Intellektuellen, die fast alle kleinbürgerlichen Autonomie-Illusionen anhängen und zur Gesellschaft das Verhältnis wie die Maus zur Falle haben. Da diese Jugendlichen das frustrierende Erlebnis so einer Fremd-gesellschaft noch nicht objektivieren können, brennen sie lieber mit Hilfe von Heroin in zwei Jahren wie Wunderkerzen ab, als dass sie sich in Jahr-zehnten von Großfirmen anstellig verheizen lassen – nur um sich dadurch irgendwelche miesen Befriedigungen leisten zu können. Gott stinkt, die Farb-fernseher zeigen die Scheiße nur noch farbig, und mit Sportwagen kommt man nur schneller dorthin, wo man eigentlich doch gar nicht sein wollte. „Freiheit ist Konsumzeit" dekretieren die Soziologen der Industrie. Freiheit wird so zum Gegenteil von Freiheit.

Die Superindustrie macht so den Menschen zum Kakozephagen, der die Scheiße auch noch frisst, die er produzieren muss – Werbung und Presse üben den Konsum ein. Da die Industrie kein echtes Produkt mehr bietet (der Gebrauchswert wurde zu Sozialprestige pervertiert), sucht der Konsu-ment danach, bis er nichts als Nichts findet, dann ist seine Suche zur Sucht geworden. Statt fündig zu werden, fand er bloß Ersatz, und Ersatz ist nichts anderes als schön eingewickelte Frustration: Alle Industrie ist heute Verpackungsindustrie, der Fernsehapparat ist ein unendlich großer Karton; diese ganze Industrie, das merkt selbst der blödeste Gesunde, ist für Süch-tige gemacht (in Spraydosen kann man sich jetzt den Duft frischer Wäsche kaufen).

Während sich die Masse des Volkes mit Pharmaka, Betäubungsmitteln, Müdemachern und Wachhaltern abwiegeln lässt, genießt der Fixer den anarchischen Reiz explosionsartiger Selbstzerstörung."[72]

Wenn Sozialarbeit also, wie angeführt, die Normen der bestehenden Gesell-schaft verteidigt und jene Menschen stigmatisiert, die sie verletzen, handelt sie im Sinne der vorgegebenen Machtverhältnisse, die wenigen zugute und vielen nicht zupass kommen. Auf dem Hintergrund der gesellschaftlichen Situation in der Bundesrepublik kann sich das karitative Selbstverständnis der Sozial-arbeit mithin nur als sich selbst täuschende Ideologie enthüllen.

---

72 Autorenteam, 1971, S. 45

Die Professionalisierung in der Sozialarbeit

Zu einem neuen Selbstverständnis der Sozialarbeit soll nun deren Professionalisierung führen. „Professionalisierung ist unter anderem ein Prozeß, in dem die Deutung des Berufes im Zeichen von Berufung abgelöst wird durch eine rationale Interpretation. Mit der Professionalisierung ist somit eine Umorientierung oder Neukonstruktion der Berufsidentität verbunden. Mit zunehmender Professionalisierung bildet sich eine Autonomie in der beruflichen Entscheidung heraus; das bedeutet, dass der Praktiker auf der Grundlage des anerkannten Sachverstandes einen größeren Freiheitsraum erlangen sollte, seine Entscheidungen ohne externen Druck durch Anstellungsträger, Klienten und andere zu treffen und durchzusetzen. Die Basis der Berufsrolle verschiebt sich dabei idealtypisch von dem zugeschriebenen, mit der bürokratischen Organisation verbundenen Status hin zu einer eigenständigen Sachverständigkeit.“[73]

Nun bestimmen sich Berufsverständnis und Berufsrollen unter kapitalistischen Produktionsbedingungen nicht voluntaristisch durch einen intellektuellen Akt neuen Begreifens, sondern durch die Aufgaben, die beiden im Produktions- und Reproduktionsprozess dieser Gesellschaft zugewiesen sind. Gleiches gilt für die immer wieder beklagten Mängelerscheinungen in der Praxis der Sozialarbeit. Wenn „an eine psychologische Hilfe für die sozial gefährdeten oder gescheiterten Mütter und Eltern [...] offenbar vorläufig überhaupt nicht zu denken“[74] ist, wenn „die öffentlichen Ausgaben zur Behebung und Linderung chronischer Leiden, bei denen eine baldige Restituierung der Arbeitskraft nicht erwartet werden kann, [...] niedriger als in allen anderen Bereichen der Medizin“[75] liegen und wenn „in vielen Heimen, trotz unentwegter Hinweise, „bewährte“ Methoden einfach deshalb perpetuiert (werden), weil die Administration sich weder zur Annahme neuer Einsichten entschließen konnte noch bereit war, aus Kostengründen die unhaltbare Personallage zu verbessern“[76], dann ist das kein Zufall. Ebenso wenig zufällig erscheint „das Unzureichende der bestehenden sozialen Regelungen und Dienste [...] im Erziehungs- und Bildungswesen, Gesundheits- und

---

73 Otto, H.-U. / K. Utermann, 1971, S. 10; gleichlautend: Heraud, B. J., 1970; Lotmar, P., 1969; Bäuerle, W., 1967, S. 37
74 Brocher, T. in: Eckensberger, D., 1971, S. 5
75 Deppe, H.-U. / E. Wulff, 1971, S. 363
76 Brocher, T. in: Eckensberger, D., 1991, S. 5

Rentenwesen"[77] sowie generell die Vernachlässigung der kollektiven Bedürfnisse (Infrastruktur, Umweltschutz, Kultur, Gemeinschaftseinrichtungen etc.).

Vielmehr bedingt es die Gesetzlichkeit des Kapitalismus, dass nur jenes gefördert werden kann, das Profit erbringt und innerhalb dieser Optik seine Rentabilität erweist. „Es liegt in der Logik des Kapitalismus, dass die rentabelsten Projekte als die vorrangigen behandelt und dass die nichtrentablen vernachlässigt oder fallengelassen werden. Diese unrentablen Projekte, deren ‚Angebrachtheit' sich in kapitalistischen Begriffen schon nicht mehr ausdrücken lässt, machen Investitionen notwendig, die unter den gegebenen sozialen und politischen Umständen nicht zu einer Produktion von Waren führen können, d. h. zu einem kommerziellen Tausch, zum gewinnbringenden Verkauf von Gütern und Dienstleistungen. Es handelt sich um alle diejenigen Investitionen und Dienstleistungen, die menschlichen Bedürfnissen genügen sollen, die sich nicht in private Nachfrage übersetzen lassen, die also auf dem Markt nicht in Erscheinung treten können; es ist der Bedarf an Erziehungswesen, Städtebau, kulturellen und Freizeiteinrichtungen, Kunstwerken, Forschung, öffentlichem Gesundheitswesen, öffentlichen Transportmitteln – Bedürfnisse, die sich aber auch auf die Industrialisierung zurückgebliebener Regionen beziehen, auf notwendige Aufforstung, Kampf gegen die Verschmutzung der Gewässer, der Luft und gegen den Lärm –, kurz, es handelt sich um alles, was zum ‚öffentlichen Bereich' gehört und was nur in der Form von öffentlichen Dienstleistungen, unabhängig von der Rentabilität, erreicht werden kann."[78]

Solches gilt auch für die Sozialarbeit. Konträr zur materiellen Produktion im Arbeitsprozess, die Gewinn bringt, erzeugt die Sozialarbeit nichts Verkaufbares, sondern verursacht im Gegenteil Kosten, die vom Gewinn aus dem Arbeitsprozess abgezogen werden müssen und also profitschmälernd wirken. Unter kapitalistischen Produktionsbedingungen muss Sozialarbeit als unproduktiv eingestuft werden; ihre Aktivitäten wirken nicht direkt kapitalfördernd und sind deshalb jenem Bereich der Kapitalunkosten zuzurechnen, den Marx als „faux frais" (Nebenkosten) bezeichnete. Mithin liegt es im Interesse der Kapitaleigner, die Ausgaben für die unproduktiven Dienstleistungen der Sozialarbeit niedrig zu halten, da jedwede Steigerung dieser Ausgaben die Höhe der Profit- und Akkumulationsrate des Kapitals beeinträchtigt. Da unter kapitalistischen Produktionsverhältnissen der Mensch einzig als Arbeitskraft zählt, ist Sozialarbeit nur insofern bedeutsam, als sie für die Reproduktion der Arbeitskraft

---

77 Hornstein, W., 1970, S. 25; vgl. Klanfer, J., 1969; Gorz, A., 1967
78 Gorz, A., 1967, S. 105

nützlich erscheint. Nur wenn diese Reproduktion sich als gefährdet erweist, wird Sozialarbeit die Mittel erhalten, die je nötig sind, um die Arbeitskraft wieder an die Erfordernisse des Produktionsprozesses adäquat anzupassen.

Das heißt zum einen, dass die beklagten Mängel in der gegenwärtigen Sozialarbeit nur Ausdruck der kapitalistischen Gesetzlichkeit sind, ,faux frais' einzusparen; das heißt zum zweiten, dass Sozialarbeit sich nur verbessern kann, wenn eine Amelioration ihrer „Dienstleistungen" für das Kapital notwendig ist; das heißt schließlich, dass Sozialarbeit nicht änderbar ist, indem ein neues Selbstverständnis formuliert wird, sondern nur, indem die Interessen des Kapitals durch die objektive Entwicklung tangiert werden.

Die Sozialarbeiter können nur schwerlich diese Zusammenhänge erkennen. Zwar verzeichnen alle empirischen Untersuchungen über die Berufssituation der Sozialarbeiter ein Malaise; doch fehlt dessen reflektierte Vermittlung zu den Produktionsbedingungen des Systems. So beklagen die Sozialarbeiter, dass 42 Prozent von ihnen „kein eigener Arbeitsraum für sich allein zur Verfügung" steht. „Sie müssen ihn vielmehr mit Schreibkräften, anderen Sozialarbeitern oder sonstigen Personen fremder Sachbereiche teilen. Dabei sind gerade die Berufsgruppen, die außerordentlich häufig vertrauliche Gespräche zu führen haben, besonders schlecht mit Arbeitsräumen ausgestattet. Es handelt sich hierbei um die Sozialarbeiter in der Familienfürsorge, die zu 61 Prozent den Arbeitsraum mit anderen teilen müssen, und diejenigen in der Spezialfürsorge, denen zu 46 Prozent kein eigener Arbeitsraum zur Verfügung steht. 41 Prozent der Sozialarbeiter in der Familienfürsorge und 35 Prozent derjenigen in der Spezialfürsorge steht noch nicht einmal ein Sprechzimmer zur Verfügung.

Daraus ist zu folgern, dass in durchschnittlich einem Viertel der Fälle bei Gesprächen mit Ratsuchenden das diesen zustehende Persönlichkeitsrecht auf Respektierung ihrer Privatsphäre nicht gewahrt werden kann. Ein weiteres Problem stellt die Erledigung der anfallenden Schreib- und Büroarbeiten dar. Eine entsprechende Frage ergab, dass nur einem Viertel aller Sozialarbeiter eine Schreibkraft voll zur Verfügung steht, wobei die Sozialarbeiter in der Familienfürsorge mit nur 8 Prozent am schlechtesten wegkommen. Etwa 50 Prozent aller Sozialarbeiter können wenigstens teilweise mit einer Schreibkraft rechnen. Dabei ist allerdings zu beachten, dass davon 15 Prozent ihre Schreibkraft mit fünf oder mehr Personen teilen müssen. Da zu vermuten war, dass die Sozialarbeiter, die keine Schreibkraft voll zur Verfügung haben, diese Situation als Mehrbelastung empfinden können, fragten wir sie danach. Dabei stellte sich heraus, dass 52 Prozent aller Sozialarbeiter die teilweise oder völlige Selbsterledigung der Schreibarbeiten als zusätzliche, aber eigentlich vermeidbare Belastung ansehen."[79]

Zum Mangelkatalog, den die Sozialarbeiter in Interviews und Befragungen aufstellen, gehören „die grundsätzlichen Fragen der Organisation, wie z. B.:

- Innen- und Außendienst, Familien- und Spezialfürsorge, Fragen der Zuständigkeit für einzelne Fürsorgebereiche usw.;
- die mangelhaften Arbeitsbedingungen: Es zeigt sich gegenwärtig, dass von den Sozialarbeitern
  - 28%   regelmäßig Überstunden machen müssen;
  - 10%   aus beruflichen Gründen keinen Vollurlaub nehmen können;
  - 20%   keine Urlaubsvertretung haben;
  - 42%   keinen eigenen Arbeitsraum haben;
  - 25%   weder über einen eigenen Arbeitsraum noch über ein Sprechzimmer verfügen;
  - 52%   die selbst zu erledigende Schreibarbeit als Belastung empfinden;
  - 77%   über kein Dienstfahrzeug verfügen, obwohl sie es benötigen;
  - 65%   so gut wie nie an Dienstbesprechungen teilnehmen können;
  - 88%   Fallbesprechungen entbehren müssen;
- das Fehlen von Zeit und Geldmitteln für die Teilnahme an Fortbildungs-Veranstaltungen;
- das Aufstiegsproblem und die damit im Zusammenhang stehende finanzielle Anerkennung der Leistung."[80]

Die Vielfältigkeit dieser Klagen hat indessen bisher nicht einmal dazu geführt, dass sich die Sozialarbeiter gewerkschaftlich organisiert haben. Zwar bezeichnen sich die meisten Sozialarbeiter als Mitglieder von Berufsorganisationen, doch zeigen sich letztere primär ständisch strukturiert. Vor politischem Engagement schrecken nur Minoritäten nicht zurück.[81] Vergegenwärtigt man sich, dass mehr als drei Viertel aller Sozialarbeiter vom Staat angestellt und bezahlt sind, können diese Aussagen freilich nicht übermäßig überraschen. Die professionelle Bindung an den Staat impliziert zum einen, dass der Sozialarbeiter an der Prosperität des Systems interessiert ist, von dem er als Staatsangestellter (-beamter) materiell abhängt, und bedingt zum an-

---

79 Otto, H.-U. / K. Utermann, 1971, S. 42
80 Lingesleben, O., 1968, S. 112
81 Vgl. Helfer, I., 1971, S. 83; Lingesleben, O., 1968; Böhnisch, L. / H. Lösch, 1973

deren, dass er Position und Funktion des Staates ideologisch vertritt bzw. weitervermittelt.

Die doppelte Aufgabe der Sozialarbeit

Dem Sozialarbeiter fällt in der gegenwärtigen Gesellschaft die Rolle zu, Agent und Repräsentant des herrschenden Staates zu sein. Seine Aufgabe ist es – vorerst nur grob bezeichnet –, bei seinen Klienten sowohl für die materielle wie für die ideologische Reproduktion des bestehenden Systems zu sorgen.

Das bedeutet zunächst, dass Sozialarbeit dazu beitragen muss, kranke oder delinquente Arbeitskräfte wieder an die Anforderungen des Produktionsprozesses anzupassen. Partiell oder völlig Deklassierte werden von der Sozialarbeit versorgt, damit keine breite Unzufriedenheit mit dem System aufzukommen vermag. Für alle Schaffenden stellt Sozialarbeit überdies eine Garantie dar, dass ihnen im möglicherweise auftretenden Notfall Hilfe zur Verfügung stünde. Sozialarbeit hat damit eine kompensatorische Funktion: Sie muss die Mängel und Folgen ausgleichen, die die kapitalistischen Produktionsverhältnisse alltäglich hervorbringen. Damit versucht sie, der Kritik und Kontestation des kapitalistischen Systems die Überzeugungskraft zu nehmen; ihre Hilfeleistung soll alle Ungerechtigkeiten verdecken und die bestehende Gesellschaft als letztendlich doch noch gerecht und fürsorgend in öffentliche Erscheinung treten lassen. Solches verweist auf die historischen Wurzeln der Sozialarbeit, die als Antwort auf die proletarische Herausforderung gegenüber dem kapitalistischen System entstanden ist.[82]

Gleichzeitig wacht die Sozialarbeit darüber, dass die herrschenden Normen der Gesellschaft aufrechterhalten bleiben. Ihre Aufgabe ist es dabei, die Beachtung der Normen zu kontrollieren und allfällige Verstöße zu bestrafen. „Aus beidem ergibt sich, dass Fürsorge in der Regel von der Arbeitshypothese ausgeht, dass der einzelne zu adjustieren sei, dass es darum zu tun sei, ihn in eine Gesamtheit einzufügen, deren Anforderungen er zur Zeit infolge irgendwelcher Handicaps nicht entspricht. Bei einer Methode, bei der alles auf die Erkenntnis und die Veränderlichkeit der individuellen Situation ankommt, wird also stillschweigend vorausgesetzt, dass sich die Anpassung an Durchschnittsverhältnisse lohne."[83]

Diese Funktion, Anpassung und Integration zu gewährleisten, hat sich für die Sozialarbeit in unseren Tagen aus materiellen und ideologischen Gründen noch erhöht. Zunächst bedingt die Nachfrage nach Arbeitskräften

---

82 Vgl. dazu ausführlich: Nowicki, M., 1973
83 Aichinger, H., 1958, S. 109

eine Intensivierung sozialarbeiterischen Bemühens um die Reproduktion der ersteren. „Die Notwendigkeit, jedes für die Gesellschaft nur irgendwie nützliche Glied heranzuziehen, bringt eine Ausdehnung der Hilfstätigkeit auch auf solche Menschen, von denen sich der Hilfswille noch vor einigen Jahren, wenn nicht ganz abgewendet, so doch zurückgehalten hat. Die halben, die Viertel-Arbeitskräfte, die vielfach in normalen Zeiten, weil sie die Produktion mehr belasten als fördern, aus dem Wirtschaftsleben (zugunsten von voll arbeitsfähigen Arbeitsuchenden) ausgeschieden und nur noch als Gegenstand einer Versorgung betrachtet wurden, werden jetzt durch Anlernung und Umschulung, also durch besondere fürsorgerische Hilfsaktionen, in den Arbeitsprozess eingegliedert. Sobald normale Verhältnisse eintreten, werden sie wieder abgestoßen und unter Umständen ihrem Schicksal überlassen."[84]

Fernerhin wächst für die Sozialarbeit die systembedingte Notwendigkeit, ihre soziale Kontrolle zu verstärken. Mit der starken Zunahme des gesellschaftlichen Reichtums erweisen sich nämlich die emanzipatorischen Möglichkeiten für die Menschen als immer größer und die sozio-ökonomischen Notwendigkeiten, Zwang, Unterdrückung und Beschränkungen aufrechtzuerhalten, als zunehmend ungerechtfertigter. Damit die Differenz zwischen der Möglichkeit zur Freiheit und der Wirklichkeit der Repression nicht zu augenfällig sich zeigen mag, müssen die sozialen Kontrollen über die Bürger verstärkt werden. „Gewöhnlich garantiert schon das normale Funktionieren des Sozialprozesses die notwendige Anpassung und Unterwerfung (Furcht vor Verlust des Arbeitsplatzes oder des sozialen Status, gesellschaftliche Ächtung usw.); ein besonderes Vorgehen, um zusätzlichen psychischen Druck auszuüben, erübrigt sich. Aber es besteht in der modernen Überflussgesellschaft eine derartige Diskrepanz zwischen den gegenwärtigen Existenzformen und den erreichbaren Möglichkeiten menschlicher Freiheit, dass die Gesellschaft, will sie zu starkes Unbehagen vermeiden, eine wirksamere Koordination der Individuen vornehmen muss. So wird die Psyche in ihrer unbewussten Dimension einer systematischen Kontrolle und Manipulation zugänglich gemacht und unterworfen."[85]

Der Fall der französischen Familie G. ist ein – freilich vorläufig noch extremes, aber für Kommendes vielleicht symptomatisches – Beispiel dafür, wie sich die Kontrollfunktion der Sozialarbeit verstärkt. Bei den G.s kümmert sich eine Sozialarbeiterin um die Familie, eine zweite Sozialarbeiterin um die

---

84 Scherpner, H., 1962, S. 134
85 Marcuse, H., 1968, S. 11

Organisation des Haushalts, eine dritte Sozialarbeiterin übt beratende Tätigkeit aus, eine vierte ist mit den Gesundheitsproblemen der G.s beschäftigt, eine fünfte sorgt sich um die Geburtenkontrolle, eine sechste um den Schulbesuch der Kinder, ein Sozialarbeiter betreut die Finanzen der G.s, ein zweiter überwacht die Verbesserung der Wohnverhältnisse, ein dritter den Alkoholkonsum und ein vierter die psychischen Probleme.[86] Gleichfalls aus Frankreich kommt die Meldung, dass Neubauquartiere von Paris nach Sektoren eingeteilt und je mit einem Team von Sozialarbeitern, Psychiatern und Polizisten als „Element der sozialen Kontrolle"[87] ausgestattet werden. Auch in Deutschland soll „Systemrationalität [...] durch wirkungsvolle Sozialtechnik („Social Engineering") gesichert werden", wobei „ein rein technisch-rationaler Ansatz in dem Wunsch nach Berechenbarkeit menschlichen Verhaltens"[88] dominiert.

Uniformierung und Homogenisierung sollen damit in einem Moment vorangetrieben werden, in dem sie eigentlich nicht mehr nötig wären. Doch was, gemessen an den Möglichkeiten der Gesellschaft, nicht mehr erforderlich scheint, verlangt die Logik des Kapitals, die den programmierten Konsumenten braucht, will sie expandieren und sich nicht selber widerlegen. So muss der einzelne stärker denn je auf ein Leben, ein Verhalten und eine Vernunft festgelegt werden. Das Kapitalinteresse hat sich zum Maßstab erhoben und versucht, alles seinem normierenden Einfluss unterzuordnen. In solcher Konstellation offenbart „abweichendes Verhalten" ein Lebens- und Entfaltungspotenzial des Menschen, der sich auflehnt, seine Existenz als ganze der Fremdbestimmung durch das Kapitalinteresse unterwerfen zu lassen. Krankheit, Devianz, Delinquenz und Wahnsinn veranschaulichen dabei nur als Antwort und Symptom die Anormalität des Systems und den „Wahnsinn des Kapitals" (K. Marx); sie sind Ausdruck der pathogenen Struktur der Gesellschaft. Dass diese Gesellschaft dann bekämpft, was ihre eigene Mechanik schafft, trägt im 20. Jahrhundert kaum zu ihrer Rationalität bei und kann nur mit den Interessen der Herrschaft erklärt werden.

Möglichkeiten nicht-systemstabilisierender Sozialarbeit

---

86 Auszug aus der Rede von Staatssekretär Pavard 1971 in Bordeaux, zit. n. Pourquoi le travail social? 1972.
87 Le Monde vom 31. 10. 1972
88 Sozialatlas Berlin, 1979, S. 4

Sozialarbeit als systemsprengende Kraft kann angesichts ihres Auftrags nicht konzipiert werden. Solches darf nicht heißen, dass kritische Sozialarbeiter sich damit begnügen sollen, der Gesellschaft verbal alle Schuld für jene Missstände anzulasten, denen sie alltäglich begegnen. Wie Verbalismus auf der einen Seite ist „revolutionäre" Ungeduld (Wolfgang Harich) auf der anderen kein probates Mittel, Änderung zu erbringen. Die Experimente insbesondere der Studentenbewegung mit Obdachlosen, Arbeiterkindern und Fürsorgezöglingen haben gezeigt, dass der Sprung der Unterdrückten in die Emanzipation nicht unvermittelt appellativ geschehen kann. Auch der missionarische Glauben, die Arbeiter, die Deklassierten, die Kinder das „richtige" „revolutionäre" Bewusstsein und Verhalten lehren zu müssen, fiel verständlicherweise auf wenig fruchtbaren Boden.[89]

Sinnvoller zeigen sich in der Praxis jene Versuche, die bei den Klienten nicht missionieren wollten, sondern ihnen die materiellen Möglichkeiten zur Selbstorganisation offerierten. Dabei erzielten in Frankreich das GIF, in den USA die „Anti-Poverty"-Kampagne und in England Initiativen wie die „Mothers in Action" beträchtliche Erfolge.[90]

In Deutschland begannen beispielsweise „Fixer und Exfixer ihre Selbstorganisation. Die hoffnungslosen Fälle erarbeiten sich selbst eine Perspektive. Statt sich kriminalisieren zu lassen, sind sie dabei, sich durch die Analyse der individuellen und gesellschaftlichen Bedingungen der Sucht zu politisieren."[91] Heim- und Fürsorgezöglinge organisierten sich in Wohngemeinschaften. „In den Kollektiven ergibt sich für die Jugendlichen (für nicht wenige vielleicht zum erstenmal) die Möglichkeit, aus der Rolle des ohnmächtigen Ausbeutungsobjektes zeitweilig herauszutreten, sich als selbstständig handlungsfähiges Subjekt mit eigenen Bedürfnissen zu erfahren, bislang latente Fähigkeiten zu erproben und sich dieser bewusst zu werden und schließlich Fähigkeiten zur Kommunikation und Kooperation mit Klassengenossen zu entwickeln. Die Erfahrung divergierender Bedürfnisse und subjektiver Interessen und der Notwendigkeit, die daraus resultierenden Konflikte selber und gemeinsam lösen zu müssen (und zu können), schafft erste subjektive Grundbedingungen auch für die politische Organisationsbildung."[92]

---

89 Vgl. Autorenkollektiv, 1971 a; insbes. das Nachwort von W. F. Haug
90 Vgl. zu diesen Beispielen ausführlich: Pourquoi le travail social?, 1972; Klanfer, J., 1969; Heraud, B. J., 1970
91 Autorenkollektiv, 1971 b, S. 39
92 Autorenkollektiv, 1971 a, S. 238

Allen diesen Versuchen ist eigen, dass sich die Menschen aus der ihnen vom System aufgezwungenen Passivität (Konsum- und Erwartenshaltung) lösen und selbsttätig werden. Diese Stoßrichtung der Aktivität zeigt an, dass dazu die Initiative nicht von der institutionalisierten Sozialarbeit ausgehen kann. Ihre Aufgabe ist die Administrierung der Missstände, nicht deren grundsätzliche Aufhebung. So zeigen Experimente, bei denen der Wille zur Veränderung von der Sozialbürokratie kanalisiert wurde, nur das Scheitern.[93] Offenbar kann der Anspruch der Betroffenen derzeit nur gegen die offiziellen Institutionen durchgesetzt werden. Das bedeutet als Konsequenz, dass die Impulse zum Wandel nicht von der institutionalisierten Sozialarbeit ausgehen können, sondern von den Opfern ausgehen müssen.

---

93 Vgl. Aich, P. / O. Bujard, 1972

Grenzen und Möglichkeiten sozialpädagogischer Intervention

Das Dilemma sozialpädagogischen Arbeitens ist unbestritten. Es liegt in dem, was die traditionelle Terminologie als Sozialarbeit bezeichnet, d. h. in der post-festum-Aktion, der der Mensch schon zum Klienten geworden ist, noch viel deutlicher offen als im weiter gefassten Begriff der Sozialpädagogik, die auch die sozusagen prophylaktische Aktion in ihren Tätigkeitsbereich miteinschließt. Ob kritische oder unkritische Autoren, fürsorglich oder technokratisch orientierte, bürgerliche oder marxistische, ihnen allen ist bewusst, dass die sozialpädagogischen Interventionen heute unzureichend sind und deshalb verbessert werden müssen.

Damit ist der Konsens aber auch schon zu Ende. Mittel und Zielvorstellungen der Veränderungsabsichten im weiten Feld von Sozialpädagogik und Sozialarbeit differieren nämlich gehörig. Die einen wollen offenkundige Defizite mit mehr Liebe und Zuwendung an den Klienten aufheben; die anderen verlangen die Professionalisierung der in den sozialen Berufen Tätigen; wiederum andere fordern eine größere Effizienz der sozialen Dienste, z. T. mittels wirksamerer psychologischer Methoden und Beurteilungsinstrumenten; die nächsten sehen eine Verwaltungsreform, eine Entinstitutionalisierung der sozialpädagogischen Intervention, größere Sozialinvestitionen oder gar eine grundlegende Veränderung der bestehenden Gesellschaft als unabdingbar an, um die Situation sozialer Arbeit zu verbessern.

Diese Reihe könnte fortgesetzt und der Katalog der bezeichneten Reformvorschläge vor allem ausführlich beschrieben werden. Da die im deutschsprachigen Raum vorhandene Literatur sich diesem Thema zur Genüge widmet, können wir an dieser Stelle verzichten, Bekanntes zu resümieren und uns vielmehr darauf beschränken, das Gemeinsame der Änderungskonzepte zu benennen. Nahezu alle Autoren gehen dabei aus von ihren konkreten Erfahrungen im sozialpädagogischen Bereich; deren viele negative Seiten sind ihnen dann Anlass, positiv Neues zu formulieren. Bei solcher Vorgehensweise, die einfach das Defizit durch den Wunsch nach Besserem ersetzt, gerät allerdings die Reflexion darüber außer acht, ob nicht vielleicht das geschilderte Negativum in der bestehenden Gesellschaft seinen Stellenwert hat, ob also nicht eigentlich sein muss, was in der individualistischen Optik der Autoren nicht sein sollte. Ebenso unbedacht wird das bessere Neue konstruiert; aus wiederum persönlichen Erfahrungen leiten sich unvermittelt die Reformvorschläge ab. Solche Theorie ist voluntaristisch. Sie übersieht, dass sich Struktur und Funktion sozialpädagogischer Arbeit nicht durch einen intellektuellen Akt neuen Begreifens und Wünschens bestimmen lassen, sondern primär durch die Aufgaben, die ihr konkret im Produktions- und Reproduktionsprozess dieser Gesellschaft zugewiesen sind.[1]

Nun kann man von Autoren, die soziale Mängel mit mehr Liebe, Partnerschaftlichkeit, Vertrauen, Affektivität und anderen subjektiven Regungen exklusiv beheben wollen, gewiss nicht erwarten, dass sie ihre Gefühle und Wünsche irgendwie und wenigstens doch vielleicht ansatzweise mit den objektiven Bedingungen zu verbinden imstande sind, wie sie in den Institutionen sozialpädagogischer Arbeit, in den Kommunen, im Staat und in unserer Gesellschaft gegenwärtig herrschen. Das bloße Postulieren überfällt jedoch auch Autoren, die in ihrem Ansatz gesellschaftstheoretisch und gar nicht individualistisch orientiert sind.

Beispielsweise Haag u. a.[2], die die faktischen Funktionen gegenwärtiger Handlungssysteme in der sozialen Arbeit untersuchen und dabei die drei Ebenen der Sozial- und Gesellschaftspolitik, der Sozialplanung und Sozialadministration und schließlich der Sozialtherapie trennen, gleiten bald in Konjunktiv und Soll-Ton ab. „Aufgabe der Sozialarbeit" als Sozial- und Gesellschaftspolitik, so schreiben sie, „wäre einmal die rationale Planung der staatlichen Sozialinvestitionen durch Sozialkostenanalysen [...]; zum anderen müssten innerhalb des Gesamtsystems der Sozialen Sicherheit die Aufarbeitung von Informationen und die Mitwirkung an gesetzgeberischen Maßnahmen von einer wissenschaftlichen Sozialarbeit (im Gegensatz zu quasi-naturwüchsigen Interessen) getragen werden."

Auf der zweiten Ebene der Sozialarbeit als Sozialplanung und Sozialadministration „sollen innovatorische Methoden und praktische Arbeit (auch notfalls außerhalb) der Administration entwickelt werden. Konkrete Beispiele auf dieser Ebene wären etwa die infrastrukturelle Planung sowie die Ausarbeitung und Realisierung von Institutionen mit Modell- und Experimentalcharakter (Wohnheime, sozialtherapeutische Kliniken, Wohnkollektiv usw.)."

Auf der dritten Ebene der Sozialarbeit als Sozialtherapie schließlich „muss das Denken und Handeln in Systemen anstelle der bisher überwiegenden Arbeit mit isolierten Individuen oder Kleingruppen praktiziert werden. Traditionelle Methoden wie case-work, group-work und community-organization

---

1   Hollstein, W. / M. Meinhold,1973, S. 35 ff.; dies. 1975, S. 12 ff.
2   Haag, F. u. a., 1973, S. 167 ff.

(Intergruppenarbeit) müssen in Bezug auf konkrete Vorhaben, d. h. projekt-orientiert, integriert werden." Im folgenden verlangen die Autoren von sozialer Arbeit, dass diese Alternativen zum System der Sozialen Sicherheit in der Bundesrepublik entwickeln solle. Die Prognose, dass in der „Sozial-arbeit das hierarchisch strukturierte bürokratische Organisationsmodell an sein Ende" kommt, trägt als Forderung an die Sozialpädagogen in sich, dass sie von „hierarchisch bestimmter zu projektorientierter Arbeit" gelangen müssten. Als nahezu nur noch rhetorische Frage schließt sich daran an: „Soll Sozialarbeit weiter in den Händen der ‚kommunalen Apparatur' oder in den Händen einzelner Verbände und dem subsidiären Spannungsverhältnis zwischen beiden liegen, oder soll Sozialarbeit in der Organisationsform weit-gehend autonomer Projekt-Systeme, gefördert durch öffentliche wie private Mittel und unter öffentlich-rechtlicher Aufsicht aufgebaut werden?"

Auch Hanhart[3] stellt, um die in der Tat gravierenden Defizite in der Sozialarbeitsforschung aufzuheben, einen Forderungskatalog auf, der von den objektiven Bedingungen, die soziale Arbeit nun einmal vorfindet, abstrahiert. So präzis die einzelnen Forschungsbereiche genannt und die zu unternehmenden Forschungsschritte thematisiert werden, so sehr sind die politischen, ökonomisch-fiskalischen und bürokratisch-organisatorischen Rahmenvoraussetzungen solcher Forschung vernachlässigt. Das dritte Beispiel in unserem Zusammenhang betrifft Harney, der eine Funktionsbestimmung sozialer Arbeit versucht und dabei ausmündet in die Postulate, dass Sozial-arbeit wissenschaftsorientiert und klientenzentriert vorgehen müsse. „Institu-tionalisiert als Bedarfsausgleich im Sinne des gesellschaftlichen status quo bedinge das Eigeninteresse der Sozialarbeit „als organisiertes Dienstleistungs-system mit steigender Produktivität im ökonomischen Sektor die Tendenz zu Expansion, materieller Aufwertung, Höherqualifikation und damit einher-gehend: zu wissenschaftlicher Durchdringung des Berufsfeldes [...]"[4]

Wir geben diese Beispiele einigermaßen ausführlich an, weil sie präzis illustrieren, wie gefährlich es ist, Veränderungspostulate aufzustellen, ohne die Veränderungsbedingungen zu reflektieren. Dabei lohnt es sich kaum, etwa auf die Forderungen Harneys einzugehen, da deren wässrige Allgemeinheit es a priori ausschließt, Realisations- und Praktikabilitätsaspekte des Geforderten zu diskutieren.

---

3   Hanhart, D., 1973, S. 101 ff.
4   Harney, K., 1975, S. 113

Bei einem Ansatz, der eine Funktionsbestimmung der Sozialarbeit aufgrund des Luhmannschen Systembegriffs ausschließlich versucht, kann das auch nicht weiter verwundern. Eingegangen werden sollte indessen auf den bekannten Katalog von Haag u. a., da er anlässlich konkreter Defizite im sozialpädagogischen Bereich konzipiert wurde und sich damit realitätsbezogen gibt. Dabei versuchen wir zunächst nicht mehr, als den Postulaten von Haag u. a. auf der Oberflächenebene empirischer Erfahrungen im sozialpädagogischen Sektor zu begegnen. Für eine Beteiligung sozialer Arbeit an sozial- und gesellschaftspolitischen Grundfragen („Planung der staatlichen Sozialinvestitionen durch Sozialkostenanalysen"; „Mitwirkung an gesetzgeberischen Maßnahmen") wäre die Partizipation der Sozialarbeiter in bürokratischen und politischen Entscheidungsgremien unerlässlich.

Diese Partizipation wiederum setzte voraus, dass die Sozialarbeiter zum einen in der Verwaltungshierarchie neu, nämlich höher, eingestuft würden und dass sie zum anderen sozialpolitisch sachkompetent wären. Beides verlangte u. a. eine wesentliche Umstrukturierung bisheriger Sozialarbeiter-Ausbildung. Dieses Moment der Ausbildung muss auch berücksichtigt werden, wenn Haag u. a. auf der zweiten Ebene der Sozialplanung und -administration z. B. von den Sozialarbeitern erwarten, „auch notfalls außerhalb der Administration" tätig zu werden sowie „Institutionen mit Modell- und Experimentalcharakter" wie etwa sozialtherapeutische Kliniken zu planen. Abgesehen von der fachlichen Überforderung der Sozialarbeiter in diesem Kontext, bleiben hier die konkreten Zwänge der Sozialbürokratie, die ökonomischen und fiskalischen Aspekte von Modellversuchen wie auch deren politische Problematik unberücksichtigt.

Schließlich abstrahiert die Erwartung, Sozialarbeit gewissermaßen zu entinstitutionalisieren und „innovatorische Methoden" außerhalb der Ämter zu wagen, ebenso sehr vom Status der Sozialarbeiter wie von jenem der Klienten, die – um nur ein Moment hier anzudeuten – ja nicht freiwillig zum Sozialarbeiter kommen. Auf der dritten Ebene der Sozialtherapie, wo der Sozialarbeiter nun nicht mehr klient-, sondern system- und projektorientiert vorgehen soll, werden gleichermaßen jene organisatorisch-bürokratischen Hindernisse übersehen, die es eben strukturell verhindern, dass mit dem Klienten mehr geschieht, als ihn zu stigmatisieren, zu ‚parzellieren' und im Endeffekt zu administrieren, und jene gesellschaftlichen Bedingungen außer acht gelassen, die Menschen zu Klienten, d. h. zu Objekten bürokratischer Intervention erst werden lassen.

Unvermittelte Forderungskataloge wie dieser von Haag u. a. sind gefährlich, weil sie die in sozialpädagogischen Berufen Tätigen oder dort tätig Werdenden in die Annahme zwingen, dass individuelle Willensanstrengung ausreiche, aus dem Dilemma aller sozialpädagogischen Arbeit herauszufinden und endlich zu verwirklichen, was den Sozialpädagogen befriedigt und dem Klienten nützt. Da am Ende dieses Weges notwendigerweise das eigene Scheitern steht, führen die bezeichneten Vorschläge wie auch alle anderen, die von ihrem konkreten Bedingungszusammenhang am Arbeitsplatz und in dieser Gesellschaft abstrahieren, nur zur Frustration und damit letztlich zu Resignation, Passivität und Anpassung der Sozialarbeiter, die einmal an sie geglaubt hatten, und nun in ausweglose Enttäuschung getrieben wurden. H. E. Richter hat diesen Mechanismus in seinem Buch „Die Gruppe" am Beispiel eines Sozialarbeiters in der Obdachlosenfürsorge recht plastisch beschrieben.

Das alles soll natürlich nicht dahingehend missverstanden werden, dass angesichts der vielfältigen Mangelerscheinungen im sozialen Bereich nun auch noch auf Veränderungsvorschläge zu verzichten sei. Im Gegenteil. Diese Veränderungsvorschläge müssen aber so konzipiert sein, dass sie nicht schon in sich selbst die Logik des Scheiterns bergen. Positiv formuliert hat also jeder Veränderungsvorschlag nicht nur das Ziel der Veränderung anzugeben – was einfach ist, sondern auch die einzelnen Veränderungsschritte zu präzisieren, indem jeweils sorgfältig jene Bedingungsfelder, die Veränderung fördern oder hemmen können, bedacht werden. Kurz gefasst setzt also Veränderung eine Veränderungsstrategie voraus. Das heißt für unser Thema, dass Initiativen zur Veränderung bestehender Strukturen im sozialen Sektor zunächst einmal über den gesellschaftlichen Stellenwert und die Funktion sozialpädagogischer Interventionen sich klar werden müssen. Nur solch systematische Überlegung kann eine erste allgemeine Auskunft geben über Potenzial und Opportunität der intendierten Veränderungsarbeit. Zu deren genauerer Analyse gehören:

- die realistische Einschätzung der sozio-ökonomischen Verhältnisse,
- die Kenntnis der gesellschaftlichen Kräfte (Klassen, Schichten, Herrschaftspositionen, Machtverhältnisse u. a.),
- der Einblick in die gesellschaftlich relevanten Institutionen (Staat, Bürokratie, Ämterhierarchie u. a.),
- das Wissen um die Entscheidungsabläufe (Machtzentren, Beschlussprozesse, Beeinflussungswege, pressure groups, Entscheidungskriterien und -delegation u. a.),
- das Bewusstsein von den eigenen Möglichkeiten und Kräften.

Einzig die Kenntnis dieser Bedingungen kann jene Handlungsorientierung vermitteln, die Veränderungsarbeit im sozialen Sektor überhaupt erst aussichtsreich werden lässt. Dieser Klärungsprozess von Potenzial und Opportunität sozialpädagogischer Veränderungsarbeit lässt sich – kurz resümiert – in drei entscheidende Fragen fassen:

1. Wie ist unser gesellschaftlicher Lebenszusammenhang strukturiert? Welches sind seine bewegenden Kräfte?
2. Warum bedingt dieser gesellschaftliche Lebenszusammenhang die Intervention eigens delegierter Institutionen zur Behebung von Defiziten?
3. Wie läuft diese Intervention ab?

Die erste Frage impliziert eine Gesellschaftsanalyse; der zweiten muss es um eine Ableitung des sozialen Sektors (Sozialpolitik, Sozialpädagogik, Sozialarbeit) aus der Bestimmung unseres gesellschaftlichen Lebenszusammenhangs gehen; die dritte Frage kreist um den Komplex konkreter Arbeitsfeldanalysen im sozialen Bereich. Alle drei Fragen können dabei weder isoliert angegangen noch isoliert beantwortet werden, sondern vielmehr nur in einem Abhängigkeits- und Vermittlungskontext.

Wenn wir diese Bemerkungen für die eigene Vorgehensweise, die Grenzen und Möglichkeiten sozialpädagogischer Intervention annäherungsweise zu umreißen, konkretisieren möchten, ergibt sich, dass wir zunächst die strukturierenden oder strukturprägenden Merkmale unseres gesellschaftlichen Lebenszusammenhangs bestimmen müssen.

Aus dieser Reflexion wird sich auch die Notwendigkeit des Staates und seiner soziopolitischen Aufgaben im Descensus von der höchsten zur kommunalen Ebene ableiten lassen. Dieser Descensus ist in seinen finanz-, sozial- und ordnungspolitischen Konsequenzen im besonderen in jenen Institutionen zu verfolgen, die qua Amt und Auftrag sozialpädagogisch intervenieren. Damit verschieben sich die makroanalytischen Überlegungen auf die mittlere Ebene der Sozialbürokratie. An deren Amtsstellen delegierte Funktionen sind schließlich in ihren konkreten Wirkungen und Zwängen im Tätigkeitsbereich des Sozialarbeiters und in der Lebenswelt des Klienten zu entdecken. Unser Bedingungszusammenhang sozialpädagogischer Intervention im allgemeinen und sozialpädagogischer Veränderungsarbeit im besonderen umfasst damit die sechs differenten Ebenen:

1. des gesellschaftlichen Lebenszusammenhangs,
2. des Staates,
3. der Kommunen,
4. der Institutionen direkter sozialpädagogischer Intervention (Sozialbürokratie),
5. der Sozialarbeiter und
6. der Klienten.

Wenn wir innerhalb dieses Bedingungszusammenhangs von differenten Ebenen sprechen, soll damit keine grundsätzliche Begrenzung oder gar Trennung von Erklärungsfaktoren angenommen werden. Vielmehr sind die differenten Ebenen nur Erscheinungsformen eines strukturellen Zusammenhangs. D. h.: die Ebenen sind in ihrer Verschiedenartigkeit mit- und untereinander verbunden; sie sind vermittelt. Vermittlung in diesem Bedingungszusammenhang sozialpädagogischer Intervention bedeutet Nicht-Linearität und Mehr-Dimensionalität; i. e. Entscheidungen, die sich als sozialpädagogische Interventionen materialisieren, werden nicht – in einer Vulgarisierung politökonomischer Prozesse – als etwas gesehen, das von den Machtzentren linear an den Sozialarbeiter delegiert wird und sich dann beim Klienten auswirkt; vielmehr differenzieren sich solche Entscheidungen in ihrem Ablauf auf den bezeichneten Ebenen aus, was innerhalb ihres Descensus auch ihre zumindest partielle Umformung einschließen kann.

Solches meint u. a. eine Relativierung der makroanalytischen Bedeutungsebene in dem Sinne, dass eine gesamtgesellschaftliche Analyse nur die Rahmenbedingungen sozialpädagogischer Intervention bestimmen kann, aber nicht deren konkreten Inhalt, der aus dem differenzierten Zusammenwirken der benannten sechs Ebenen resultiert. Das heißt auch, dass die sozialpädagogische Intervention je abhängig ist vom individuellen Verhalten des Klienten und der kollektiven Einstellung der (potenziell betroffenen) Bevölkerung, deren Bewusstseinsstand, Organisationsgrad etc. Dergestalt ergibt sich der Charakter sozialpädagogischer Intervention auch aus den Bedürfnissen und Interessen der individuell und kollektiv Betroffenen, ist also nicht ausschließlich eindimensional (von „oben" nach „unten") strukturiert.

Eine (empirische) Bestimmung dieses Bedingungszusammenhangs sozialpädagogischer Intervention – soweit sie gegenwärtig überhaupt leistbar ist – verdeutlicht dann jene Widersprüche und Lücken, die Veränderungsarbeit im sozialen Sektor ausnützen kann; sie dokumentiert gleichzeitig die objektiven und subjektiven Defizite im Bereich der Sozialpädagogik/Sozialarbeit, die momentan angreifbar sind. Wir versuchen anhand dieser postulierten Vorgehensweise nun im folgenden tendenziell, uns einer allgemeinen, d. h. vom konkreten Interventionsbeispiel notwendigerweise abstrahierenden Bestimmung des formal bezeichneten Bedingungszusammenhangs auch inhaltlich anzunähern, indem wir über ihn orientierendes Material vorlegen.

Der gesellschaftliche Lebenszusammenhang

Unser gesellschaftlicher Lebenszusammenhang stellt sich dadurch her, dass die Menschen unter gegenwärtigen Produktionsbedingungen ihre Existenz erarbeiten und damit auch die bestehenden sozialen Verhältnisse reproduzieren.[5] Solches zeigt sich auf der Ebene persönlicher Erfahrung so, dass die Individuen auf der Basis freiwillig geschlossener und rechtlich abgesicherter Verträge ihre Arbeitsfähigkeit zeitlich beschränkt gegen Lohn und Gehalt eintauschen und dergestalt bei einigermaßen sinnvoller Lebensführung Vermögen und Eigentum erwerben können.

Dieser „Äquivalententausch" verliert seine oberflächliche Selbstverständlichkeit und seine angebliche Gleichheit, wenn man verfolgt, wie sich seine grundlegenden Bedingungen historisch entwickelt haben. Dann nämlich wird deutlich, wie aufgrund der sozio-ökonomischen Entwicklung in der Geschichte der Menschheit eine Gruppierung von Individuen im Prozess der ursprünglichen Akkumulation die Produktionsvoraussetzungen: Boden, Rohstoffe, Werkzeuge u. a. sich angeeignet und privat verfügbar gemacht hat. Damit wurden die unmittelbar Arbeitenden von ihren Arbeitsmitteln getrennt und auch von den Produkten ihrer Arbeit, die sie für ihren Lebenszusammenhang benötigten. So gerieten die letzteren in die Abhängigkeit der ersteren, weil sie, um überhaupt leben zu können, für jene arbeiten mussten, die für sich arbeiten lassen konnten, da sie über die nötigen Produktionsmittel verfügten.

Damit sind indessen auch die Produktionsmittelbesitzer abhängig: Die einen müssen arbeiten, um sich ihren Lebenszusammenhang zu erwirtschaften; die anderen brauchen diese Arbeitsleistung, um ihre Produktionsmittel in

---

5   Vgl. zur historischen Komponente: Eder, K. (Hrsg.), 1973; ders. 1976; Mauke, M., 1970; vgl. zur grundlegenden Problematik dieses Abschnitts: Gesellschaft – Beiträge zur Marxschen Theorie; Poulantzas, N., 1973; Gorz, A., 1967; Projekt Klassenanalyse, Bd. 1, 1973; vgl. als empirisches Material: Projekt Klassenanalyse, Bd. 2, 1974; Huffschmid. J., 1969; IMSF, Klassen- und Sozialstruktur der BRD 1950–1970, 1973; Jaeggi, U., 1973; Höhme, H. J. u .a., 1976, sowie unseren sozio-ökonomischen Überblick in: Meinhold. M. / W. Hollstein, 1975, S. 57 ff.

Betrieb zu halten. Dafür bezahlen sie den Arbeitenden ein Entgelt. Somit gewinnt dieses Austauschverhältnis von Arbeitsfähigkeit und Lohn den Anschein von Berechtigung und auch von Gerechtigkeit. In Wirklichkeit aber verwandelt der Arbeitende durch seine Anstrengung die Produktionsmittel in verkaufbare Produkte, die mehr wert sind als Rohstoffe und Arbeitsleistung. Dieser Mechanismus entsteht dadurch, dass die Arbeitskraft der arbeitsmittellosen Schaffenden für eine bestimmte Zeitspanne eingesetzt, aber nur für einen Bruchteil dieser honoriert wird. Neben den Lebensmitteln für sich selber erwirtschaften die Arbeitenden also ein Mehrprodukt, das den Eigentümern an Produktionsmitteln das persönliche Einkommen und die ökonomische Stärkung ihrer Stellung – reproduzierend – sichert.

Diese Eigendynamik potenziert sich im Laufe der Geschichte, bis unter kapitalistischen Produktionsbedingungen Güter nur noch als Waren, d. h. um des Verkaufes willen, geschaffen werden und damit der Verwertungsprozess über den Arbeitsprozess seine absolute Vorherrschaft gewinnt. Schließlich nimmt sogar der arbeitende Mensch Warencharakter an, indem er seine Arbeitskraft gegen Geld verkaufen muss. Die andauernde Wiederholung und verstärkende Befestigung dieses ungleichen Tauschprozesses vermehrt das Kapital und konsolidiert die gesellschaftliche Position der Produktionsmittelbesitzer. Gleichzeitig bewirkt diese gradierende Reproduktion jedoch auch, dass das benannte Tauschverhältnis an Geschichtlichkeit verliert und im Bewusstsein der betroffenen Individuen den Charakter von Natürlichkeit annimmt. Solche Erfahrung wird dadurch bestärkt, dass sich das kapitalistische Produktionsverhältnis auf seiner Oberfläche in sachlichen Größen wie Geld, Lohn, Preis etc. ausdrückt, darüber hinaus rechtlich fixiert und staatlich garantiert ist.

In grundsätzlicher Verallgemeinerung und gebotener Kürze betrachtet, wird unser gesellschaftlicher Lebenszusammenhang von einem Kapitalverhältnis geprägt, das sich historisch entwickelt und im Laufe seiner Evolution Macht über die Menschen gewonnen hat. Das Kapital zeigt sich dabei nicht als gleichbleibende Größe; zu seiner Eigendynamik gehört vielmehr die ständige Verwertung als Vergrößerung. Diese Akkumulation bedingt über das Wachstum der Produktivität die industrielle Konzentration und Zentralisation, die wiederum die soziale Gruppierung der Selbstständigen schmälert und jene der lohnabhängig Arbeitenden zunehmen lässt. Produktivität lässt sich in dieser Entwicklung jedoch bald nur noch durch den Einsatz immer effizienterer Produktionsmittel steigern. Damit ändert sich nicht nur der Beschäftigungsgrad menschlicher Arbeitskraft (Intensivierung der Arbeitsleistung u. a.), sondern auch die Wertzusammensetzung des Kapitals; dessen Dynamik resultiert nun vermehrt aus dem Fortschritt der Technik und setzt damit Schaffende frei. Der permanente Akkumulationsprozess bedeutet ferner, dass das Kapital, um sich lohnend verwerten zu können, immer weitere Sektoren des menschlichen Lebenszusammenhangs in seinen Machtbereich einzubeziehen sucht und also die Tendenz zur Universalisierung in sich trägt.

Empirisch lässt sich dieser Prozess an verschiedenen Indikatoren der gesellschaftlichen Entwicklung in der Bundesrepublik bezeichnen. So zeigt sich der Akkumulationsprozess im galoppierenden wirtschaftlichen Wachstum der BRD. Die Entwicklung der Erwerbstätigkeit dokumentiert das rapide Sinken der Zahl der Selbstständigen und das stetige Steigen der Zahl der Lohnabhängigen. Die Veränderungen in der Wertzusammensetzung als Kapitals verdeutlichen sich u. a. in Automatisierung, Rationalisierung und in der anwachsenden beruflichen Mobilität (Arbeitsstellenwechsel, Umschulung u. a.).

Der Konzentrationsprozess manifestiert sich in der Entwicklung der Betriebsgrößenstruktur, in der Reduzierung der Klein- und Mittelbetriebe, in der Verteilung der Beschäftigten und des Industrieumsatzes sowie z. B. auch in der Branchenkonzentration. Die Verteilungsziffern des Sozialprodukts zeigen an, dass das Nettoeinkommen der Lohnabhängigen fällt, während jenes der Selbstständigen und ihrer Mithelfenden steigt. Auch der prozentuale Anteil der Lohnabhängigen am Volkseinkommen ist stark gesunken. Die sozialen Differenzen werden immer eklatanter, solches wird vor allem klar an den vorliegenden Daten zur Vermögensbildung und Bedürfnisbefriedigung. Die zunehmende Arbeitsintensität zeigt sich in steigenden Krankheits-, Unfalls- und Invaliditätsziffern.

Die oben angedeutete Dynamik des Akkumulationsprozesses verläuft jedoch nicht harmonisch, sondern ist von inneren Widersprüchen und sozial-ökonomischen Diskrepanzen gekennzeichnet. Zu diesem Arsenal an Konfliktstoff zählen vorab die Verwertungsschwierigkeiten des Kapitals, wie sie in den sich bedingenden Erscheinungsformen der Überproduktion, der Tendenz zum Sinken der Profitrate, der wachsenden Differenz zwischen Produktion und Konsumtion, der zunehmenden Widersprüche im Reproduktionsbereich, der Inflation etc. sichtbar werden. Spürbar sind diese Akkumulationskrisen als wachsende Arbeitslosigkeit, Steigerung der Arbeitsintensität, Sinken des Reallohns, zunehmende Notstandsgebiete und Armutszonen, Verschlechterung des Lebensniveaus in der lohnabhängigen Bevölkerung, Degradation in der Versorgung durch die öffentlichen Dienste u. a.

Solche Krise bewirkt indessen keine Sprengung des gesellschaftlichen Lebenszusammenhangs der Gegenwart. Die universalistische Tendenz des Kapitals, sich alle Lebensbereiche zu unterwerfen, bedingt im Gegenteil, dass die vom Akkumulationsprinzip diktierte Notwendigkeit zu expandieren oder aber, wenn diese Dynamik nachhaltig gestört wird, die gesamtgesellschaftliche Struktur gefährlich zu beeinträchtigen, alle – insbesondere die staatlichen – Kräfte mobilisiert, um das kapitalistische Produktionsverhältnis abzusichern und zu fördern.

Dieser sozio-ökonomischen Entwicklung kann sich sozialpädagogische Intervention nicht entziehen; sie ist vielmehr von den Gesetzlichkeiten der Wirtschaft abhängig und ihre Möglichkeiten stehen in Beziehung zu letzterer. Entsprechend prosperierender, stagnierender oder rezessiver Phasen der ökonomischen Basis unseres Lebenszusammenhanges und den ihnen entsprechenden Maßnahmen des politischen Systems muss sozialpädagogische Intervention ihr Handlungsarsenal strukturieren, d. h. den Umständen nach erweitern, eingrenzen, verändern. Das soll nicht heißen, dass von der sozialpädagogischen Intervention keine innovatorischen Effekte ausgehen können; diese innovatorischen Effekte sind aber nur in der Lage, sich innerhalb der ökonomisch-politisch gesetzten Rahmenbedingungen zu bewegen und auch nur innerhalb dieser Rahmenbedingungen etwas in Bewegung zu bringen. Sozialpädagogische Intervention kann indessen nicht diese Rahmenbedingungen selber angreifen und verändern; dieses Potenzial besitzen nur die ökonomische Entwicklung in ihrer Immanenz und die an sozialem Wandel interessierten Massen.

Der Staat

Auch der Staat als wichtigster Träger sozialpädagogischer Intervention kann die ökonomische Grundstruktur unseres Lebenszusammenhanges nicht ändern, da er selber bloß als ihr Ausdruck sich zeigt. Der Staat ist historisch aus der Bewegung und den grundsätzlichen Erfordernissen der ökonomischen Basis entstanden, die aufgrund ihrer vielfältigen Widersprüchlichkeit eine ausgleichende Instanz über den Subjekten benötigt. Diese zumindest an der Oberfläche der gesellschaftlichen Erscheinungen obwaltende Allgemeinheit des Staates bedingt seine prinzipielle Offenheit für alle Individuen und sozialen Gruppierungen. Aufgabe und Ziel des Staates ist es, die Aufrechterhaltung und Wiederherstellung (Reproduktion) externer, aber für den menschlichen Lebenzusammenhang wesentlicher Bedingungen der bestehenden

Produktionsverhältnisse zu garantieren.[6] Dabei kann der Staat von seiner Formbestimmung her, nicht die Eigengesetzlichkeit der ökonomischen Basis bestimmen, sondern nur auf deren Notwendigkeiten, Defizite und Folgeerscheinungen im Sinne des existierenden Ganzen reagieren.

Das bedeutet konkret für Charakter und Funktionen des Staates, dass er die gesellschaftlichen Beziehungen der Menschen als Rechtssubjekte ordnet, die durch die Produktionsverhältnisse grundsätzlich vorgegebenen Strukturen schützt, indem ihm das Gewaltpotenzial zukommt, den vielfältigen Interessenausgleich zwischen den Individuen und den unterschiedlichen sozialen Gruppierungen zu gewährleisten sucht, die Infrastruktur betreibt, in die Funktionalität des ökonomischen Prozesses bei Bedarf ordnend eingreift, sich und die Verhältnisse legitimiert, um sie zu bewahren u. a. Dieses Arsenal des Staates findet seine Begrenzung an seinem Wesen; der Staat ist den Produktionsverhältnissen äußerlich, insofern auch in seinem finanziellen Vermögen von diesen abhängig.

Empirisch zeigt sich der Staat entsprechend der angedeuteten sozioökonomischen Bedingungen heute als bedeutender Agent im wirtschaftlichen Reproduktionsprozess; er fördert die Unternehmen, schließt Investitionslücken, schafft Steuervergünstigungen, reguliert den internationalen Absatz und Zahlungsverkehr, subventioniert die wissenschaftlichen Entwicklungs- und Innovationskosten der Ökonomie, koordiniert Wachstumsziele, sichert die Infrastruktur der Betriebe u. a. Neben diese allgemein ökonomischen Hilfstätigkeiten des Staates treten allgemein politische: Der Staat gewährleistet den Unternehmen externe Bedingungen, die, wie etwa der Interessenausgleich mit der lohnabhängigen Bevölkerung durch tarif-, einkommens- und sozialpolitische Maßnahmen und die soziale Kontrolle durch die Organe der Administration, Polizei, Justiz, Sozialarbeit u. a., eine möglichst ungestörte Reproduktion des wirtschaftlichen Prozesses garantieren sollen. Dieser Versuch der Systemstabilisierung zwingt den Staat allerdings immer deutlicher in die Rolle dessen, der vor allem mit seinen ideologischen wie sozialpolitischen Maßnahmen die bestehenden Verhältnisse legitimieren muss. Solches strebt der Staat vorzüglich unter den politischen Bedingungen gegenwärtiger Demokratie an. Jedwedes Anzeichen gravierender ökonomischer Verwertungsschwierigkeiten und damit

---

6   Zur genaueren Auseinandersetzung mit der Staatsproblematik sei verwiesen auf:
     Altvater, E. / L. Basso u. a. 1976; Hirsch, J., 1974; zur Kritik an Hirsch: Apel, H., 1976;
     die spezifische Frage des Sozialstaats behandeln: Müller, W. / C. Neusüss, 1970;
     zur Kritik daran: Krüger, J., 1976; als deskriptiver Überblick über die Entwicklung sozial-
     pädagogischer Intervention: Nowicki, M., 1973, 44 ff.

verbundener sozio-politischer Krise bedeutet hingegen, dass der Staat offen, und d. h. unter besonderen Umständen auch gewaltsam, zugunsten der bestehenden Produktionsverhältnisse tätig wird.

Dieses staatliche Doppelgesicht lässt sich auch im sozialen Sektor anhand der Dialektik von Hilfe und Repression ausmachen, wiewohl es sich dabei um diffizile Zusammenhänge handelt, die bislang weder historisch noch strukturell zur Genüge untersucht worden sind. Ein grobes Verfolgen der geschichtlichen Entwicklung sozialpädagogischer Intervention von der Armenpflege über die Fürsorge zur sozialen Arbeit zeigt an, dass die staatlichen Maßnahmen insbesondere gegen die frühkapitalistische Verelendung der arbeitenden Bevölkerung neben dem Hilfe-Moment auch stets einen politischen Kontroll-Effekt in sich tragen.

Deutlich wird das – neben dem berühmtesten Beispiel der Bismarckschen Sozialgesetzgebung – etwa an der Entstehungsgeschichte staatlicher Jugendpflege, wo einerseits mit dem Jugendpflegeerlass die finanzielle wie pädagogische Absicht erschien, den Jugendlichen zu helfen, aber andererseits etwa mit dem Reichsvereinsgesetz die Entpolitisierung und staatsbürgerliche Kontrolle der Jugend in unverhüllter Repression angestrebt wurde. Beide Momente der staatlichen Intervention zielten im übrigen vordringlich auf die Zerschlagung der jugendlichen Arbeiterbewegung ab. Gleichzeitig lässt sich natürlich nicht übersehen, dass der Staat überhaupt erst tätig wurde, weil der Druck und die damit verbundene Herausforderung der proletarischen Jugendverbände ihn dazu zwang. Es wäre nun allerdings auch falsch, die Folgen dieser staatlichen Politik nur einseitig in der Kanalisierung der Kontestation zu sehen und dabei außer acht zu lassen, dass die durch die genannten Maßnahmen erreichte weitere Stabilisierung der bürgerlichen Ordnung auch die partielle Verbesserung der Lebensverhältnisse in der lohnabhängigen Bevölkerung, in unserem Beispiel konkreter: der proletarischen Jugend im ersten Viertel unseres Jahrhunderts brachte.

Die Gewichtung zwischen Hilfe und Repression hängt dabei stets von den historischen Umständen ab, d. h. primär von der ökonomischen Konstellation. Dass beide Momente in der staatlichen Intervention indessen je eng verschränkt sind, liegt im Charakter des Staates begründet, der zum einen Garant der bestehenden (bürgerlichen) Verhältnisse ist und zum anderen – nicht zuletzt, um diese erste Funktion überhaupt erfüllen zu können – als Sachwalter der Bedürfnisse aller auftritt, was ja in seiner demokratischen Verfassung deutlich genug niedergelegt ist. Das meint u. a., dass der Staat für Reformen prinzipiell offen ist, wenn deren Forderungen mit dem nötigen Druck gesellschaftlicher Gruppierungen versehen sind. Der beschriebene Charakter des Staates bedingt nachgerade, dass sein Apparat auf solche Forderungen reagiert, um ihnen ihre tendenziell immer immanente Gefahr der Verselbstständigung zu nehmen und sie also unter Kontrolle zu bringen. Trotz dieser notwendig gesellschaftsstabilisierenden Antwort des Staates auf Reformen sollte einmal mehr aber nicht ignoriert werden, dass damit gesellschaftsveränderndes Potenzial dieser Reformen nicht gänzlich verloren geht; abgesehen davon, dass eine kontrollierte Reform immer schon den Embryo einer neuen in sich birgt.

Das alles heißt für die von uns angesprochene Veränderungsproblematik im sozialen Sektor, dass staatliche Interventionen von der ökonomischen Basis, d. h. vor allem der Akkumulationsdynamik, bestimmt werden. Der demokratische und sozialstaatliche Charakter des Staates kann nur gewährleistet werden, wenn der Prozess der Kapitalakkumulation ungestört verläuft; die ökonomische Krise bedingt dagegen die zumindest partielle Zurücknahme sozialstaatlicher Zugeständnisse und die vermehrte Manifestation des repressiven Staatspotenzials, was gegenwärtig in der Bundesrepublik sichtbar wird. Sozialpädagogische Veränderungsstrategie muss also die ökonomische Bewegung und die staatliche Antwort darauf genau verfolgen und je berücksichtigen. Das soll nicht heißen, dass sozialpädagogische Veränderungsstrategie nur reaktiv sein kann; im Gegenteil: insofern sie die beschriebenen objektiven Bedingungen in ihr Kalkül einbezieht, sollte sie durchaus fordernd auftreten; denn be- und entstehende Probleme müssen für den Staat auch im sozialen Sektor erst als neue Probleme artikuliert werden. Sind sie dann einmal als solche angesprochen und bekannt, muss der Staat reagieren, und zwar schon um seiner legitimatorischen Funktionen willen. Hier haben die Sozialarbeiter und insbesondere ihre Verbände (als pressure-groups) bislang eine viel zu schüchterne Politik betrieben.

Die Kommunen

Auch die Kommunen können nicht als autonome Einheiten im sozialen Sektor intervenieren, sondern sind direkt und vermittelt über den zentralen Staatsapparat an die sozio-ökonomischen Bewegungsgesetzlichkeiten gebunden. Weder von ihren eigenen ökonomisch-fiskalischen Bedingungen noch von den Aufträgen, die sie im Sinne des zentralen Staatsapparates her erfüllen, sind die Kommunen in der Lage, Probleme im sozialen Sektor grundlegend zu lösen. Wenn an eine zureichende Behandlung der Obdachlosenfrage nicht zu denken ist, wenn die öffentlichen Ausgaben für die Linderung chronischer Leiden zu geringfügig sind, wenn in Heimen die Personallage trotz aller Hinweise unhaltbar bleibt, dann erscheint das alles nicht als Zufall. Vielmehr bedingt es die Entwicklung der ökonomischen Basis, dass primär nur gefördert werden kann, was innerhalb der wirtschaftlichen Eigendynamik seine Rentabilität beweist.

„Es liegt in der Logik des Kapitalismus, dass die rentabelsten Projekte als die vorrangigen behandelt und dass die nichtrentablen vernachlässigt oder fallengelassen werden. Diese unrentablen Projekte, deren ‚Angebrachtsein‘ sich in kapitalistischen Begriffen schon nicht mehr ausdrücken lässt, machen Investitionen notwendig, die unter den gegebenen sozialen und politischen Umständen nicht zu einer Produktion von Waren führen können, d. h. zu einem kommerziellen Tausch, zum gewinnbringenden Verkauf von Gütern und Dienstleistungen. Es handelt sich um alle diejenigen Investitionen und Dienstleistungen, die menschlichen Bedürfnissen genügen sollen, die sich nicht in private Nachfrage übersetzen lassen, die also auf dem Markt nicht in Erscheinung treten können; es ist der Bedarf an Erziehungswesen, Städtebau, kulturellen und Freizeiteinrichtungen, Kunstwerken, Forschung, öffentlichem Gesundheitswesen, öffentlichen Transportmitteln [...].“[7] Das trifft in besonderem Maße auch für die sozialpädagogische Intervention zu, die ebenfalls nichts Verkaufbares erzeugt, sondern im Gegenteil Kosten verursacht, für die das Geld erst erwirtschaftet und dann bereitgestellt werden muss. Mithin liegt es im Interesse des ökonomischpolitischen Managements, die Ausgaben für die unproduktiven Dienstleistungen der Sozialarbeit/Sozialpädagogik nach Möglichkeit gering zu halten, da jedwede Steigerung dieser Ausgaben die Höhe der Akkumulations- und Profitrate des Kapitals beeinträchtigt. ‚Freiwillige‘ Verbesserungen im sozialen Bereich setzen also eine ökonomisch-politische Notwendigkeit voraus.

Entsprechend unseren bisherigen Ausführungen soll damit freilich kein Attentismus im sozialen Sektor empfohlen werden. Die Abhängigkeit sozialpädagogischer Intervention von der sozio-ökonomischen Entwicklung lässt durchaus Handlungsmöglichkeiten offen, deren Erfolgschancen indessen nicht so optimistisch eingeschätzt werden können, als wenn Notwendigkeiten im Reproduktionsbereich diese Verbesserungen selber unumgänglich werden lassen. Begünstigt die wirtschaftliche Dynamik nicht die Veränderungen im sozialen Sektor, bleibt nur der mühsame Weg über das politische System, die Öffentlichkeit und die je betroffenen Gruppierungen der Bevölkerung offen.

---

7   Gorz, A.,1967, S. 105; vgl. Hirsch, J., 1974; Hollstein, W., 1973

Das Beispiel der Heimkampagne Ende der sechziger, Anfang der siebziger Jahre illustriert ein solches Vorgehen in der Bundesrepublik und der Schweiz. Durch die simultane Arbeit mit den betroffenen Heiminsassen, deren Proteste, die Mobilisierung kommunaler Institutionen (Ämter, Parteien), die dadurch auf die skandalösen Zustände in der Heimerziehung aufmerksam wurden, die Berichte der Massenmedien, der Kritik alarmierter Gruppen der Bevölkerung (Pädagogen, Kirchen, Wissenschaftler u. a.) und – zusammengenommen – dem damit ausgeübten Druck auf die Behörden, die sich nun rechtfertigen mussten, ließen sich zumindest gewisse Änderungen in den Heimen durchsetzen.

Das heißt für unser Thema, dass Veränderungsstrategie im sozialen Sektor, die nicht von der sozio-ökonomischen Entwicklung begünstigt wird, im kommunalen Bereich – vorzüglich simultan – über die politischen Instanzen, die ansprechbaren Politiker, die Sozialausschüsse, die Ämter, die Kirchen, die Medien, die Parteien u. a. aktiv werden muss. Erfolgschancen werden bei solcher Arbeit – wie verschiedenste Erfahrungen dokumentieren – vom Verhältnis der politischen Kräfte in einer Kommune, von der Unterstützung durch die Bevölkerung und von spezifischen Situationen wie Wahlkampf u. a. abhängen.

Die Institutionen sozialpädagogischer Intervention

Mit der geschilderten ökonomischen Entwicklung hat sich die Bedeutung des Staates und seiner Institutionen auch im sozialen Sektor verstärkt, wo die durch die kapitalistische Eigendynamik bedingten Widersprüche zunehmend ausgeglichen, die vermehrt entstehenden Ungleichheiten kompensiert und die wichtigsten anfallenden Defizite zumindest partiell aufgehoben werden müssen, um einerseits die Reproduktion der arbeitenden Bevölkerung und andererseits deren Loyalität zu sichern. Wie aus unseren bisherigen Ausführungen deutlich wird, ist die Sozialbürokratie dabei von ihrer Struktur und Funktion her einzig in der Lage, auf die Erscheinungsformen sozialer Probleme zu reagieren, ohne sie grundsätzlich zu attackieren. D. h. am Beispiel, dass sie nicht etwa die ökonomischen Mechanismen der Bau- und Bodenspekulation brechen kann, um dergestalt Obdachlosigkeit zu verhindern.

Die sozialpädagogische Intervention der Institutionen auf die anfallenden Probleme kann damit aus ihren strukturellen Bedingungen heraus nur administrativen Charakter haben. Das bedeutet konkret, dass die Institutionen im sozialen Sektor auf die be- und entstehenden Probleme entsprechend fiskalisch, politisch und sozialpädagogisch beschränkter Mittel reagieren, sie unter

112

Kontrolle halten, d. h. eben: sie verwalten. Die Praxis dieser Intervention wird dabei von den Prinzipien der Segmentierung und der Hierarchisierung geleitet.

Segmentierung meint, dass die sozialen Probleme auf einer ersten Ebene in verschiedene Abteilungen und Zuständigkeiten delegiert und auf einer zweiten Ebene der Sachbearbeiter auch noch personell zerlegt werden. Hierarchisierung bedeutet, dass der Segmentierungsprozess abgestuft, d. h. in Kompetenzen festgelegt und dementsprechend kontrolliert wird; Berufsausübung entsprechend der gehandhabten Kontrollen kann mit einer positiven Sanktionierung (Lob, Beförderung u. a.) rechnen. Segmentierung wie Hierarchisierung implizieren u. a., dass der Sozialarbeiter/Sozialpädagoge nur Symptome des Klienten behandeln kann, worauf noch einzugehen sein wird. Erst nach dieser bürokratischen Formalisierung des sozialen Problems resp. in dessen personifizierter Form: des Klienten, eröffnet sich für den Sozialarbeiter/Sozialpädagogen der eigentliche Handlungsspielraum, der indessen vor- und binnenbürokratisch noch weiter determiniert ist.

Die vorbürokratische Determination impliziert, dass die sozialpädagogische Intervention immer post-festum-Aktion ist, d. h. sie greift ein, wenn der Klient bereits zu Schaden gekommen ist resp. wenn das soziale Problem schon ein solches ist. Prophylaxe ist ihr vorbürokratisch verwehrt. Zur vorbürokratischen Determination sozialpädagogischer Intervention gehört auch, dass sie zumeist sich erst aktiviert, wenn andere staatliche Organe (Polizei, Justiz, Schulverwaltung u. a.) ihr die Klienten zuführen. Binnen-bürokratisch begrenzt sich die Arbeit des Sozialarbeiters/Sozialpädagogen durch die beschränkten Ressourcen der Institutionen, die ihre Folgen auch für die vergleichsweise schlechten Arbeitsbedingungen der sozialpädagogisch Tätigen haben. So beklagen sich die meisten Sozialarbeiter über ungenügende Räumlichkeiten, fehlende Möglichkeiten, mit den Klienten vertraulich zu sprechen, nicht vorhandene Kräfte für Büro- und Schreibarbeiten, Überstunden, fehlende Fallbesprechungen, Fehlen von Möglichkeiten zur Fortbildung u. a.[8]

Innerhalb dieser Bedingungen kumuliert die Tätigkeit des Sozialarbeiters in der Definition seines Klienten, die dessen Verortung im Rahmen der gesetzlichen Vorschriften erlaubt und als Folge davon die dem Gesetz entsprechenden Maßnahmen ermöglicht. Darauf wird noch einzugehen sein.

Bei seiner Intervention ist der Sozialarbeiter/Sozialpädagoge damit in den Rahmen von (abstraktem) Gesetz und (konkreter) Institution eingebunden;

---

8 Vgl. Hirsch, J., 1974; Böhnisch, L. / H. Lösch, 1973; Birke, P. u. a., 1975; Arbeitskreis kritischer Sozialarbeiter (AKS) Berlin, 1973; Otto, H.-U. / K. Utermann (Hrsg.), 1971. Lingesleben, O.,1968

sein Handlungsspielraum kann nur innerhalb dieser bürokratischen Einbindung begriffen werden. Gleichzeitig ist er aber auch gegenüber seinem Klienten durch seine Institution verpflichtet. Die Schwierigkeiten, die sich aus dieser Ambivalenz ergeben, beantworten Sozialarbeiter/Sozialpädagogen oft individualistisch mit verstärkter Anpassung an die Institution und damit verbunden mit einer Orientierung auf Aufstieg oder zumindest verstärktes Privatleben, oder/und mit Schuldgefühlen gegenüber dem Klienten, die sich oft in permanenter Unsicherheit ausdrücken, mit Aggression, die häufig als Enttäuschung über das angeblich undankbare Verhalten des Klienten rationalisiert wird, mit der Flucht in eine pseudo-humanitär, religiös-schwärmerisch oder spitzwegisch gefärbte Hilfe-Ideologie, die sich dem Klienten in einer unverbindlichen Weltverbesserer-Pose zeigt.

Politischere Reaktionen auf die geschilderte Ambivalenz äußern sich in der Präferenz von Arbeit in Gemeinwesen-Projekten und überhaupt außerhalb der Sozialbürokratie, was nicht selten zu einer unberechtigten Schönfärberei der Tätigkeit in freien Verbänden führt, in der Flucht in die sog. Modellbewegung, wo die Institutionen in eigens festgelegten Freiräumen zumeist temporär begrenzte Experimente mit „progressiver" sozialpädagogischer Tendenz gestatten, in die politische und gewerkschaftliche Arbeit, mit dem Hintergrund, dass sozialpädagogische Intervention nur über die Veränderung der gesamtgesellschaftlichen Strukturen zu verbessern sei. Alle Reaktionen lassen sich – trotz ihrer qualitativen Verschiedenheit – dahingehend zusammenfassen, dass sie Verhaltensweisen implizieren, die sich von der Institution zu verselbstständigen suchen; sie übersehen dabei, dass die bürokratische Komponente von Sozialarbeit/Sozialpädagogik, der sie entgehen wollen, sie immer wieder einholen wird, weil sie zur Konstitutionsbasis sozialpädagogischer Intervention unter gegenwärtigen Produktionsbedingungen gehört.

Die zweifache Orientierung gegenüber Bürokratie und Klient wurde auf den Begriff des „doppelten Mandats" gebracht, der genau jene Dialektik von Repression und Hilfe reflektiert, die wir als charakteristisch für die staatliche und staatlich-administrative Tätigkeit bezeichnet haben. Entscheidende Aufgabe des Sozialarbeiters/Sozialpädagogen ist es dabei, zwischen dem staatlichen Repressionspotenzial (Kontrolle, Disziplinierung u. a.) und dem Hilfepotenzial (Beratung, Geld u. a.) ein ungefähres Gleichgewicht zu finden, das freilich immer prekär sein muss. Eine Funktionsbestimmung sozialpädagogischer Intervention hat diese beiden Momente in ihrer Verschränkung zu sehen, auch wenn sie sie um des Verständnisses willen analytisch trennen muss.

114

1973 haben wir dabei folgende Funktionsbereiche bezeichnet:

- Reproduktion,
- Sozialisation,
- Kompensation,
- Oppression und
- Disziplinierung.

Daran ist auch heute festzuhalten, zumal wir schon damals im Gegensatz zu nahezu allen anderen Funktionsbestimmungen das sozialpädagogische Doppelgesicht von Hilfe und Repression deutlich benannt hatten.

Die grob angezeigten Funktionen sozialpädagogischer Intervention, wie sie aus der ökonomischen Konstellation, der Form- und Aufgabenbestimmung des Staates sowie dessen Administration im sozialen Sektor resultieren, lassen sich unter gegenwärtigen Bedingungen schwerlich verändern; dazu bedürfte es entweder entscheidender Wandlungen an der ökonomischen Basis oder/und in der lohnabhängigen Bevölkerung. So bleibt einer Veränderungsstrategie im Bereich der Institutionen nur übrig, das repressive Moment abzuschwächen und das „caritative" voll auszunützen. Dies muss nicht unbedingt in der Maulwurf-Haltung geschehen. Eine offene Arbeit im geschilderten Sinne impliziert indessen Bedingungen in der Sozialbürokratie, wie sie allgemein nicht vorausgesetzt werden können: kollaborationsbereite Kollegen, tolerante Vorgesetzte, Indifferenz oder Assistenz der politischen Organe u a.

Es wäre falsch, auf solche Bedingungen zu hoffen; es ist aber ebenso unrichtig, wenn sozialpädagogisch Tätige von ihrer Institution nur in Feindes-kategorien denken; solche Stereotypisierung des Arbeitsortes verhindert oft kleine Veränderungen, die über den kommunikativen Austausch mit den Kollegen oder aber auch über die zähe Auseinandersetzung mit ihnen erreicht werden können. Überdies darf man nicht in die Gefahr verfallen, aufgrund einer Funktionsbestimmung des sozialen Sektors, die notwendigerweise objektiv bestehende Bedingungen verallgemeinern muss, nun letztere aller-orts zu erwarten. Entsprechend lokaler Ämterkonstellation, bestimmter (tole-ranter, liberaler oder progressiver) Vorgesetzter, solidarischer Kollegen etc. können objektive Funktionen verschoben, partiell unterlaufen und verändert sein/werden.

Sozialarbeiter /Sozialpädagoge

Es wurde festgestellt, dass die Arbeit des sozialpädagogisch Tätigen in den Rahmen staatlicher Gesetzgebung und bürokratischer Ordnung eingebunden ist; sein eigentlicher Handlungsraum ist dort, wo er das persönliche Problem des Klienten in einen Fall verwandeln muss, um überhaupt intervenieren zu können. Dabei destilliert der Sozialarbeiter aus dem Lebenszusammenhang des Klienten einigermaßen willkürlich ihm erscheinende Eigenschaften, die er alsdann für die anzulegende Akte etikettiert. „Labil", „haltlos", „verwahrlost", „charakterschwach", „arbeitsscheu", „faul" sind Beispiele solcher Etikettierungen (Stigmata), wie sie sich in den Akten sozialpädagogischer Intervention zuhauf finden. Dieser Definitionsprozess ist die eigentliche „Leistung" des Sozialarbeiters; für sie steht ihm keine Vorlage, kein Einordnungsschema, kein Anamnesebogen, keine Verwaltungsvorschrift etc. zur Verfügung.

Das heißt oberflächlich besehen – und so wird es zumeist interpretiert –, dass hier die sozialpädagogisch Tätigen ihren „Common Sense" anwenden müssen. Nun ist dieser „Common Sense" keine absolute Größe, sondern inhaltlich geprägt von den Erfahrungen des Sozialarbeiters/Sozialpädagogen, seiner Sozialisation, seiner gesellschaftlichen Stellung und den vorherrschenden Werten und Normen. Genauer formuliert, ist die Etikettierung des Klienten durch den Sozialarbeiter dessen Leistung, den Fall auf den gesellschaftskonformen Begriff zu bringen, der dann aufgrund der gesetzlichen Vorschriften eine systemadäquate Behandlung ermöglicht.

Es wäre unrealistisch, nun einzig die objektiven Faktoren von Gesetz und Bürokratie für die systemkonforme Zurichtung des Klienten zum Fall verantwortlich zu machen. Primärer Träger – in unserem Kontext – der vorherrschenden gesellschaftlichen Werte von Leistung, Fleiß, Ordnung, Sauberkeit, Kleinfamilie u. a. ist der Sozialarbeiter/Sozialpädagoge; erst wenn er selber ein anderes Wertsystem pflegt, gerät er mit dem Kontrolldruck seiner Institution in Konflikt (Aufstiegsschwierigkeiten, Isolierung, Disziplinarverfahren). Man wird hier auch der gängigen – in konservativer wie progressiver Literatur vertretenen – Ansicht widersprechen müssen, dass es sich beim Sozialarbeiter/Sozialpädagogen um einen kritischen, durch soziale Probleme sensibilisierten und motivierten Berufsträger handle. Der sozialpädagogisch Tätige entstammt in der Regel der oberen Unterschicht oder unteren Mittelschicht; sein Berufsziel – heute verbunden mit einem sozialprestigefördernden Studium – bedeutet für ihn nahezu immer sozialen Aufstieg und größere Anerkennung gegenüber seiner gesellschaftlichen Startposition. Diese soziale

Renumeration fördert die Anpassungsbereitschaft der Betreffenden und die kritiklose Übernahme der gesellschaftlichen Werte und Normen.[9]

Kritische Erfahrungen wie jüngere empirische Untersuchungen zeichnen denn auch vom vorherrschenden Typus des sozialpädagogisch Tätigen ein wenig positives Bild; vermerkt werden: Überanpassung, individualistische Verhaltensmuster, Unkollegialität, Aufstiegsdenken und entsprechende Unterwürfigkeit gegenüber Vorgesetzten, Vorurteile und Ablehnung gegenüber dem Klienten, konservative bis reaktionäre politische Einstellung, hohe Institutionsabhängigkeit, geringe Qualifikation, Angst vor Spezialisten (Psychologen, Soziologen u. a.), Animosität gegenüber wissenschaftlichen Erkenntnissen, geringe Problemorientiertheit, ideologische Befangenheit in antiquiertem Fürsorgedenken, allenfalls Semiprofessionalität u. a.[10] Innerhalb einer Veränderungsstrategie sozialpädagogischer Intervention fallen hier den kritischen, d. h. immer auch professionell ausgebildeten Sozialarbeitern bedeutende Aufgaben zu. Sie müssen immer wieder versuchen, ihre Kollegen in Gespräche zu verwickeln, ihnen Informationen zu liefern, sie auf Innovationen aufmerksam zu machen. Sie müssen negative Folgen von Definitionsprozessen mit ihren Kollegen diskutieren, deren Augenmerk auf unbeachtete Problemlagen bei den Klienten lenken, sie auf gesetzliche und pädagogische Hilfsmöglichkeiten verweisen, die Gesellschaftsabhängigkeit applizierter Etikettierungen verdeutlichen, das Vorurteils-, Ablehnungs- und Überlegenheitssyndrom gegenüber den Klienten thematisieren, Selbstbeobachtungs- und Änderungsprozesse bei ihren Kollegen initiieren helfen. Auch wenn solche Versuche oft Sisyphoscharakter anzunehmen drohen, sollte ihre mittelfristige Nützlichkeit nicht unterschätzt werden. Wichtig ist neben solch (individueller) Diskussionsarbeit auch die (kollektive) Bildung von Selbstbeobachtungs- und Selbsterfahrungsgruppen, von Arbeitsteams, von gewerkschaftlichen und z. B. AKS (Arbeitskreis Kritischer Sozialarbeiter)-Initiativen.

Der Klient

Selbst wenn die benannten Etikettierungen zumindest richtige Eindrücke des Sozialarbeiters von der Erscheinungsweise des Klienten widerspiegeln und nicht auf einer bloß diffamatorischen Praxis beruhen, bleiben sie doch an der Oberfläche, weil sie ihre Entstehungsgeschichte ebenso ausklammern wie sie artifiziell aus dem Lebenszusammenhang des Klienten gerissen sind.

---

9 Das gilt auch für eine nicht unbeträchtliche Zahl der Dozenten an Fachhochschulen.
10 Arbeitskreis kritischer Sozialarbeiter (AKS) Berlin, 1973; Meinhold, M., 1973; Böhnisch, L. / H. Lösch, 1973; Birke, P. u. a., 1975; Skiba, E.-G., 1969

Aufgrund des bezeichneten Segmentierungsprozesses, in den der Klient gestellt ist, noch ehe der Sozialarbeiter tätig wird, können bei ihm auch nur Symptome behandelt werden:

„Niemand ist für den ganzen ‚Fall‘ zuständig, keiner fragt, ob die Bemühungen der einzelnen Ressorts tatsächlich erfolgreich sind oder nicht. Vielmehr fummelt jede Abteilung an ihrem Symptom herum, ohne sich darum zu kümmern, wie es in der nächsten wieder auftaucht. Der Raster der partiellen Sozialarbeit wird dem Klienten übergestülpt, sobald sich die Sozialarbeit mit ihm befasst. Das, was sich in seiner Person als ein Ganzes vorstellt, wird in Teilprobleme zerhackt, in denen der Klient gar nicht mehr auftaucht. Durch die Parzellierung wird sein Problem formalisiert und verwaltungstechnisch zugerichtet, wird ein ‚Fall‘, indem er anderen Fällen gleichgemacht wird; und gleichzeitig geraten die wirklichen Ursachen, die ihn zum Objekt der Sozialarbeit machten, aus dem Blick."[11]

Der Klient steht dabei in einem Interaktionsverhältnis mit dem Sozialarbeiter/Sozialpädagogen, in dem er prinzipiell benachteiligt ist. Diese grundsätzliche Benachteiligung beginnt damit, dass der Klient – von ganz raren Ausnahmen abgesehen – nicht freiwillig ins Amt kommt; er wird aufgefordert, geschickt, gebracht und tritt so einem Sozialarbeiter gegenüber, den er notwendigerweise als Amtsperson erlebt. Die Benachteiligung setzt sich fort, indem der machtlose Klient mit einem Sozialpädagogen konfrontiert ist, der sein Verhalten in jedem Fall sanktioniert, d. h. entweder mit Bestrafung oder eher mit Hilfe beantwortet. Diese oder jene Sanktion kann der Klient durch Wohlverhalten stimulieren. Dabei erscheint er des weiteren benachteiligt, weil er in der Regel alles versuchen wird, um so auf den Sozialarbeiter zu reagieren, wie es dieser von ihm erwartet; damit geht aber die letzte Möglichkeit verloren, dass der Klient seinen spezifischen Lebenszusammenhang einbringt.

Die individuelle Verursachung des Falles und deren Zusammenhang mit den sozio-ökonomischen Verhältnissen entzieht sich bei dieser Interventionspraxis vollends. Genau hier liegt die politische Funktion der Segmentierung; weil die Ursachen des Klienten-Schicksals, die immer, wenn auch manchmal nur über diffizile Vermittlungen, gesellschaftlich gar nicht angegangen werden können, muss der jeweilige Fall „parzelliert" (AKS) werden. Würde er das nicht, gerieten mit zwingender Logik die objektiven Faktoren des Klienten-Schicksals in Erscheinung, die hier – zusammengefasst – im Begriff der Deklassierung kumulieren. Diese Möglichkeit ist der Arbeiterexistenz je immanent.

---

11 Hollstein, W. / M. Meinhold, 1973, S. 232; Birke, P. u. a., 1975, S. 159

Die grundsätzliche Unsicherheit seiner Lage als Lohnabhängiger verstärkt sich zur desolaten Situation, wenn Arbeitsschwierigkeiten, Entlassung, Krankheit, Schulden oder Verteuerung der Lebenskosten auftreten, die durch Ersparnisse nicht kompensiert werden können. Gegen solche Ereignisse ist keine Arbeiterfamilie gefeit. Die materielle Beschränkung setzt sich dabei zumeist auch in eine sozialisatorische um, so dass Deklassierung sich generationenförmig reproduziert.

Da die sozialpädagogische Intervention – wie mehrmals angezeigt – die gesellschaftlichen Bedingungen, die Deklassierung ermöglichen, aus ihrer institutionellen Beschränkung heraus überhaupt nicht angreifen kann, verbleibt ihr nur die Verwaltung der gesellschaftlichen Defizite und ihrer personifizierten Auswirkungen. Das heißt prägnanter: soziale Kontrolle. Dafür benennen wir im Folgenden ein Beispiel:

„Auffällig ist [...], dass das Sozialhilferecht im Gegensatz zur Absicherung der übrigen Reproduktionsrisiken der Lohnarbeit nicht versicherungsförmig ausgestattet ist. In der Versicherung ist der Anspruch des Lohnabhängigen durch die Erbringung eigener Leistungen oder durch Leistungen des Arbeitgebers als dem Benutzer der Arbeitskraft gleichsam selbst verdient [...]. Die Gewährung von Sozialhilfe erscheint dagegen als unverdient, nicht durch die Mechanismen des Äquivalententauschs zwischen Lohnarbeit und Kapital vermittelt und gerechtfertigt. Der Eintritt des ‚Sozialhilfefalls' wird nicht ein für allemal und abstrakt-regelhaft überprüft, sondern fortdauernd durch konkrete Ermittlungen vor Ort auf Ausmaß und Fortdauer; die Leistungen sind häufig nicht geldförmig und damit in beliebige Güter zu beliebiger Zeit umsetzbar, sondern bestehen nicht selten in zugewiesenen Gebrauchsgütern.

All diese Maßnahmen erfordern beständigen Kontakt mit den Bedürftigen, ständige Beobachtung und Überprüfung, eine Aufgabe, zu deren Erfüllung ein Heer von Sozialarbeitern und Verwaltungsbeamten eingesetzt wird. [...] Gerade die Erfolglosigkeit dieser penetranten Überwachung bewirkt die soziale Diskriminierung der ‚Fürsorgefamilie', lenkt den Blick – ähnlich wie bei der ‚Ausgrenzung' der Heimzöglinge – auf die Wirkung für die Masse der Lohnabhängigen: Sie sollen gewarnt und abgeschreckt werden."[12]

Was bedeutet das für eine Veränderungsstrategie im sozialen Sektor? Zum einen können die sozialpädagogisch Tätigen, die hierzu willens und qualifikatorisch in der Lage sind, versuchen, den Segmentierungsprozess der Sozialbürokratie

---

12 Barabas, F. u. a., 1975, S. 407 f.; vgl. bes. Hollstein, W. / M. Meinhold, 1973; Böhnisch, L. / H. Lösch, 1973

wenigstens abzumildern, indem sie die bislang einfache Definitionsleistung gegenüber dem Klienten-Schicksal zu einer Anamnese erweitern. Um dergestalt den Lebenszusammenhang des Klienten wenigstens annäherungsweise zu erfassen, müssten folgende Faktoren berücksichtigt werden:[13]

- sozio-ökonomische Position (wirtschaftliche Möglichkeiten, persönliche Arbeitsgeschichte, Deklassierungsprozess)
- soziale Herkunft (Ausbildung, Lebensweg, Familiengeschichte)
- sozialer Tätigkeitsbereich (jetziger oder einstiger Arbeitsplatz, Bedingungen, Interaktionen, Einstellung zur Arbeit/Arbeitssuche)
- Lebensniveau (Wohngebiet, Wohnung, Lebenshaltung, Bedürfnisse, Freizeitgewohnheiten u. a.)
- Sozialbeziehungen (soziale Verhaltensmuster, Familien- und partnerschaftliche Beziehungen, soziale Kontakte, Auffälligkeiten, Fremdbild)
- Einstellung zur Gesellschaft (Interessen, Werte/Normen, soziales Engagement) – soziale Perspektiven (Erwartungen, Chancen, Aspirationen, Aktivitäten).

Ein weiterer Schritt in diesem Zusammenhang erfordert die Kooperation mit jenen Kollegen, Amtsstellen und Organen (z. B. Justiz), die ebenfalls mit dem ‚parzellierten‘ Klienten zu tun haben. Solche Initiativen haben z. B. in manchen Ämtern bei der nötigen innovatorischen Stoßkraft immerhin schon zu Teambildungen geführt, die das Segmentierungsprinzip für den Klienten entschärfen konnten. Zum anderen könnten sozialpädagogisch Tätige deutlicher versuchen, (a) das Machtgefälle zwischen ihnen und den Klienten und (b) die institutionelle Abhängigkeit der Klienten abzubauen, indem sie deren Eigeninitiative stärken. Solcher Veränderungsstrategie ist natürlich eher Erfolg beschieden, wenn sie nicht beim vereinzelten Klienten ansetzt, sondern dort, wo mehrere Klienten zusammen sind, also in Heimen, Asylen, Obdachlosensiedlungen, Jugendzentren, Wohnkollektiven u. a. Vielfältige Erfahrungsberichte bezeugen, dass hier praktische Ansätze unternommen wurden, die sogar den Akzent der sozialpädagogischen Intervention von der Administration zu tatsächlicher Hilfe und Prophylaxe zu verlagern in der Lage waren.

---

13 Vgl. Darlegung und Anwendung dieser Faktoren: Hollstein, W. / M. Meinhold, 1975

Zusammenfassung

Wir haben vorgängig intendiert, das Thema „Grenzen und Möglichkeiten sozialpädagogischer Interventionen" zu umreißen. Dabei sind wir davon ausgegangen, dass Veränderung im sozialen Sektor nicht ins Blaue hinein betrieben werden kann. Um ihr Scheitern zu verhindern, müssen vielmehr die Bedingungen von Veränderung reflektiert und in deren Abwägung die innovatorischen Schritte und Ziele angegangen werden. Für unser Thema erschienen uns dabei vor allem die qualitativ unterschiedlichen Ebenen des gesellschaftlichen Lebenszusammenhanges, des Staates, der Kommunen, der Sozialbürokratie, der Sozialarbeiter und der Klienten wichtig.

Wir haben nachzuweisen versucht, dass Konstitutionsbasis für sämtliche Ebenen der ökonomische (Akkumulations-)Prozess ist, der mit seiner Dynamik alles beeinflusst und auch verbindet. Veränderungen im sozialen Sektor hängen wesentlich von der Entwicklung der Ökonomie ab. Dieser Satz darf allerdings nicht als wirtschaftlich deterministisch verstanden sein. Verbesserungen im Arbeitsbereich von Sozialarbeitern/Sozialpädagogen werden ebenfalls möglich durch den Druck der Bevölkerung und durch Initiativen der Klienten oder/und der sozialpädagogisch Tätigen. Im begrenzten Rahmen unserer einleitenden Ausführungen haben wir dazu einige Hinweise zu geben versucht.

Der materialistisch-gesellschaftstheoretische Ansatz

Der materialistisch-gesellschaftstheoretische Ansatz (im folgenden: MGA) geht davon aus, dass der menschliche Lebenszusammenhang "in letzter Instanz"[14] von Produktion und Reproduktion bestimmt wird. Damit bilden die ökonomischen Verhältnisse die allgemeine Grundlage aller übrigen (sozialen, politischen und kulturellen) Verhältnisse wie auch kollektiven und individuellen Verhaltens in einer spezifischen Gesellschaft. Die Gesamtheit aller objektiven und subjektiven Beziehungen stellt sich dabei als ein (dynamischer) dialektischer Zusammenhang dar, dessen Glieder sich wechselseitig beeinflussen und bedingen, wobei den ökonomischen Verhältnissen der postulierte Primat zukommt. Die jeweiligen Produktionsbedingungen prägen also die kollektiven wie individuellen Strukturen des Lebenszusammenhanges und dessen Verkehrsformen.

Daraus ergeben sich die methodischen Prinzipien von MGA: Jedes zu bestimmende Phänomen muss in der vorgängig erklärten (gesamtgesellschaftliche Analyse) Totalität der sozialen Lebenszusammenhänge und deren Wechselbeziehungen verortet werden. Diese „Lokalisierung" zeigt Relevanz, Abhängigkeiten, Bedingungsfaktoren u. a. des zu bestimmenden Phänomens. Formen und Inhalte des letzteren müssen hierbei, um angemessen erklärt werden zu können, auf die jeweiligen Produktionsbedingungen bezogen werden. Gesellschaftliches „Sein" (strukturelle Dimension von MGA) ergibt sich dabei aus dem „Werden" (historische Dimension von MGA). Damit sind die generellen Voraussetzungen unseres Themas kurz beschrieben.

1. Zur Definition und Abgrenzung sozialer Probleme

Gegenwärtige Produktionsbedingungen charakterisieren sich durch den antagonistischen Gegensatz von Lohnarbeit und Kapital. Aufgrund dieses Antagonismus im Arbeits- und Lebenszusammenhang bestehender kapitalistischer Gesellschaften und der daraus resultierenden prinzipiellen Verschiedenartigkeit der Interessen ihrer Menschen können soziale Probleme für einen MGA nicht als klassenneutral bestimmbar und vor allem nicht als kollektiv, quasi gesamtgesellschaftlich verbindlich gelten. Nicht umsonst taucht der Terminus ‚Soziales Problem' in materialistischen Theorien nicht auf; er stammt aus dem Begriffsfeld sozialintegrativer Wissenschaft, der es bei der Deskription sozialer Probleme vordringlich um die Erhaltung der be-

---

14 Engels, F., 1976, S. 463

stehenden Verhältnisse geht. Für sozialintegrative Wissenschaft ist, wie es auch der Sprachgebrauch schon nahelegt, das soziale Problem als Problem lösbar.

Als Störfaktor, der in sich das Potenzial von Gefährdung des Bestehenden trägt, müssen nachgerade Strategien entwickelt werden, um das soziale Problem „in den Griff zu bekommen." Für materialistische Theorie ist das soziale Problem dagegen als Widerspruch innerhalb der kapitalistischen Produktionsverhältnisse grundsätzlich nicht aufhebbar. Auch die Wertung sozialer Probleme innerhalb sozialintegrativer und materialistischer Wissenschaft muss verschieden sein: Sieht sozialintegrative Theorie in sozialen Problemen primär Gefahr, Störung und Abweichung im Hinblick auf den Fix- und Normpunkt des status quo, entdeckt materialistische Theorie darin das Leidens-, aber auch Veränderungspotenzial. In Realität und Kumulation sozialer Probleme als gesellschaftlicher Widersprüche sichtet sie als korrespondierende Antwort Formen von Verhältnissen und Verhalten, aus denen – zumindest partiell – sozial Neues zu antizipieren ist. Differente Erklärung und Wertung sozialer Probleme in sozialintegrativen und materialistischen Ansätzen lassen sich also bereits aus der Wahl der Kategorien (z. B. Störfaktoren oder Widersprüche) definieren. Ihr zugrunde liegt das Verständnis von Produktionsbedingungen als exogen oder als konstituierend für soziale Probleme. In unserer Optik stellen sich soziale Probleme als Widersprüche dar, die durch die kapitalistische Produktionsweise bedingt sind und damit nicht – allen ökonomischen Verhältnissen äußerlich – etwa einzig im normativen Bereich angesiedelt werden können.

Analytisch unterscheiden wir dabei zwischen „einfach ableitbaren" sozialen Problemen und „komplex ableitbaren". Unter einfach ableitbaren sozialen Problemen verstehen wir die direkten Auswirkungen der kapitalistischen Produktionsweise und der ihr eigenen Akkumulationsdynamik, die wir in ihren vielfältigen Erscheinungsformen unter den Begriff der Deklassierung oder zumindest der Deklassierungsgefahr subsumieren. Beides birgt die Lohnabhängigkeit in sich, weil sie als solche prinzipiell Mittellosigkeit, Unsicherheit und Machtlosigkeit impliziert. Je weiter sich dabei das Kapitalverhältnis entwickelt, desto tiefer wird (auch unter der Bedingung materieller Verbesserung) gesellschaftlich die Kluft, die den Lohnabhängigen vom Kapitalisten trennt.

Das heißt auch: Je abhängiger wird der Lohnabhängige von dem im Kapitalverhältnis angelegten Akkumulationsprozess, der über die Intensivierung der Arbeitsleistung, die wachsende physische und psychische Verausgabung, Fließband-, Akkord-, Nacht-, Schichtarbeit u. a. bedingt. Die

124

zunehmende Belastung im Produktionsprozess erhöht die Zahl der Arbeitsunfälle, Berufskrankheiten, Frühinvaliden etc., überdies provoziert die fortschreitende Akkumulation die Tendenz zu Attraktion und Abstoßung der Arbeitskraft, das meint fluktuierend Über- und Unterbeschäftigung, Jugendliche ohne Berufschance, ausländische Arbeitskräfte und eine Gruppierung von definitiv Deklassierten (z. B. Obdachlose). Unmittelbar damit hängen die sozialen Probleme ungenügender Ernährung, Gesundheit, Unterkunft und Sozialisation zusammen. Schließlich sollte hingewiesen werden auf die sozialen Probleme, die die Kapitalverwertung in der Dritten Welt schafft.

Unter komplex ableitbaren sozialen Problemen verstehen wir über „innere Systeme"[15] vermittelte Auswirkungen der kapitalistischen Produktionsweise, die hier lapidar im Begriff der „Verdinglichung"[16] zusammengefasst werden. Die Subsumtion der Menschen innerhalb kapitalistischer Produktionsverhältnisse unter das Warenprinzip mit seinen Tausch-, Verkaufs-, Konkurrenz- und Konsumtionsbedingungen bewirkt eine Verdinglichung des menschlichen Lebenszusammenhangs, der die Individuen zu ökonomischen „Charaktermasken" entwertet.

Die darin implizierte Verkehrung von Sachenwelt und Menschenwelt illustriert sich beispielsweise im sozialen Phänomen des Geldes, das, bis hin zur widersprechenden Eigenschaft, alles gegen jedes tauschbar macht. „Es verwandelt die Treue in Untreue, die Liebe in Hass, den Hass in Liebe, die Tugend in Laster, das Laster in Tugend."[17]

Dieses Leben im Widerspruch provoziert vermehrt Depressivität, Entfremdungsgefühle, scheiternde Partnerschaftsbeziehungen, Familienkonflikte, Brutalität, psychische Erkrankungen u. a. Psychosomatische Forschung spricht in diesem Kontext – einigermaßen deskriptiv – von dem für unsere Gesellschaft heute vorherrschenden Sozialtypus der „Zivilisationsmarionette."[18]

---

15 Vgl. dazu ausführlich: Meinhold, M. / W. Hollstein, 1972
16 Vgl. Gabel, J., 1962
17 Marx, K., 1956, S. 566
18 Vgl. Caruso, I. A., 1962

2. Zur Vorgehensweise

Im Folgenden soll annäherungsweise die Verknüpfung von sozialen Problemen und sozialer Kontrolle aufgrund des MGA beschrieben werden. Dieser Klärungsprozess lässt sich – gedrängt – in drei Fragen fassen:

1. Wie ist unser Lebenszusammenhang strukturiert?
2. Warum bedingt dieser Lebenszusammenhang soziale Probleme und soziale Kontrolle?
3. Wie läuft soziale Kontrolle gegenüber wem und mit welchen Absichten und Auswirkungen ab?

Das heißt, dass zunächst die strukturprägenden Merkmale unseres gesellschaftlichen Lebenszusammenhangs bestimmt werden müssen. Aus dieser Reflexion ergibt sich zum einen die Definition von sozialen Problemen sowie die Notwendigkeit sozialer Kontrolle und – damit verbunden – zum anderen die Formbestimmung des Staates und seiner sozio-politischen Aufgaben im „Descensus" von der höchsten zur kommunalen Ebene. Dieser „Descensus" ist in seinen finanz-, sozial- und ordnungspolitischen Konsequenzen in den Agenturen sekundärer sozialer Kontrolle (Sozialbürokratie) zu verfolgen. Damit verschieben sich die makroanalytischen Überlegungen auf eine mittlere Ebene der Agenturen sozialer Kontrolle. An deren Amtsstellen delegierte Funktionen sind schließlich in ihren Wirkungen und Zwängen im Tätigkeitsbereich der Agenten sozialer Kontrolle wie auch in der Lebenswelt der Betroffenen (Klienten u. a.) zu entdecken.

Unsere Verknüpfung von sozialen Problemen und sozialer Kontrolle impliziert damit ein Mehrebenen-Modell, das sich wie folgt beschreiben lässt:

- gesellschaftlicher Lebenszusammenhang,
- Staat,
- Kommunen,
- Agenturen sozialer Kontrolle,
- Agenten sozialer Kontrolle,
- Betroffene.

Wenn wir innerhalb dieser Verknüpfung von differenten Ebenen sprechen, soll damit keine grundsätzliche Trennung von Erklärungsfaktoren angenommen werden; vielmehr sind die differenten Ebenen nur Erscheinungsformen eines strukturellen Zusammenhangs, i. e. in ihrer Verschiedenartigkeit vermittelt und verbunden. Wir verstehen damit den Problemzusammenhang von sozialer Kontrolle und sozialen Problemen als einen Verursachungs- und Behandlungskontext, der nur begriffen werden kann, wenn er in seiner dynamischen Totalität auf den angezeigten Ebenen verfolgt wird. Die vielfältige Entstehung dieses Problemzusammenhangs ist dabei ebenso zu skizzieren wie seine Verwaltung und Weiterentwicklung.

Das bedeutet unter anderem allerdings in Abgrenzung zu manchem materialistischen Ansatz dieser Thematik, dass Interventionen sozialer Kontrolle nicht linear von den jeweiligen Machtzentren zu den Agenten sozialer Kontrolle und von dort zu den Betroffenen interpretierbar sind; vielmehr differenzieren sie sich in ihrem Ablauf auf den bezeichneten Ebenen aus, was innerhalb ihres „Descensus" auch ihre zumindest partielle Umformung einschließen kann. Solches meint eine Relativierung der makroanalytischen Bedeutungsebene in dem Sinne, dass eine gesamtgesellschaftliche Analyse nur die, allerdings konstituierenden, Rahmenbedingungen von sozialen Problemen und sozialer Kontrolle bestimmen kann, aber nicht deren konkreten Inhalt, welcher aus dem Zusammenwirken der sechs Ebenen resultiert. Das heißt auch, dass soziale Probleme und soziale Kontrolle je abhängig sind vom individuellen Verhalten und der kollektiven Einstellung der (potenziell/faktisch) Betroffenen, von deren Bewusstseinsstand, Interessen, Organisationsgrad etc.

Es ist damit zu unterscheiden, wie die sozio-ökonomischen Bedingungen, die soziale Probleme und soziale Kontrolle provozieren (Dimension der Virtualität), sich je individuell oder kollektiv im Lebenszusammenhang der Menschen auswirken (Dimension der Faktizität). Verbunden werden beide durch die jeweils soziale Probleme und soziale Kontrolle auslösenden Faktoren.

3. Zur Darstellung des Mehrebenen-Modells

3.1 Der gesellschaftliche Lebenszusammenhang

Entgegen dem „Augenschein", dass die Individuen auf der Basis freiwillig geschlossener und rechtlich abgesicherter Verträge ihre Arbeitsfähigkeit zeitlich beschränkt gegen Lohn eintauschen und dergestalt Eigentum erwerben können, wird unser Lebenszusammenhang – unter strukturellem Aspekt lakonisch dargestellt – von einem Kapital-Verhältnis geprägt, dessen Eigendynamik in der Produktion von Mehrwert, der Tauschwertproduktion, begründet ist, die außer den sachlichen Gebrauchswerten auch der menschlichen Arbeitskraft Warencharakter verleiht. „Der Gegenstand, den die Arbeit produziert, ihr Produkt, tritt ihr als ein fremdes Wesen, als eine von dem

Produzenten unabhängige Macht gegenüber. Das Produkt der Arbeit ist die Arbeit, die sich in einem Gegenstand fixiert, sachlich gemacht hat, es ist die Vergegenständlichung der Arbeit. Diese Verwirklichung der Arbeit erscheint in dem nationalökonomischen Zustand als Entwirklichung des Arbeiters, die Vergegenständlichung als Verlust und Knechtschaft des Gegenstandes, die Aneignung als Entfremdung, als Entäußerung [...]. Je mehr der Arbeiter sich ausarbeitet, um so mächtiger wird die fremde, gegenständliche Welt, die er sich gegenüber schafft, um so ärmer wird er selbst, seine innere Welt, um so weniger gehört ihm zu eigen."[19]

Das Kapital zeigt sich also nicht als gleichbleibende Größe; zu seiner ihm ureigenen Motorik gehört die ständige Verwertung als Wertvergrößerung. Das bedingt die Dominanz des Verwertungs- über den Arbeitsprozess und dessen Formbestimmung durch ersteren mit allen vorgängig geschilderten (anthropologischen) Folgen. Produktivität ist in diesem Entwicklungsgang aber bald nur noch steigerbar durch den Einsatz immer effizienterer Produktionsmittel. Damit ändert sich nicht nur der Beschäftigungsgrad menschlicher Arbeitskraft (Intensivierung u. a.), sondern auch die Wertzusammensetzung des Kapitals; dessen Dynamik resultiert nun vermehrt aus dem Fortschritt der Technik und setzt dergestalt Schaffende frei. Der Akkumulationsprozess impliziert weiter, dass das Kapital, um sich lohnend verwerten zu können, immer weitere Sektoren des Lebenszusammenhangs (Wohnungsbau, Freizeitindustrie u. a.) in seinen Machtbereich einbezieht, und also die Tendenz zur nationalen wie internationalen Ausweitung in sich trägt. Das heißt notwendigerweise auch: Verstärkte Sicherung bürgerlicher Herrschaft und Ausbau des Staatsapparates.

Die aus den beschriebenen Produktionsverhältnissen resultierenden vielfältigen Widersprüche müssen unter Kontrolle gehalten werden, um nicht in ihrer Eigendynamik den bürgerlichen Lebenszusammenhang zu sprengen (Armut, Obdachlosigkeit, Kriminalität u. a.). Solches besorgt soziale Kontrolle in ihrer primären Form der Sozialisation (Verinnerlichung zunächst fremdgesetzter Normen/Qualifizierung der Arbeitskraft); zur warnenden oder bestrafenden Absicherung primärer sozialer Kontrolle dienen die Agenturen sekundärer sozialer Kontrolle (Polizei, Sozialarbeit etc.). Ihre Funktionen lassen sich auf die Sicherung bestehender Sozialstrukturen verallgemeinern.[20]

---

19 Marx, K., 1956, S. 511 f.
20 Vgl. Hollstein, W. / M. Meinhold, 1973

3.2 Die Betroffenen

Die unter die Begriffe der Deklassierung und der Verdinglichung subsumierten Erscheinungsformen einfach und komplex ableitbarer sozialer Probleme haben virtuellen Charakter in dem Sinne, dass viele Menschen gelernt haben, mit den gesellschaftlichen Widersprüchen zu leben, während andere ihre Opfer werden. MGA-Aussagen – etwa in der Kriminal- oder in der Obdachlosensoziologie –, dass die bloße Arbeiterexistenz einen Teil der lohnabhängigen Klasse verelenden lasse (kriminell, obdachlos etc.), sehen an den (auslösenden) Faktoren vorbei, die beim einen den Schritt von der Virtualität zur Faktizität der Deklassierung, Kriminalisierung u. a. bewirken und bei anderen eben nicht. Bei einfach ableitbaren sozialen Problemen wie etwa Arbeitslosigkeit lassen sich diese Faktoren in den jeweiligen Perioden von Überproduktion, Krise und Stagnation der industriellen Zyklen kollektiv festmachen. Bei sozialen Problemen wie zum Beispiel Obdachlosigkeit ist die Bestimmung schwieriger, da hier etwa Bewohner von Altbauquartieren aufgrund einer Politik getroffen werden können, die einige Gebiete ‚saniert', andere aber nicht. Vollends kann die Gesellschaftsanalyse nur noch Rahmenbedingungen sozialer Probleme bestimmen, wenn es etwa um kriminelles Verhalten geht.

Hier lässt sich mit Faktoren wie Lohnabhängigkeit, Armut etc. nur eine Erklärungskette „aszendierender" Wahrscheinlichkeit bilden, die beispielsweise feststellen kann, dass bei einer Häufung von Mangellagen wie materielles Elend, defizitäre Familienstrukturen und bereits kriminalisierte Freunde kriminelles Eigenverhalten höchstwahrscheinlich ist. In Anlehnung an psychiatrische Forschung ließen sich hier als vorläufige Hilfestellung „risk patterns" bestimmen und „high risk groups" bezeichnen.

Als sicher eintretbar oder gegeben kann zum Beispiel kriminelles Verhalten im individuellen Fall auch dann nicht fixiert werden. Die Mangellagen oder „risk patterns" bilden einzig die objektiv strukturierenden Voraussetzungen für Fälle sozialer Problematiken, aber nicht fassonierende Determinanten; das heißt: Objektiv strukturierende Voraussetzungen werden in ihren Auswirkungen individuell gebrochen, und es hängt von ihrer spezifischen (subjektiven) Verarbeitung ab, ob ein als sozialer Problemfall stigmatisierbares „Schicksal" entsteht oder nicht. Die Schwierigkeit dieses Ansatzes, vor dem sich etwa auch psychiatrische Forschung sieht, besteht nach wie vor darin, dass sich innere Systeme und ihre zu „Abweichung" führende (individuelle) Spezifität weder quantifizieren noch, damit verbunden, präzis operationalisieren lassen.

3.3 Der Staat

Träger sekundärer sozialer Kontrolle ist der Staat, der als ausgleichende Instanz gegenüber den sich konkurrenzierenden (Einzel-)Kapitalen und den von ihnen provozierten (sozialen) Widersprüchen die allgemeinen Bedingungen für die Reproduktion der jeweiligen sozio-ökonomischen Verhältnisse garantiert. Dabei kann der Staat[21] von seiner Formbestimmung her nicht die Eigengesetzlichkeit der Produktionsweise bestimmen, die ihn selber finanziell am Leben erhält, sondern nur auf deren Notwendigkeiten reagieren. Dazu gehört u. a. der sozialpolitische Versuch, die Widersprüchlichkeit bestehender Produktionsverhältnisse im Verteilungssektor zu mildern und dergestalt auch Massenloyalität (Legitimationsfunktion des Staates) zu sichern. Der Staat zeigt sich dabei offen gegenüber den Ansprüchen aller Gruppierungen, einschließlich und nicht zuletzt: der Arbeiterbewegung, um dergestalt seine „Befriedungspolitik" wirksamer betreiben zu können. Jedwedes Anzeichen ökonomischer Verwertungsschwierigkeiten bedeutet hingegen, dass der Staat offen und das meint: unter Umständen auch gewaltsam zugunsten der bestehenden Produktionsverhältnisse tätig wird.

Dieses Doppelgesicht des Staates dokumentiert sich in der sozialen Kontrolle deutlich anhand der Dialektik von Hilfe (Sozialunterstützung, Beratung, Therapie etc.) und Repression (Strafe, Verwahrung etc.). Die Gewichtung zwischen beiden hängt dabei stets von der spezifischen Konstellation sozioökonomischer Verhältnisse ab.

3.4 Die Kommunen

Auch die Kommunen sind weder von ihren eigenen ökonomisch-fiskalischen Bedingungen noch von den Aufträgen her, die sie im Sinne des zentralen Staatsapparates erfüllen, grundsätzlich in der Lage, soziale Probleme zu lösen. Aufgrund der vorgegebenen Akkumulationsmotorik sind sie vielmehr gezwungen, unrentable (faux frais verzehrende) Projekte (Spitalversorgung, Horte und Kindergärten, Gemeinwesenarbeit etc.) zurückzustellen und auf die Aufhebung von sozialen Problemen zu verzichten. So müssten beispielsweise zur Lösung der lokalen Obdachlosenfrage die Spekulationsmechanismen im Bau- und Bodensektor gebrochen werden, was gar nicht in der Macht der Kommunen liegen kann. Soziale Kontrolle als Verwaltung sozialer Probleme ersetzt daher notwendigerweise die eigentlich erforderlichen sozialpolitischen und sozialpädagogischen Maßnahmen. Die Spielraumbreite des grundsätz-

---

21 Vgl. Poulantzas, N., 1973

lich begrenzten Hilfepotenzials kann allerdings aufgrund verschiedenartiger Haushaltsmöglichkeiten, kommunalpolitischer Interessenlagen etc. von Kommune zu Kommune variieren. Für Veränderungsstrategien im sozialpädagogischen Bereich darf dieser Tatbestand nicht übersehen werden.

3.5 Die Agenturen sozialer Kontrolle

Systemfunktion der Verwaltung sozialer Probleme ist die Sicherung von Herrschaftsverhältnissen. Solches ist unbestritten für Agenturen wie Polizei („Ordnungshüter"), Gerichte, Gefängnisse etc., die das Bestehende vor Anfechtung zu schützen haben. Kaschierter zeigt sich Gleiches etwa in der Intervention der Sozialbürokratie (Sozialarbeit, Sozialpädagogik). Was letztere nach außen und nach innen als Hilfe ausgibt, nicht zuletzt um sich selber zu legitimieren, gerät im Regelfall ebenso wenig über soziale Kontrolle hinaus (z. B. Verbesserung und Verfeinerung von Gesprächstechniken). Die sozialpädagogische Intervention ist dabei schon vor-bürokratisch eingeschränkt, indem sie immer post-festum-Aktion ist, das heißt: Sie greift ein, wenn der Betroffene bereits zu Schaden gekommen ist und ihr – zumeist von anderen staatlichen Organen – zugeführt wird. Prophylaxe ist ihr strukturell verwehrt.

Binnenbürokratisch zeigt sich die sozialpädagogische Intervention durch die Prinzipien der Segmentierung und der Hierarchisierung determiniert. Segmentierung meint in diesem Kontext, dass die sozialen Probleme in einem ersten Arbeitsgang in verschiedene Ressorts delegiert und in einem zweiten Arbeitsgang auch noch verschiedenen Sachbearbeitern zugewiesen werden. Hierarchisierung bedeutet, dass der Segmentierungsprozess nach Kompetenzen festgelegt und dementsprechend abgestuft kontrolliert ist.

Beides impliziert, dass soziale Probleme (und Problemfälle) in verwaltbare Symptome zerlegt werden. Diese Parzellierung ist notwendig, weil die Sozialbürokratie aus ihrer institutionellen Beschränkung heraus die Verursachung sozialer Probleme gar nicht angehen kann. Noch deutlicher wird die Kontroll- und Verwaltungsfunktion in den Inhalten der sozialpädagogischen Intervention: Entgegen den Gewährungsprinzipien der Sozialversicherung basiert z. B. das Sozialhilferecht auf dem permanenten Loyalitätsbeweis der Betroffenen, das heißt: Der ständigen Überwachung des Klienten durch den Sozialarbeiter (Akten, Hausbesuche etc.). Als Hilfe legitimierte Intervention erweist dergestalt im Regelfall ihren Kontrollcharakter.

3.6 Die Agenten sozialer Kontrolle

Die Etikettierung der Betroffenen ist die eigentliche Leistung der Agenten sozialer Kontrolle, wobei deren Handlungsspielraum soweit autonom erscheint, als kein formelles Definitionsschema die Entscheidungen über Festnahme (z. B. Polizei), Heimeinweisung (z. B. Sozialarbeit) u. a. festschreibt. Das heißt oberflächlich besehen, dass hier die Agenten sozialer Kontrolle ihren „Common Sense" walten lassen können. Nun ist aber dieser „Common Sense" keine unabhängige Variable, sondern inhaltlich geprägt von der sozialen Stellung, der Sozialisation u. a. der Agenten und den gesellschaftlich vorherrschenden Werten und entsprechenden Herrschaftsverhältnissen. So zeigt beispielsweise die Auswertung von Fallakten in der Sozialbürokratie, dass die Agenten ihre Entscheidungen entsprechend dem Erscheinungsbild der Klienten (z. B. Sauberkeit), dem Auftreten (z. B. Höflichkeit), dem Wohnungszustand (z. B. Ordentlichkeit) und seiner Bedeutung für den Produktionsprozess fällen. Das meint, dass die Etikettierung der Betroffenen durch die Agenten sozialer Kontrolle das anstehende soziale Problem auf den gesellschaftskonformen Begriff bringt (z. B. individuelle Schuld, Verwahrlosung, hwG etc.), der dann aufgrund der gesetzlichen Vorschriften die systemadäquate Behandlung erlaubt.

4. Probleme und Perspektiven des materialistisch gesellschaftstheoretischen Ansatzes

Hiermit haben wir annäherungsweise den MGA-Kontext von sozialen Problemen und sozialer Kontrolle bezeichnet, indem wir einige wichtige Fakten auf den differenten Ebenen unseres Modells problematisiert haben.

Der MGA ist u. E. der einzige Ansatz, der die Verursachung sozialer Probleme und sozialer Kontrolle ganzheitlich beschreiben und dabei die komplizierte Vermittlung von gesellschaftlichen und individuellen Faktoren erfassen kann; er ist einzig in der Lage, soziale Probleme und soziale Kontrolle aus dem Gesellschaftszusammenhang abzuleiten und dabei auch den Veränderungseffekt sozialer Probleme zu sehen.

Ohne bislang perfekt zu sein, scheint MGA unsere Problematik adäquater erfassen zu können als vergleichbare Ansätze: Verhaltenstheoretische Modelle übersehen die Bedingtheit von Motivationen, Bedürfnissen etc. durch objektive Umstände; bei ihrer Reduktionsleistung (sozial-)psychologischer Erkenntnisse auf soziologische Fragestellungen oder umgekehrt geraten sie häufig in Gefahr, von sozialen Gesetzmäßigkeiten abzusehen. Interaktionistische Ansätze überschätzen die Unmittelbarkeit sozialer Handlungen;

sie ignorieren im Regelfall, wie gesamtgesellschaftliche Zwänge in den Individuen gebrochen werden und deren Aktionen beeinflussen. Der „labeling approach" verkennt, dass dem Etikettierungsvorgang der Agenturen sozialer Kontrolle schon eine sozio-ökonomische Stigmatisierung vorausgegangen ist. Der sozialisationstheoretische Ansatz, insofern er seinen Gegenstand absolut setzt, klammert dessen soziohistorisch vor-geprägte Konstitutionsbasis aus. Diesen sehr pauschalen Bemerkungen zur Abgrenzung sollen einige zur Kooperation folgen. Insbesondere der interaktionistische Ansatz für die Problematisierung der auslösenden Faktoren, der „labeling approach" für die Darstellung der Etikettierungsprozesse und der sozialisationstheoretische Ansatz für das Verstehen der individuellen Verarbeitungsprozesse objektiver Mangellagen können für MGA nicht unterschätzbare Anregungen liefern.

Dies ist umso mehr von Aktualität, als das analytische Potenzial von MGA in Bezug auf unseren Zusammenhang von sozialen Problemen und sozialer Kontrolle weder theoretisch kategorial noch empirisch auch nur annähernd ausgeschöpft worden ist. Solches wird auf allen von uns bezeichneten Ebenen der Verknüpfung sozialer Probleme und sozialer Kontrolle deutlich.

So ist auf der gesamtgesellschaftlichen Ebene die Marxsche Krisentheorie empirisch nicht nachgewiesen worden (z. B. das Diktum vom tendenziellen Fall der Profitrate) und wohl auch generell zur Krisenerklärung allein nicht ausreichend. Auf der Staatsebene wirkt einzig deren Formbestimmung bislang überzeugend; für den Kontext von sozialen Problemen und sozialer Kontrolle so wichtige Fragen, wie beispielsweise die konkrete Durchsetzung von Interventionen des Staatsapparates, die Konsequenzen von sozialen Auseinandersetzungen für Entscheidungen des Staates, einzelne Folgen der Kapitalbewegung für den Staat sind empirisch und weitgehend auch theoretisch unbeantwortet.

Auch der „Descensus" vom zentralen Staatsapparat über die Kommunen zur Sozialbürokratie ist in seinem konkreten Verlauf unklar. Auf der Ebene der Verwaltung zeigt sich eine Aufgabenbestimmung bislang zu „kapitalfunktionalistisch"; die Eigendynamik von Administrationen, die Problematik lokaler Unterschiede aufgrund spezifischer kommunalpolitischer Gegebenheiten, die Rolle von örtlichen Persönlichkeiten u. a. werden bis anhin nicht thematisiert. Auf der Ebene der betroffenen Individuen zeigen sich MGA-Untersuchungen häufig zu objektivistisch, das heißt – pauschal –, dass die Betroffenen (Klienten) zumeist nur als Reaktionsbasis von Kapitalbewegungen gesehen werden. Solches bedeutet auch, dass die Verbindung zwischen Gesellschaft und Betroffenen konkret nicht gelingt, indem Vermittlungsfelder wie etwa die Agenturen sozialer Kontrolle[22], handlungsbestimmende Momente auf der individuellen Ebene[23], subjektive Verarbeitung objektiver Ursachen[24] u. v. a. erst gar nicht thematisiert werden.

Solche Defizite lassen sich nicht zuletzt dadurch erklären, dass MGA-Anstrengungen seit den Sechziger Jahren in der Bundesrepublik Deutschland auf der Erarbeitung von Klassenanalysen und Staatsableitungen liegen, während keine einzige Arbeit z. B. über Deklassierung erschien.[25]

---

22 Als Beispiel: Buchholz, E. / R. Hartmann / J. Lekschas, 1971
23 Als Beispiel: Autorenkollektiv, 1971
24 Als Beispiel: Werkentin, F. / M. Hofferbert / M. Baurmann, 1972
25 Auf die im Referat auf dem 18. Soziologentag angesprochene Problematik von MGA und Praxis verzichten wir hier. Es sei verwiesen auf: Meinhold M. / W. Hollstein, 1975 und: Hollstein, W. / M. Meinhold. 1977

Die Alternativbewegung – Entwicklung und Einschätzung

Der Begriff der Alternativbewegung ist in den deutschsprachigen Raum erst vor wenigen Jahren eingedrungen und noch später tagespolitisch aktuell geworden. In USA vor allem und Großbritannien, aber auch in Holland, Schweden, Dänemark und Frankreich umschreibt der Begriff schon seit den 50er Jahren eine kulturelle und politische Realität von „Anders-Leben-Wollen."

Die Träger dieser neuen kulturellen und politischen Realität stammen nach wie vor zu einem großen Teil aus der Jugend. Wenn sich auch – allen Dokumenten und allem Augenschein gemäß – der Anteil von Jugendlichen in der Alternativbewegung und deren einzelnen Manifestationen, Projekten und Organisationsversuchen verringert hat, so liegt er – als Durchschnittswert – doch noch immer bei ca. 55 Prozent. Solches kann indessen kein Argument dafür sein, die Alternativbewegung als Jugendbewegung zu begreifen.[1] Die Alternativbewegung transportiert vor allem soziale Probleme, die, wie Naturzerstörung, Kriegsgefahr und Abrüstung, Arbeitslosigkeit und Neuverteilung der Arbeit, alle Bevölkerungsschichten gleichermaßen betreffen, z. T. aber quasi stellvertretend von alternativen Gruppierungen artikuliert werden.

Im sozialen Kontext zeigt sich dabei die Relativität von Jugendprotest wie von Alternativbewegung. Sämtliche vorliegenden empirischen Untersuchungen weisen aus, dass Aufbruch gegenüber Anpassung in der deutschsprachigen Jugend eine Minderheitshaltung repräsentiert. Nur ca. 10 Prozent der Jugendlichen sind Träger oder Sympathisanten von alternativen Lebensformen.[2]

Der rote Strang

Zeitlich und phänomenologisch so differente Gruppierungen wie Beats und Beatniks, Gammler, Capelloni, Provos, Hippies und Diggers, Yippies, Kabouters bis hin zu den heutigen Alternativprojekten und eingeschränkt wie Studentenbewegung über Frauengruppen, Bürgerinitiativen und Grüne bis zu Basisgruppen vereinigen sich theoretisch im Begriff der Alternativbewegung und realiter in der historischen Zielsetzung der Kritik an unserer Epoche und dem Wunsch nach Besserem.[3]

---

1 Allerbeck, K. R. / L. Rosenmayer, 1971
2 Vgl. Jugendwerk der Deutschen Shell (Hrsg.), 1982
3 Vgl. als zeitgeschichtliche Darstellung der Alternativbewegung: Hollstein, W., 1982

Durch alle bezeichneten Gruppierungen zieht sich von den fünfzigern in die achtziger Jahre ein dreifach geknüpfter roter Strang:

1. Die Ablehnung des Gegebenen: Alle Gruppierungen kritisieren, dass unsere Epoche ihre Mitte verloren hat; in den Beziehungen von Mensch und Natur, Gesellschaft und Technik, Individuum und Kollektiv, Körper und Seele, sozialen Rollen und Selbstverwirklichung, Leistung und Lust, Frau und Mann, Alter und Jugend fehlt das Gleichgewicht, das menschliches Leben überhaupt tragfähig macht. Individuum und Gesellschaft existieren mehrheitlich in Extremen, wie es sich beispielhaft am makabren Gegensatz von Verschwendung in der Ersten und Hungertod in der Dritten Welt verdeutlichen lässt, und in Grenzsituationen, wofür als Exempel jene apokalyptische Möglichkeit steht, dass die Menschheit zum ersten Mal in ihrer Geschichte in der Lage ist, sich atomar selber auszurotten.

2. Neue Werte und Verhaltensweisen: Alle Gruppierungen betonen die ideologische Krise und den Zerfall der Werte, öffentlich angepriesene Lebensziele wie Besitz, Konsum, Geld und Status könnten gegenwärtig nicht mehr zur Leistung motivieren und noch weniger den einzelnen Lebenssinn stiften. Die einseitige Betonung solch materieller Werte haben den Menschen innerlich entleert; auf der hektischen Jagd nach Dollar, Mark und Franken seien ihm Glücksfähigkeit, Friede, Harmonie und Autonomie abhanden gekommen. Der Alternativbewegung geht es seit ihrem Beginn um die Umwertung der materialistischen Werteskala und die damit verbundene Rückbesinnung auf die Eigentlichkeit des Menschen.

3. Der Aufbau eines eigenen Lebensrahmens: Die Entwicklung der Alternativbewegung geht einher mit dem sukzessive sich selber stabilisierenden Versuch, eigene Wohn- und Aufenthaltsräume, Arbeitsstätten, Produktionsorte und eigene Freizeit- und Selbstverwirklichungsmöglichkeiten zu schaffen. Zielvorstellung ist dabei immer gewesen, einen Lebensrahmen zu konstruieren, der materiell und institutionell unabhängig und dergestalt auch frei ist von gesamtgesellschaftlichen Zwängen und Reintegrationsgefahren. In solchem, was als Gegenkultur (counter-culture) oder auch Gegengesellschaft (counter-society) lebenswirklich auf den Begriff gebracht ist, wird eine Vereinheitlichung von Leben und Arbeit geprobt, welche außerhalb alternativer Strukturen nun schon seit vielen Jahrzehnten oft so schmerzhaft auseinandergerissen ist.[4]

---

4 Vgl. dazu ausführlich: Hollstein, W. / B. Penth, 1980

Alternativbewegung im Phasenmodell

Der Blick auf gehabte Bewegungen in der Geschichte zeigt im weiten Bereich von Alternative, Opposition und sozialer Veränderung ein schon mit Gesetzmäßigkeit wiederkehrendes Phasenmodell: Eine Gruppe von Menschen, die anders denken und fühlen, als es die offiziell vorgegebenen Normen, Verhaltensweisen und Zielvorstellungen wollen, findet sich im Diskurs zusammen. Die erste Kohärenz der Gruppe wird hergestellt über Ablehnungsimpulse gegenüber dem je sozio-kulturell Bestehenden; Empörung, Ärger, Wut, Ekel, Unmut, Hass und Abscheu bilden zunächst die Konstitutionsbasis von Solidarität unter den Gruppenmitgliedern. Einher geht damit der Rückzug aus der offiziellen Gesellschaft.

Nach der Periode der mit emotionaler Verve vorgetragenen oder mehrheitlich gefühlten Kritik am Bestehenden setzt eine zweite Phase ein, in der das Bestreben dominiert, mit der als korrumpiert entlarvten Gesellschaft radikal zu brechen. Die Gruppenmitglieder ziehen sich aus ihren materiellen und normativen Verbindlichkeiten in der offiziellen Welt zurück und begründen ein Gegenmilieu. Dieses Gegenmilieu besteht vorab aus einem noch lockeren Geflecht von Beziehungen, Treffpunkten und Wohnungen. Weiterhin wird in der Rückzugsphase die emotionsgeladene Kritik am Bestehenden von einer immer systematischer werdenden Auseinandersetzung mit der offiziellen Gesellschaft abgelöst; es entwickelt sich ein theoretisches Bezugssystem, aus welchem die Gruppenmitglieder sowohl ihre Ablehnung der bestehenden Gesellschaftsstrukturen wie auch ihre eigenen, neuen Perspektiven begründen können. Dieser Reflexionsprozess hat doppelte Folgen: die Gruppe festigt sich nach innen und nach außen, indem individuelle und kollektive Zielvorstellungen, Wünsche, Pläne und Utopien kräftigend Gestalt annehmen.

Diese Rückbesinnung auf sich selbst mit den angezeigten Konsequenzen initiiert tendenziell bereits die dritte Phase der Umkehr aus dem selbstgewählten Exil. Die Reflexionsperiode hat individuell und gruppendynamisch die alternativ Lebenden gestärkt; sie haben einen Grad von Autonomie und Selbstbewusstsein erreicht, der es ihnen ermöglicht, den bestehenden Verhältnissen nun vergleichsweise souverän entgegenzutreten. Die analytische Beschäftigung mit dem sozio-kulturell Vorgegebenen hat überdies bewirkt, dass die Gruppenmitglieder ihren gesellschaftlichen Standort als Außenseiter sowohl klar verorten wie auch bewusst akzeptieren können. Die Reflexionsperiode hat indessen das Verhältnis der Gruppenmitglieder zur bestehenden Gesellschaft noch in einem weiteren Aspekt geklärt: Deutlich ist nun, dass eine institutionelle wie innerpsychische Festigung alternativer Existenz nur dann möglich ist, wenn die Gesamtgesellschaft in ihren dauernden Zwängen und Zwangsvorstellungen, Pressionen, Machtpositionen und bestimmenden Strukturen verändert wird. Diese offensive Haltung geht von der historisch richtigen Einsicht aus, dass Opposition als Insel oder Sekte längerfristig in ihr feindlichen Verhältnissen nicht überleben kann, sondern im Gegenteil sukzessive aufgesogen und inhaltlich entleert wird.

Dieser Erkenntnis folgt in concreto ein gesellschaftliches Engagement der Gruppenmitglieder. In dieser vierten Phase wird konzipiert und umgesetzt, wie die eigene Kritik und das eigene Beispiel von neuer Lebenspraxis weiten Kreisen von Bevölkerung vermittelt werden können. Die Gruppe öffnet sich, um ihre Zielvorstellungen zu demonstrieren und – mit Außenwirkungen – zu diskutieren.

Diese Entwicklung hat in mehrerlei Hinsicht Folgen. Abgesehen von der „Entghettoisierung" der Gruppe und der Auseinandersetzung mit der Bevölkerung wird dem Öffnungsprozess der Gruppenmitglieder von den Machtträgern des bestehenden Gesellschaftssystems begegnet. Die soziokulturellen Veränderungsbemühungen der Alternativen stoßen auf den Widerstand etablierter Interessen; es kommt notwendigerweise zu Konflikten zwischen Beharrungs- und Reformkräften. Dergestalt kann sich die Gruppe nicht mehr eindimensional auf die Verbreitung ihrer neuen Lebenspraxis bei interessierten Bevölkerungskreisen konzentrieren, sondern muss parallel dazu sich der Auseinandersetzung mit den Machtträgern auf den Ebenen der Öffentlichkeitsarbeit, des politischen Streits, der Werbung von Sympathisanten, der Suche nach materieller Unterstützung und oft auch der Justiz stellen. Diese fünfte Phase bedingt die dezidierte Politisierung der Gruppe.

Der aufgenommene, häufig gar nicht gesuchte Kampf mit den vielfältigen Machtträgern des Systems führt in einer sechsten Phase zur Konsolidierung der Gruppe. Neben dem schon fast automatisch erfolgenden Solidarisierungseffekt durch den wachsenden Außendruck ist die Gruppe nun auch gezwungen, zur eigenen materiellen Festigung und Verteidigung die Infrastruktur der Lebenspraxis auszubauen. Dies um so mehr in Konstellationen, innerhalb derer die Machtträger nicht vor offener Repression, Verfolgung, Berufsverbot u. ä. zurückschrecken. Die Gruppe muss unter dem sich verstärkenden Außendruck rechtlich (z. B. Gesellschaftsform), finanziell (z. B. Kredite), politisch (z. B. Bündnispartner) und beruflich (Arbeitsplätze) zureichend Absicherung suchen. Gelingt dieser oftmals schwierigste Schritt in der Entwicklung von Alternativen, so steht die Gruppe an dessen Ende ideell und materiell gefestigt da. Meist ist dieser Weg in einer siebten Phase mit der Radikalisierung der Gruppenmitglieder verbunden; die Gegnerschaft zum bestehenden System wird unerbittlicher.

Die Konsolidierung der Gruppe, ihrer Lebens- und Arbeitsmöglichkeiten wie auch ihrer Kontestationsformen führt in einer achten Phase zur Diversifizierung – zumeist auf mehreren Ebenen. Zum einen entfaltet die materielle Stärkung der Gruppe deren Entwicklungsmöglichkeiten in verschiedene Richtungen von Arbeit und Leben; zum zweiten bedingen die gefundenen Sympathisanten, Bündnispartner und neuen Gruppenmitglieder den zumindest quantitativen Ausbau der Alternative, z. B. die Einrichtung von Außenstellen, neuen Projekten u. a.; zum dritten lässt die Konsolidierung, indem sie die unbedingte Kohärenz der Gruppe durch Außendruck, Gefahr, Not etc. reduziert, notwendigerweise unterdrückte Einzelinteressen der Gruppenmitglieder deutlicher hervortreten und häufig in neuen Gruppierungen endigen.

Sozialgeschichtlich ist solches auch an der Gesamtentwicklung der Alternativbewegung zu bemerken; die Konsolidierung der einzelnen Gruppen und Projekte in den endsechziger Jahren ist ein entscheidender Faktor dafür, dass sich in den siebziger Jahren Partikularinteressen von Frauen-, Männer-, Ökologie-, Regional-, Basis-, Friedens-, Bürgergruppen artikulieren können.

Etwas verkürzend zusammengefasst unterscheiden wir im folgenden fünf Phasen in der Zeitgeschichte der Alternativbewegung:

1. Abwendung (Ablehnung des Gegebenen, Rückzug und Exil),
2. Rückwendung (Selbstbesinnung, Gesellschaftsanalyse, Engagement),
3. Politisierung,
4. Konsolidierung (Ausbau der Infrastruktur, Radikalisierung),
5. Diversifizierung.

Diesen Phasen ordnen wir sozialgeschichtlich folgende Bewegungen zu:
ad 1. die amerikanischen Beats und Beatniks, die deutschen Gammler;
ad 2. die holländischen Provos, die Hippies;
ad 3. die Studentenbewegung, die Yippies in USA und die Kabouters in Holland;
ad 4. die Diggers in USA und England; der Underground;
ad 5. die Basisinitiativen, die Alternativprojekte, die autonome Bewegung (z. B. Squatters, Hausbesetzer).

Die Verweigerung der Beats

Schon zu Beginn der fünfziger Jahre bereiteten Schriftsteller, Musiker, Künstler, Wissenschaftler und Bohémiens der Beat-Generation den kompromisslosen Auszug aus der amerikanischen Gesellschaft vor. Existenz innerhalb des Offiziellen war ihnen zu düster geworden: Die USA hatten ihren Pioniergeist von einst aufgegeben; alle Werte wie Glück, Selbstverwirklichung, Mut und Abenteuertum erstickten unter dem Warenberg der Konsumgesellschaft; Autos, Fernsehapparate und Statussymbole aller Art, Prestige, Geld und Glamour verbarrikadierten Herzen und Köpfe der Amerikaner; der Konflikt der Weltmächte in Korea beschwor vehement die Gefahr eines dritten und atomaren Weltkriegs herauf, kaum war der Zweite mit seinem Schrecken gerade vorbei; McCarthy jagte Liberale, Sozialisten, Nonkonformisten und schuf dergestalt ein unerträgliches Klima von Misstrauen, Unehrlichkeit, Bespitzelung und geistigem Mittelmaß; das unbeschwerte Grinsen Eisenhowers zu alledem wurde den Beats nachgerade zum Symbol für den Tanz der Welt auf dem Vulkan.

Jack Kerouac beschrieb in seinem für die neue Bewegung prototypischen Roman „On the road" (dt. Übersetzung: „Unterwegs") den Ekel der Beats ob einer Gesellschaft, „wo Millionen einander auf der Jagd nach Dollars drängen und stoßen; raffend, grapschend, gebend, seufzend, sterbend, in einem verrückten Traum, nur damit sie in jenen furchtbaren Friedhofstädten hinter Long Island City begraben werden." Nebst solchem Abscheu vor einer sinnentleerten Konsumgesellschaft entwickelten die Beats ausdrücklich oder embryonal alle wesentlichen Kritikpunkte der Alternativbewegungen: der zunehmende Verlust immaterieller Werte, Korrumpiertheit und Korruption der offiziellen Gesellschaft, Aufrüstung und Friedlosigkeit, eine unterdrückende Technik, die Naturzerstörung, Manipulation und Kontrolle der Menschen durch Medien, Werbung und Datenbanken, das erschreckende Schrumpfen von Individualität, Kreativität und Originalität. David McReynolds resümierte lapidar: „Die Welt erwies sich als fantastische Enttäuschung."[5]

Demgegenüber waren die Beats „hip" – sie wussten Bescheid und erhofften sich von der offiziellen Welt nichts mehr. Jack Kerouac bekannte, dass er Seelen und Städte von der übersichtlichen Warte seines Elfenbeinturms erforsche; Michael McClure notierte, dass er die Musik seines Selbst höre und sie niederschreibe; Gary Snyder beschrieb, wie er Liebe, Hingabe, Ehrfurcht vor dem Leben, Pazifismus und Anarchismus in den „tribes" der Beat-Generation

---

5 Zit. n. Hollstein, W., 1969, S. 37

140

fand. Diese „tribes", d. h. Stämme nach indianischem Vorbild, bildeten so etwas wie den Lebensrahmen der Beats: lockere Gemeinschaften, in Amerika verstreut, ohne Hierarchie, offen, mit den Prinzipien von Gastfreundschaft, gegenseitiger Hilfe, Besitzlosigkeit, Kommunikation, Mut und Veränderung. Die Beats lebten dort, meist nicht für allzu lange Zeit, da sie auch immer wieder gezwungen waren, in der Außenwelt mit Gelegenheitsarbeiten und temporären Jobs Geld für ihr Leben in den „tribes" zu verdienen.

In ihren neuen Verhaltensweisen wandten sich die Beats von der Konformität der amerikanischen Konsumgesellschaft radikal ab; Michael McClure postulierte: „Das äußerste Ziel ist die Freiheit des Individuums, ein Seraph, ein Führer, ein Held, ein Wolf oder ein Lamm zu werden, das Gleichmaß, die Logik und die Gesellschaft zu zerstören. Und an ihre Stelle zu setzen: Chaos, Wahrheit, Wandlung."[6]

In seinen „tribes" bemühte sich der Beat um eine alternative Lebensweise, wie sie wohl niemand besser beschrieben hat als Jack Kerouac in seinen zahlreichen Romanen; doch auch das Werk der Ginsberg, Snyder, Watts, Corso, McClure, Kandel und Kaufman muss in diesem Kontext zumindest erwähnt sein. Sie alle gaben dem Wort, was die Beats – konträr zum System – an Freundlichkeit, Hilfsbereitschaft, Solidarität, Liebe, Genügsamkeit, Zufriedenheit, Freude und Kreativität in ihren Werten und Verhaltensweisen ausdrückten.

Die europäischen Epigonen

Was Beats wie Kerouac, Kandel oder Ginsberg vorlebten, prägte in den sechziger Jahren die Beatniks in England, Frankreich und Holland, die Capelloni in Italien und die Gammler im deutschsprachigen Raum. Mit dem üblichen Verzug von zehn Jahren formierten sich nun auch in Europa Prosperität, „Wirtschaftswunder" und Konsumgesellschaft und proportional dazu ein erster Protest gegen die materialistische Nivellierung allen Lebens. Programmatisch formulierten die Gammler: „Wir kehren uns ab und treten aus der Gesellschaft aus; wir gehen eine Straße entlang, ohne zu wissen, wohin wir kommen, nur mit der Realität des Asphalts, unserer Schritte, der dösenden Sonne, der konkreten Dinge um uns. Wir ziehen uns zurück und besinnen uns auf uns selber, wir gehen fort, um Distanz zu gewinnen. Wir misstrauen den Etiketten an den Dingen, den abstrakten Forderungen, Theorien und Dogmen der Gesellschaft."

---

6   Vgl. dazu ausführlich: Paetel, K. O., 1962

Doch solcher Erklärung bedurfte es eigentlich kaum; die Gammler waren schon in Haltung und Kleidung Protest genug. Ungepflegt und für bürgerliche Kategorien nahezu verwahrlost störten sie Sauberkeits- und Ordnungssinn der westdeutschen Nachkriegsgesellschaft. Ihr langes Haar attackierte das Image vom männlichen Mann mit Frau, Familie, Haus, Besitz und Erfolg, öffentlich stellte der Gammler die Leistungsgesellschaft in Frage, indem er sich arbeitslos ob der Sonne freute, las oder musizierte, während die Gesellschaft mit Fleiß und Frustration ihr Bruttosozialprodukt mehrte. Ohne die Autorität unmittelbar zu verhöhnen, verhöhnte der Gammler sie doch, weil er alle Gesetze, Normen und Regeln verachtete. Im Gegensatz zu Routine und Konventionalität der Gesellschaft lebte der Gammler ungesichert im Augenblick; sein Dasein war punktuell und nicht linear wie jenes des Bürgers. Der Gammler wünschte zu leben, wie er leben wollte, und erfand sein Dasein jeden Tag neu. „Wenn wir hier faulenzen, dann hat das Gründe. Was wir hier machen, lässt sich einfach erklären: Wir wehren uns dagegen, dass wir von unserer Gesellschaft total verplant werden."[7]

Dieser Protest gab sich indessen vornehmlich passiv. Die Gammler und Beatniks nahmen zwar an Ostermärschen und Friedenskundgebungen teil; doch versuchten sie nirgendwo, lebensweltliche Gegenstrukturen zur offiziellen Gesellschaft zu begründen. Die Gammler lebten von den Abfällen der Wohlstandsepoche und damit parasitär; sie wollten das Alte provozieren, aber so recht eigentlich nichts Neues konstruieren. Rückzug war ihre Losung.

Leben als Spiel

„Ein Gammler", so erklärte Provo-Sprecher Rob Stolk, „leistet impulsiv Widerstand, während die Provos sich bewusst und rational dem System verweigern." Nämliches gilt für die Hippies. Die einen wie die anderen kritisierten, was Provo Roel van Duyn folgendermaßen fasste: „Wir leben in einer geschmacklosen Einheitsgesellschaft; das kreative Individuum ist eine Ausnahme; Verhalten und Konsum werden uns vorgeschrieben oder aufgezwungen durch kapitalistische Big Bosses."[8] Solchem entsprechend mokierten sich die Hippies über die wachsende Unfreiheit in der offiziellen Gesellschaft; in einem ihrer populärsten Songs hieß es:

---

7   Zit. n. Kosel, M., 1967, S. 10
8   Duyn van, R., 1966

Ihr seid die Bürger einer Nation.
Die Bürger einer Nation mit Gesetzgebern, die die Gesetze machen,
Gesetze, die Euch befehlen, frei zu sein. Frei, um bis zum sechzehnten
Altersjahr zur Schule zu gehen.
Frei, um den obligatorischen Militärdienst abzuleisten,
Frei, um 60 Prozent Eurer Steuern für das Armeebudget zu bezahlen,
Frei, um zu sehen, wie Eure Freiheit von Polizisten überwacht wird,
die Eure Freunde sind und Euch schützen vor: Vagabundentum,
Aufruhr und Unterwanderung, Ihr selbst zu sein.

Für die Hippies war die Gesellschaft ein „Friedhof mit Komfort und Luxus."
Gegen die reglementierte Öde der offiziellen Welt setzten Provos und Hippies
ihre Vision von selbstständigen Bürgern. „Die Polizei, das Heer, der gesamte
Staatsapparat weg! Die Arbeiter nehmen ihre eigenen Fabriken in Beschlag,
der Produktionsapparat arbeitet in den Händen des Volkes, und die Macht
wird dezentralisiert ..."

Statt Zwang und Regel sollte das Leben im Wunsche von Hippies und
Provos freies Spiel sein; Constantin Nieuwenhuys proklamierte für die Provos
den Aufstand des „Homo ludens" und schrieb: „Neu-Babylon ist eine Welt-
stadt der Muße und der Kreativität. In Neu-Babylon wird der Aggressions-
trieb zum totalen Spieltrieb sublimiert ... Neu-Babylon ist die Umgebung für
einen neuen Menschen: den Homo ludens." Diese Utopie lebten die Hippies
in ihren Zentren des East Village (N.Y.) und der Haight Ashbury (S.F.); sie
trugen Blumen im Haar, kleideten sich bunt, bemalten ihre Häuser farben-
froh, musizierten und tanzten.

Begeistert empfanden die Provos und noch mehr die Hippies, dass sie aus
organisierter Entfremdung in freie Gemeinschaft gelangt waren, wo sich alle
in den Kommunen, WGs und Kollektiven miteinander verbunden fühlten.
Solches prägte auch neue Geschlechtsbeziehungen. Die gängigen Klischees
von der verführerischen Frau und dem virilen Supermann wurden zurück-
gewiesen; die jungen Protestanten lebten die Freundschaft zwischen den
Geschlechtern und befreiten die Frau aus dem goldenen Käfig, in den Holly-
wood, der Broadway und die Frauenvereine sie verbannt hatten. Insbesondere
die Hippies veränderten auch die Bedeutung erotischer Liebe in einem Maße,
dass Lawrence Lipton der Ethnologin Margret Mead den Rat erteilte, doch
die „sonnigste und einfachste Haltung gegenüber der Sexualität nicht mehr
auf Samoa, sondern bei den Hippies zu suchen."

Provos und Hippies waren auch die ersten in der Zeitgeschichte der Alternativbewegung, die ganz bewusst Gegenstrukturen zur offiziellen Welt zu errichten begannen. Gemeinschaftshäuser, Werkstätten, Läden, Farmen und Landkommunen, Restaurants, Theater, Musikgruppen, medizinische Versorgung, Zeitungen und Zeitschriften entstanden, allesamt die Möglichkeit bietend, die in der bürgerlichen Gesellschaft so getrennten Sphären von Arbeits- und Lebensort wieder zu verbinden.

Die politische Offensive

Nach dem Rückzug der Beats und noch stärker der Gammler aus dem System kehrten Provos und Hippies tendenziell in die Gesellschaft zurück. Die Hippies hatten den Anspruch, der Welt ein positives Lebensbild von Selbstverwirklichung, Glück, Gemeinschaftssinn und Liebe zu vermitteln und dergestalt vorbildhaft zu wirken. In vielen Aktionen demonstrierten sie ihre Verachtung für die „falschen" Werte der amerikanischen Gesellschaft; so erschienen sie z. B. auf der Besuchergalerie der New Yorker Börse, ließen Dollarscheine auf die erstaunten Spekulanten herabregnen und feierten so den „Tod des Geldes."

Solch provokatorischen Arsenals hatten sich zuvor auch die Provos bedient, um Bewusstseinsprozesse bei den „angepassten Bürgern" kräftig in Gang zu setzen. Gleichzeitig hatten die holländischen Provos der Öffentlichkeit ihre „Weißen Pläne" vorgelegt, mit denen sie für autofreie Städte, einen verstärkten Umweltschutz und eine bessere Versorgung der Menschen mit Sozialdiensten plädierten. Mit nachfolgenden Bewegungen wie Studenten, Yippies und Kabouters verstärkte sich die Politisierung der Alternativbewegung, wenn auch auf unterschiedliche Art. In ihrer Gesellschaftskritik reaktualisierten die Studenten in den sechziger Jahren die marxistische Theorie, um mit deren Kategorien die ökonomischen und menschlichen Zwänge der kapitalistischen Sozialordnung zu denunzieren. Elaborierte Analysen wiesen nach, dass wir im Zustand der Entfremdung lebten – ein Ergebnis, das die „Rolling Stones" simpler fassten: „I can't get no satisfaction".

Emotionaler als die rational-marxistische Kritik der Studenten zeigte sich auch jene der Yippies. YIP (Youth International Party) verstand sich nicht als Partei im traditionellen Sinne, sondern als Ereignis voller Aktion, Leben und Dynamik; Politik sollte entbürokratisiert, auf die Straße gebracht werden, und Tanz, Gesang, Aufklärung oder Guerilla-Theater bedeuten. „Denn nur die volkstümliche Revolution", verkündete YIP-Sprecher Jerry Rubin in einem

Grundsatzartikel der „Village Voice" am 21.3.1968, „kann die eingekerkerte Seele der amerikanischen Bevölkerung befreien."

Die holländischen Kabouters attackierten vornehmlich die „institutionalisierte Brutalisierung" des Lebens durch den Staat und dessen Bürokratien: „Wir sind gegen Zentralisierung, weil sie zum Gebrauch tödlichen Terrors führt [...]. Wir arbeiten für die Schaffung einer Konföderation von freien Gemeinschaften."

Studenten, Yippies und Kabouters versuchten dem kapitalistischen Verhaltenssyndrom von Konkurrenz, Vereinzelung, Angst und Charaktermaske neue Werte und Verhaltensweisen entgegenzusetzen. Bündig formulierte Carl Oglesby, der Präsident des amerikanischen SDS: „We want to create a world in which love is more possible."[9] Die Studenten traten weltweit für Freiheit, Glück, Selbstverwirklichung, Kreativität, Solidarität und für das ein, was der amerikanische SDS trefflich „participatory democracy" nannte. Die Abwendung von den materiellen Werten zeigte sich ebenso deutlich wie – proportional dazu – die Hinwendung zu einer Neudefinition menschlicher Beziehungen und kollektiver Aufgaben.[10]

Yippies und Kabouters setzen hier einzig Akzente verschieden. Die Yippies begriffen sich als „lifeactor", die Zustände verändern und Vorgänge schaffen. Im Gegensatz zu gesellschaftlichen Institutionen, die Menschen zu „Impotenz und Isolation" zwingen, wollte der Yippie Veränderung:

„Revolution ist kein Resultat, sondern ein Prozess. In der Revolution befreit der Mensch sich selber und wird unabhängig, indem er seine Identität erschafft und entdeckt. Revolution ist immer; wir müssen nur beginnen, sie zu leben." Die Kabouters betonten vor allem die kollektive Befreiung: Die neue Gesellschaft „wird nicht regiert; sie regiert sich selbst. Die neue Gesellschaft ist sozialistisch, aber dieser Sozialismus ist anders als früher, nicht mehr bürokratisch und zentralisiert. Er ist dezentralisiert und antiautoritär. Er ist nicht mehr der Sozialismus der geballten Faust, sondern der zärtlichen Hand."

Alle drei Gruppierungen hatten das Ziel, den „in-group"-Charakter der Bewegung zu überschreiten und in Richtung Gesamtbevölkerung aktiv zu werden. Die Studenten organisierten Massenkundgebungen gegen den Krieg in Vietnam und griffen in großen Demonstrationen nationale und internationale Missstände (Rassismus, Ausbeutung, Meinungsmanipulation) an; sie versuchten – wie z. B. der amerikanische SDS – in „Haus-zu-Haus-Aktionen"

---

9   Newfield, I., 1967
10 Peterson, R. E., 1968

die Bürger zu politisieren oder – wie z. B. der deutsche SDS – sich in Betrieben anstellen zu lassen und dort die Arbeiterschaft zu agitieren.

Die Yippies wollten mit Straßentheater, Musik, Tanz und Festivals das politische Bewusstsein der Amerikaner umstrukturieren. Die Kabouters beteiligten sich sogar an den holländischen Gemeinderatswahlen, gewannen einige Sitze und engagierten sich in den kommunalen Sozialausschüssen.

Daneben setzen insbesondere Studenten und Kabouters die Bemühungen von Provos und Hippies fort, Gegeninstitutionen zur offiziellen Gesellschaft aufzubauen. Die Studenten gründeten in aller Welt sog. Anti-Universitäten, in denen sie sich mit oppositionellen Lehrinhalten beschäftigten.

„Die Anti-Universität", so meinte z. B. Aubrey Raymond in London, „wendet sich bewusst den konkreten Problemen der westlichen Welt zu und will helfen, jenen Prozess zu durchbrechen, der die Menschen systematisch zu operativen Faktoren in einer blutbefleckten Gesellschaft reduziert." Die Anti-Universitäten initiierten sukzessive neue Erziehungsräume: anti-autoritäre Kindergärten, freie Schulen, Sommer-Universitäten, Kreativitätskurse, oppositionelle Zeitungen und Radio-Sender; „Build, not burn", lieferte der amerikanische SDS als Gebrauchsanweisung dazu. Derweil gründeten die Kabouters Läden und Produktionsgenossenschaften, in denen viele ihrer Anhänger einen Arbeitsplatz finden konnten.

Die eigene Welt stärken

Mehrerlei Entwicklungen förderten den Aufbau von Gegeninstitutionen: Zum einen wurde der Außendruck auf die Protestbewegungen stärker; zum zweiten wuchs das Bedürfnis, sich auch materiell gegenüber der offiziellen Welt abzugrenzen; zum dritten sollte die Schizophrenie von geteiltem Leben in der offiziellen und in der Gegen-Gesellschaft aufgehoben werden. Diggers und Underground sind in dieser Perspektive besonders wichtig.

Die Diggers begannen ihre Arbeit 1966 in den Hippie-Zentren vor San Francisco. Angesichts der vehement anwachsenden Hippie-Community sahen Leute wie Peter Cohen, Billy Murcott, Emmett Grogan u. a. die deutliche Gefahr, dass die Bewegung ihre eigene Dynamik aus dem Griff verlor und ob einer mangelnden Infrastruktur schließlich in Hunger, Krankheit und Chaos endigen könnte. So begannen die Diggers erst einmal Nahrung heranzuschaffen, indem sie morgens um vier in die Markthallen von San Francisco gingen und von den Händlern das übrig gebliebene Gemüse, Fleisch und Brot erbaten. Daraus erwuchs sukzessive eine Digger-Kette von Läden, Farmen, Kommunen, Gemeinschaftshäusern, freier ärztlicher Betreuung

u. a. Dergestalt wollten die Diggers sich und die „Community" der kapitalistischen Händler-Mentalität verweigern und die Voraussetzungen für eine Gesellschaft schaffen, „wo wieder die Handlungen des einzelnen und nicht sein Geld zählen."

Der Underground erweiterte diese Praxis, indem er versuchte, das System dadurch an der Basis anzugreifen, dass er eine eigene ökonomische Basis errichtete. Beabsichtigt war, das System zweifach zu schwächen, indem man ihm die offiziell geforderte Konsumleistung verweigerte und parallel dazu die eigene Organisationsgrundlage stärkte. Landwirtschaftliche Kommunen, Produktionsgenossenschaften, Handwerkskollektive, Läden entstanden und dazu: eigene Wohnformen, eine eigene Gegen-Kultur, neue Erziehungsorte, ein eigenes Mediensystem, medizinische Versorgung etc.

Die Gegen-Institutionen hatten Folgen für Verhaltensweisen und Lebensformen im Underground. Egoismus, Machtstreben, Geltungsdrang und Konkurrenzverhalten nahmen ab; Gemeinschaftssinn, Kollektivität, Verantwortung und Gesellung wurden gefördert. „Die Revolution", so notierte Gary Snyder, „hat aufgehört, eine ideologische Angelegenheit zu sein. Statt dessen versuchen Menschen hier und jetzt Kommunismus in kleinen Gemeinschaften – der neuen gesellschaftlichen Ordnung – zu praktizieren [...]. Wie erkennen sie einander? Nicht immer an den Bärten, langen Haaren, nicht daran, dass sie barfuß sind oder Perlenschnüre tragen. Das wahre Denkmal ist das gewisse Glänzen und die Zärtlichkeit im Blick, ihre Ruhe und Güte, ihre Begeisterung und Ungezwungenheit, Selbstverwirklichung, Kreativität." Selbstgenügsamkeit, Lockerheit, Vielfalt, Dezentralisierung und Kooperation waren neue Werte, die den Underground bestimmten. Dave Potter resümiert: „Der Underground hat einen neuen Stil geschaffen, eine neue Art, zu sein und sich zu geben. Mit unserer bloßen Existenz, mit unseren Kleidern, Versen, Liedern und Begriffen durchbrechen wir ein soziales System, das die Individuen uniformiert und alle Lebensäußerungen nivelliert."

Wachsen in der Vielfalt

Die gegengesellschaftlichen Bemühungen von Diggers und Underground setzten epochale Zeichen; sie machten vor allem Mut. Viele Menschen erkannten daran, dass es auch anders geht, und wagten dementsprechend den eigenen Aufbruch. Seit dem Beginn der siebziger Jahre läßt sich die Geschichte der Alternativbewegung nicht mehr auf einzelne Gruppierungen und Höhepunkte zurückführen. Die sichtbaren Erfolge alternativer Gruppierungen stimuliert auch breitere Bevölkerungskreise zur Selbsthilfe. Angesichts lokaler und regionaler Bedrohung werden nun in größeren Zusammenhängen Kritik und Forderungen aufgenommen, wie sie die Alternativbewegung seit zwanzig Jahren vertritt: die Fragwürdigkeit der Ideologie vom Wirtschaftswachstum; die Betonung von Lebensqualität; die einseitige Akzentuierung materieller Werte und die Vernachlässigung menschlichen Glücks, die Zerstörung der Natur und das zunehmende Ungleichgewicht von natürlicher und technisierter Umwelt; die Bürokratisierung unseres Lebens und deren implizierte Tendenz, die Menschen zu Rädchen in unlenkbaren Getrieben zu machen; die Intransparenz und Anonymität des Alltags.

Worum es geht, hat eine Zeitung der Alternativbewegung, der „New Utopian" (Vol. 2, Nr. 2), formuliert: „Wir sind der großen Organisationen, der großen Korporationen, der großen Fabriken, der großen Universitäten, der Großregierungen und der Großstädte müde. Wir wollen unsere eigenen Angelegenheiten in der persönlichen Begegnung mit jenen Leuten angehen, die wir kennen." Was avantgardistische Gruppierungen wie die amerikanischen Beats schon in den fünfziger Jahren lebten, begann sich nun zwanzig Jahre später lokal-, regional-, problem- und geschlechtsspezifisch zu verbreitern: schlecht versorgte Stadtquartiere, unterentwickelte Regionen, AKW-Gegner, Arbeitslose, Frauen, Männer versuchten sich auf der Basis von Selbsthilfe zu organisieren. Die Alternativbewegung diversifizierte.

Alle diese Gruppen vereinigten sich trotz vieler Unterschiede in bestimmten Gemeinsamkeiten. Dazu gehört vorab das basisdemokratische Verständnis, Entscheidungsprozesse von unten nach oben fließen zu lassen. Damit verbunden ist das Vertrauen auf die eigene Kraft, die Lösung anstehender Probleme selber zu schaffen und nicht mehr von Institutionen zu erwarten. In diesem Kontext schreibt sich auch der Wille ein, bereits jetzt anders zu leben und dergestalt aufzuhören, im Horizont ständiger Vertröstungen zu existieren.[11] Dabei werden in allen Initiativen und Projekten neue Verhaltensweisen eingeübt: Selbsttätigkeit, Partizipation, Solidarität, Ausdauer, Phantasie und Mut.

---

11 Touraine, A. u. a., 1982

Die neuen Kennzeichen der Alternativbewegung[12]

Im Gegensatz zu den progressiven Protest- und Oppositionsbewegungen früherer Zeiten bezeichnet die seit der Beat-Generation anhaltende Suche nach alternativen Lebensformen historisch insofern eine Zäsur, als ihr ganz neue Struktur- und Wesensmerkmale zu eigen sind. Die wichtigsten seien knapp resümiert:

1. Ausgangspunkt der Bewegung ist keine fest gefügte Theorie, wie das etwa bei Sozialisten und Kommunisten, aber auch bei Anarchisten und in der Gewaltszene (RAF; Bewegung 2. Juni; Rote Brigade) der Fall ist. Der Alternativbewegung sind vielmehr ihre konkreten Lebenserfahrungen, Gefühle und Wünsche näher als jedwedes abstrakte Gedankengebäude. Ihr Ausgangspunkt ist deshalb der vitale, existenzielle Protest.

2. Entgegen früheren progressiven Sozialbewegungen konzentrieren sich die alternativen Gruppierungen auch nicht auf die exakte Ausarbeitung einer Revolutionstheorie oder gar auf die Beschreibung dessen, was an Gesellschaftsform und menschlicher Beziehung nach der Veränderung des Bestehenden entstehen sollte. Aktuelle Praxis ist ihnen wichtiger als schöne Utopie. Jerry Rubin erklärte: „Schon jetzt, wenn wir handeln, müssen wir die Kennzeichen jener Welt verwirklichen, die wir anstreben: Schönheit, Liebe und Offenheit."

Statt Flugblätter zu verteilen oder – wie die Studentenbewegung – in gescheiten Schriften für ihre Ideen und Ziele zu werben, ziehen es die alternativen Gruppierungen vor, durch konkrete Praxis zu werben. Das anschauliche und lebbare Beispiel gesünderer Nahrung, abgeschaffter Konkurrenzverhältnisse im Arbeitsleben, Solidarität im Zusammensein, gleichen Lohn und gleiche Verteilung, sinnvoller Energieversorgung und anderem dünkt sie überzeugender als jedwede intellektuelle Äußerung in Wort und Schrift. So könne auch der Außenstehende experimentierend erfahren, was alternatives Leben bedeutet und angesichts des konkreten Beispiels seine Ängste vor unbekanntem Neuen verlieren.

3. Der Widerstand gegen das bestehende Gesellschaftssystem soll nicht mehr in den traditionellen Parteien und existierenden politischen Organisationen erfolgen, sondern neu strukturiert werden. Die alternativen Gruppierungen haben ein Arsenal von Möglichkeiten und Strategien entwickelt, um Politik aus den fest gefügten Organisationen auf die Straße zu bringen und Politik zur Sache aller Bürger werden zu lassen.

---

12 Hier wird zurückgegriffen auf meinen Beitrag: Autonome Lebensformen, in: Haller, M. 1981

4. Die alternativen Gruppierungen wenden sich in ihrer Gesellschafts- und Organisationskritik nicht nur gegen den Kapitalismus, sondern ebenso sehr gegen den Sozialismus. Der „Eisbrecher", das Blatt der Zürcher Bewegung, notiert dazu exemplarisch: „Der Kapitalismus und der Sozialismus sind dem Untergang geweiht. Beide verfolgen ein rein materielles Ziel und degradieren das Individuum zum Konsum- und Arbeitsvieh. Beide werden von einem kleinen Kreis einflussreicher Herren beherrscht; sei es durch das Kapital, das sich bei den einen Herren mehr und mehr massiert, sei es durch das Politbüro, das nur aus einem engen Kreis Mächtiger besteht." Dagegen fordern die alternativen Gruppierungen seit ihren Anfängen, dass sich Menschen erst selber ihrer Zwänge, Ängste und Einschränkungen bewusst werden müssen, bevor eine freiere Gesellschaft entstehen kann. „No one else can make your change!" sang schon George Harrison von den Beatles als Leitmotiv der Bewegung.

5. Gegen den Attentismus der traditionellen Linken setzten die alternativen Gruppierungen schon frühzeitig ihren augenblicklichen Veränderungswillen. Sie wollen sich nicht auf ferne Revolutionen und klassenlose Gesellschaft in weiter Zukunft vertrösten lassen, sondern ihr aktuelles und einziges Leben neu gestalten. Dazu schufen sie sich den gegengesellschaftlichen Rahmen von eigenen Werkstätten, Läden und sonstigen Arbeitsmöglichkeiten, von Kommunen, Wohngemeinschaften, Medien, Theatern, Schulen u. a. In diesen Gegeninstitutionen versuchten sie ihren Zielen von einem neuen Menschen näherzukommen.

Protest und sozialer Wandel

Der alternativbewegte Appell an die Wandlungsfähigkeit von Mensch und Gesellschaft basiert auf anthropologischen und soziologischen Erkenntnissen. Danach kann kein Zweifel bestehen, dass der Mensch nicht festgelegt ist und sich in Zeit und Gesellschaft verändert. Auf einer anderen Ebene und in kollektiverem Sinne gilt solches gleichermaßen für alles Gesellschaftliche. Das Soziale ist Leben und Entwicklung und so per definitionem sozialer Wandel. Darauf hat insbesondere die soziologische Konflikttheorie aufgebaut; ihr zufolge lebt die Gesellschaft von der Spannung zwischen Seiendem und Sollendem. Ein soziales System, das nicht mehr herausgefordert werden kann, ritualisiert sich und verliert jedwede Kraft zur schöpferischen Innovation.[13]

---

13 Vgl. z. B. Bloch, E., 1959; Coser, L. A., 1965

Alternative Erfolge und Ambivalenzen

Im vorgängigen (theoretischen) Kontext lässt sich konstatieren, dass es der Alternativbewegung – ganz unstrittig – gelungen ist, in ihrer Arbeit Wertvorstellungen und Gegenbilder sichtbar zu machen, die in deutlichem Widerspruch zu unserem heutigen Leben stehen: Selbstorganisierung der Bedürfnisse, Selbsthilfe, Solidarität, Basisdemokratie, Selbstverwirklichung, Arbeitslust, Kreativität und soziale Gerechtigkeit. Damit ist in vielen Projekten und Experimenten der Alternativbewegung einem nicht unbeträchtlichen Teil der Bevölkerung praktisch gezeigt worden, was ein sinnvolles Leben heute tatsächlich sein kann und wie es zu verwirklichen ist. Dabei bleiben Ambivalenzen nicht aus. Fassen wir thesenartig zusammen:

- Die Alternativbewegung hat den historischen Wert, mit neuen Lebens- und Arbeitsformen zu experimentieren und damit erstarrten Sozialstrukturen zumindest Gegenbilder vorzuhalten.
- Die Alternativbewegung hat frühwarnartig Probleme aufgezeigt, die zehn bis zwanzig Jahre später von der bürgerlichen Öffentlichkeit aufgenommen wurden. Beispiele dafür sind die Entfremdungsdebatten über die industrielle (kapitalistisch-sozialistische) Gesellschaft, die Frage der Humanisierung der Arbeitswelt, das Energieproblem, das industrielle Wachstum, die Naturzerstörung, der Umweltschutz.
- Die Alternativbewegung äußert sich praktisch; sie hat in diesem Sinne Modellcharakter als Gebrauchswert für andere.
- Die Alternativbewegung hat Lebens- und Kommunikationsformen geschaffen, die z. T. wegweisend für die Zukunft sind. Das gilt insbesondere für die Aufhebung der Kleinfamilie, für die Verbindung von Arbeits- und Lebenswelten, für neue Kooperationsformen in der Arbeitswelt, für Konsumverzicht und neue Einfachheit, für die Betonung der Wichtigkeit von Körpersprache, für die Akzentuierung nicht-professioneller Kreativität u. a.
- Die Alternativbewegung verdeutlicht als praktische Kritik des staatsmonopolistischen Kapitalismus wie des realexistierenden Sozialismus die Bedeutung von Freiheit, Meinungsvielfalt, Individualität, Phantasie, Basisorganisation u. a.
- Die Alternativbewegung hat dort keine Zukunft, wo sie in bestimmten Ausdrucksformen parasitär von den Abfällen der Industriegesellschaft zu leben versucht (z. B. Gammler, Punks).

- Die Alternativbewegung gerät dort in Sektennähe, wo sie Einzelprobleme wie Ernährung, Sexualität, Kunst, Therapie u. a. verabsolutiert. Die Totalisierung partikularer Fragen führt die Alternativbewegung in die Isolation von belächelten Außenseitern.
- Die Alternativbewegung wird dort scheitern, wo sie Selbstbefreiung als Ego-Trip versteht und die gesellschaftlichen Bedingungsfaktoren von Zwang und (kollektiver) Befreiung ignoriert.
- Die Alternativbewegung manövriert ihre Anhänger in Sackgassen von Ausgeflippten, wo sie Existenz, Ich-Findung, Kreativität, Lieben u. a. von den konkreten Lebenswelten unseres Zeitalters abtrennt.
- Die Alternativbewegung kann nur (exemplarisch) wirken, wenn sie individuelle und gesellschaftliche Befreiung dialektisch verbindet, statt individuelle Eigenwelten zu hypostasieren (z. B. Landkommunen, Sekten).

Alternanz und Alternative

Die bezeichneten Ambivalenzen von Alternativbewegung verweisen auf Momente des Scheiterns, die auch und vor allem persönliches Schicksal bedeuten. Den Anspruch, alternative Lebensstätten aufzubauen, in letzteren neue Lebensformen zu entwickeln und sie auch zu stabilisieren, vermochte – rückblickend betrachtet – nur eine Minorität zu verwirklichen. Die Mehrheit, vor allem die Jugendlichen in der alternativen „Scene", die die bestehende Gesellschaft verlassen hatte, um das Neue und ganz Andere zu finden, sah sich dagegen bald vor dem Ruin ihrer Hoffnungen. Diese Mehrheit war weder materiell-organisatorisch noch psychisch in der Lage, jene Anforderungen zu bewältigen, die gerade der Aufbau gegengesellschaftlicher Lebenswelten in einer feindlichen Umwelt verlangt.

Die dergestalt frustrierten Jugendlichen versuchten in der Folgezeit zumeist, ihre Enttäuschung in den Subkulturen der Pop-Szene, der Drogen und des Starkults zu kompensieren. Eskapismus ist das entscheidende und auch verbindende Moment dieser abgedrifteten Jugendlichen, die den erhofften Wandel der sozialen Wirklichkeit nun nicht mehr aus der eigenen Anstrengung ableiten, sondern vielmehr von einem außerhalb liegenden „Medium" erwarten. Der Wunsch nach einer anderen Lebensform (Alternative) wird zur Lust nach Abwechslung (Alternanz).

Das zeigt, wie sehr Desintegration in der sozialen Praxis zweierlei bedeuten kann: Sie ist realisierbar als Ansatz zur Lösung kollektiver (sozialer) Probleme und als Flucht vor den gesellschaftlichen Widersprüchen. Die Entscheidung über den Weg zu diesem oder jenem Ziel fällt stets, wenn es gilt, aus dem erklärten (jugendlichen) Anderssein-Wollen konkrete sozio-politische Gegen-welten zur bestehenden Gesellschaft zu entwickeln und zu stabilisieren. Damit ist nichts anderes gemeint als der Schritt von der Subkultur zur Gegenkultur: Subkulturen entstehen, wenn Status und Rollen von Individuen unzureichend festgelegt sind. Diese Individuen finden in formellen Gruppen zusammen, die eigene Wert- und Verhaltensmuster herausbilden. Da die Industriegesell-schaften vor allem Status und Rollen der Heranwachsenden undefiniert lassen, ist die Jugend prädisponiert, Subkulturen zu begründen.

Der Unterschied zwischen Sub- und dominanter Kultur wird dabei nicht als grundsätzlicher verstanden; die letztere vermittelt durchaus die erstere, was etwa die Teenager- und Twen-Subkulturen illustrieren, welche sich in eigener Mode, Musik und besonderen Sprachgepflogenheiten äußern, ohne indessen die bestehende Gesellschaft zu kontestieren. Die Subkultur bezeichnet mithin einzig einen akzidentiellen Dissens von der dominanten Kultur, der sich zeitlich beschränkt in eigenen Verhaltensweisen, Werten und Gruppen-beziehungen manifestiert.

Die Gegenkultur drückt sich indessen als entschiedene Opposition zum bestehenden Gesellschaftssystem aus und nimmt die Umstrukturierung ihres sozialen Raums in Angriff.

Jugendbewegung oder Sozialbewegung

Vorgängiges zeigt schon an, dass die Frage, ob es sich bei zeitgenössischem Protest nun um eine Jugendbewegung oder um eine Sozialbewegung handelt, zwar zu beantworten ist, aber nicht in der vielleicht gewünschten Eindeutigkeit von Ja und Nein.[14]

Sicher ist zunächst einmal, dass die Alternativbewegung als soziale Bewegung authentisch neu ist; verglichen mit früheren Sozialbewegungen im progressiven Spektrum von Geschichte geht sie von neuen Notwendigkeiten aus (Menschheitsvernichtung, Naturzerstörung, Überflussgesellschaft, Staats-entwicklung u. a.) und greift menschlich neue Probleme an (Sinnverlust, moralische Orientierungslosigkeit, Beziehungskrise, Langeweile u. a.); dafür muss sie Antworten finden, die ihr weder klassisch bürgerliche noch marxisti-sche Theoriesysteme liefern.

Ferner haben sich in der Beantwortung oben gestellter Frage seit den sech-ziger Jahren Akzente verschoben. Die Protestbewegung (Schüler, Lehrlinge, z. T. Studenten) vor 15 Jahren wurde dadurch zu einer Jugendbewegung, dass

---

14 Vgl. dazu Schneider, H. R., 1982; Hollstein, W., 1983

sie primär Probleme im Reproduktionsbereich aktualisierte, die als Familien-, Ausbildungs-, Freizeit- und Sexualitätsfragen vor allem Jugendliche tangierten.[15] Heute stehen unbestreitbar Problemkreise im Vordergrund, die als Kriegsgefahr, ökologische Krise, Arbeitslosigkeit, Hausbesetzung oder Alternativen zur Industriegesellschaft alle Bevölkerungskreise betreffen und sich nicht mit der spezifischen Vergesellschaftungsproblematik von Jugendlichen befassen. Insofern hat sich das, was sich einst eher als Jugendbewegung konstituierte, eindeutig zur Sozialbewegung verändert.

Das schließt indessen nicht aus, dass sich Momente von Jugendbewegung über soziale Bewegungen transportieren. Gemeint ist damit zweierlei: 1. Die Sozialbewegung wird von vielen Jugendlichen als Katalysator für ihre ungelösten Probleme in Elternhaus und Schule benutzt; solche Jugendlichen setzen sich häufig nach erfolgter Problemlösung wieder von der Sozialbewegung ab. 2. Freiräume, die der Jugendliche früher zur Identitätsfindung hatte, werden immer kleiner, indem die kapitalistische Gesellschaft mit ihrem Prinzip der Profitmaximierung immer mehr Sektoren jugendlichen Lebens ergreift (Mode, Musik, Diskotheken u. a.) und vorstrukturiert. Die Sozialbewegung hingegen stellt Freiräume zur Verfügung, in denen der Jugendliche ausleben kann, was Erikson „intensivierte Adoleszenz" nennt.[16]

Die Zweifellosigkeit darüber, dass Kriegsgegner, Friedensdemonstranten, Anti-AKW-Gegner, Ökologen, Hausbesetzer, Arbeitsloseninitiativen und Alternativprojekte in der Kategorie der Sozialbewegung zu fassen sind, schließt also nicht aus, dass erstere als Transportmittel für jugendspezifische Probleme benutzt werden kann.

---

15 Rowntree, J. und M., 1968
16 Erikson, E. H., 1977

154

Die soziale Frage im Wandel

Die Begrifflichkeit der „Sozialen Frage" bezeichnet die gesellschaftlichen Problemlagen, die von der Industriellen Revolution ausgelöst wurden. Die „Industrielle Revolution" begann Ende des 18.Jahrhunderts in England und setzte neue technische Erfindungen ein, die erstmals zur Einführung der Massenproduktion in neu geschaffenen Fabriken führte. Damit begann die sukzessive Ablösung der Agrarwirtschaft und der Siegeszug der Industriegesellschaft. Für die Menschen war damit das Ende selbstbestimmten Arbeitens auf dem Feld und in der Werkstatt gesetzt; sie wurden – zu einem großen Teil – mit brutalen Maßnahmen und Zwangsmitteln zur Lohnabhängigkeit gezwungen. Hubert Treiber und Heinz Steinert haben das in ihrer Untersuchung „Die Fabrikation des zuverlässigen Menschen" meisterhaft nachgezeichnet – und auch sehr bedrückend. Für die arbeitenden Menschen bedeutete dieser radikale Veränderungsprozess nicht nur das Ende selbstständigen Arbeitens, sondern auch Verstädterung, Massenarmut, Sklaverei und insgesamt entsetzliche Bedingungen für Leben und Tätigsein.

Diese Konstellation des ausgehenden 18. und vor allem des 19. Jahrunderts hat sich nachhaltig gewandelt. Pierre Rosanvallon resümiert in „Die Prüfungen des Lebens" die wichtigsten Veränderungen. Als „neue soziale Frage" benennt er die Zunahme von auseinanderdriftenden Unsicherheiten in der Gesellschaft: „Ab den 1980er und 1990er Jahren sehen wir eine Auflösung und diffuse Ausbreitung des Risikobegriffs. Zahlreiche Formen von Unsicherheiten können nicht mehr einer Kategorie zugeordnet werden in dem Sinn, dass eine bestimmte Wahrscheinlichkeit des Eintreffens besteht und sie somit versicherbar sind." Das korrespondiert mit dem innovativen Gedankengang von Ulrich Beck über die Risikogesellschaft und den Beginn einer anderen Moderne, wie sein Buch 1986 betitelt war.

Pierre Rosanvallon weist des weiteren als Ausdruck der neuen sozialen Frage auf „die Brüchigkeit der Familienstrukturen" hin, die heutzutage „einen sehr viel größeren Einfluss (habe) als in der Vergangenheit." Auch die Folgen von Trennung und Scheidung seien für viele sehr viel dramatischer als früher und führten häufig zu gravierenden materiellen Problemen, zu Verschuldung, Wohnungs- und Arbeitsplatzverlust, zum finanziellen Ruin.

Zunehmende Umstrukturierungen in Regionen, „makroökonomisch betrachtet", erschütterten „die Art des Wachstums, die der Innovationskapitalismus mit sich brachte" auf Dauer. Schließlich sei innerhalb der

neuen sozialen Frage das Problem der signifikativ verlängerten Lebens-
erwartung zu bedenken und deren vielfältige Folgen wie zum Beispiel die
Rentenproblematik.

Prinzipieller: Die heutigen Gesellschaften seien Gesellschaften von Individuen, die ihre Autonomie entfalten wollten. Die neue Moderne habe sich der
Aufwertung des Individuums verschrieben. Darum sei es nötig, mehr Aufmerk-
samkeit auf die „Besonderheit der Situationen" zu richten, die mittlerweile die
Gesellschaft genauso prägen wie die Variablen der sozioprofessionellen Lebenslagen. So gäbe es inzwischen sehr viel mehr und drängendere soziale „Abstiegs-
situationen", die den einzelnen zumeist unvorbereitet treffen. Insgesamt
befänden wir uns alle zunehmend in einem „Zeitalter der Unsicherheiten."

Was Pierre Rosanvallon auf eher deskriptive Weise benennt, analysiert Lothar
Böhnisch in seinem Essay „Soziale Arbeit in einer entgrenzten Gesellschaft" in
kapitalismuskritischer Perspektive. Nun, zu Beginn des 21. Jahrhunderts, werde
das Soziale in einer Radikalität neu gestaltet, die man sich vor 20 Jahren nicht
hätte vorstellen können. Aber nicht die Soziale Arbeit sei die Gestalterin, sondern
ökonomische und auch politische Kräfte, die sich dem Sozialstaat entzögen. Die
Adressaten der Sozialen Arbeit seien inzwischen klar die Verlierer der Globalisierung. „Die Soziale Arbeit ist seitdem von einem Stigma heimgesucht, das auf
die Formel gebracht werden kann: Alle die, die als sozial benachteiligt in ihrer
Lebensexistenz vom Sozialstaat abhängig sind, werden zu den Verlierern des
Globalisierungsprozesses gezählt." Der Sozialstaat, der den sozialen Zusammenhang sichern soll, sehe sich mittlerweile mit Desintegrationsdynamiken konfrontiert, in denen soziale Gestaltung kaum mehr möglich erscheint.

Diese fatalen Entwicklungen würden auch noch verkleistert. Ein Beispiel
dafür sei die Rede vom flexiblen Menschen. Dieser würde von den Protago-
nisten des digitalen Kapitalismus sogar als Chance angepriesen. Dazu passe,
dass soziale Ängste und Konflikte vermarktet und kapitalisiert werden. Für
jedes Problem habe der Turbokapitalismus ein käufliches Heilmittel parat.

In der Mitte des 20. Jahrhunderts flexibilisiert sich der Kapitalismus
und damit die Arbeitswelt, auch die der Sozialen Arbeit. Die sozialstaatliche Sicherung erodiert immer mehr und wird politisch zurückgebunden
zugunsten individueller Risikovorsorge. Die Globalisierung habe neue soziale
Probleme hervorgebracht, die als „Entbettung" aus sozialen Bezügen und
neue Ungleichheit wahrgenommen werden. „Die Zergliederung des Arbeits-
marktes, fehlende Ressourcen und Teilhabechancen ließen die Diskussion um
eine neue Armut aufkommen."

Solche Darstellungen mit einem sozialkritischen Impetus bleiben in der Theorie der sozialen Arbeit sehr am Rande. Einzig in den Jahren der Studentenbewegung war das tendenziell anders. Im allgemeinen dominiert aber die Realitätsverleugnung. Ein Beispiel dafür ist der programmatische Aufsatz von Carl Deichmann „Wege zum Ziel der Sozialarbeit" aus dem Jahr 1970. Obwohl damals die sozialen Probleme noch massiv waren, dekretiert Deichmann: „Sozialarbeit hat heute nicht mehr die Aufgabe, Massennotstände zu beseitigen, sie ist auch nicht mehr vorrangig damit beschäftigt, materielle Not zu lindern." Vielmehr ginge es heute um den „Primat der psycho-sozialen Beratung." Damit ist der sozialen Arbeit ja dann auch der gefährliche Zahn der sozialen Empörung und der möglichen Rebellion gezogen.

Folgt man diesen Thesen, so ist Elend verschwunden und Wohlstand allgemein. Letzterer dominiert die kapitalistische Gesellschaft der Bundesrepublik. Während manche im Anschluss an J. K. Galbraith gar von einer bundesdeutschen Gesellschaft im Überfluss sprechen, sind andere vorsichtiger und argumentieren mit dem Begriff der „nivellierten Mittelstandsgesellschaft", den der Münsteraner Soziologe Helmut Schelsky prägte. Eines ist indessen für beide Lager klar: „Armut manifestiert sich in der industriellen Gesellschaft der Bundesrepublik Deutschland nicht in einer bestimmten Klasse und festen gesellschaftlichen Schicht", wie Heinz Strang in seinem damals verbindlichen Lehrbuch „Erscheinungsformen der Sozialhilfebedürftigkeit" konstatierte.

Realität ist indessen, dass die Einkommen damals und heute sogar noch verstärkt ungleich verteilt und die Vermögen in wenigen Haushalten stärker konzentriert sind als in fast allen anderen Euro-Ländern. Die soziale Mobilität ist gemäß vieler Studien, zum Beispiel der Hans-Böckler-Stiftung, relativ gering: Reiche bleiben meist reich, Arme arm, der soziale Status der Kinder hängt stark vom Elternhaus ab. Zuletzt ist die Ungleichheit auch trotz guter Konjunktur kaum zurückgegangen; vor allem in der Pandemie hat sie sich nochmals verstärkt. Nun ist das nicht nur ein ökonomisches Problem: Die wirtschaftliche Position, die ein Mensch in einer Gesellschaft einnimmt, ist immer auch eine sozio-kulturelle. Sie beeinflusst Gesundheit, Lebensdauer und Wohlergehen; Bildung, Wohnen, Konsum und Freizeitmöglichkeiten hängen vom Einkommen ab.

In seinem neuen Buch „Economics in America" seziert der britische Ökonom Angus Deaton, Nobelpreisträger für Wirtschaft, den zeitgenössischen Kapitalismus – mit dem Resultat: Die Mehrheit der Bevölkerung ist sozial abgehängt und ohne Aufstiegschance; im Gegenteil: sie ist von Not und Arbeitslosigkeit zunehmend bedroht. So zeigt der jüngste Armuts- und

Reichtumsbericht, dass die Schere in Deutschland immer weiter auseinander-geht – auch zum nachhaltigen Schaden der nachfolgenden Generationen, die unter Erziehungsdefiziten, sozialen Einschränkungen, der Beschneidung ihrer Möglichkeiten und Restriktionen wie Heimaufenthalten zu leiden haben.

In Europa sind Existenzängste auch bei Menschen, die Arbeit haben, zunehmend virulent. Ein normales Gehalt reicht kaum noch aus, Miete und Lebenshaltungskosten zu zahlen. Rund ein Drittel aller Beschäftigten lebt deshalb in Unsicherheit. Dass nun noch die Inflation und die unberechenbare Energiekrise dazukommen, trifft Menschen mit Existenzängsten umso härter. Das führt zu mehr Zweifeln an der Demokratie. Neue Facetten der sozialen Frage sind die Flüchtlingsfrage und die Migration, die wachsende Altersarmut und die sich verstärkende Kluft zwischen den Geschlechtern.

Es muss in diesem Zusammenhang aber auch auf noch Prinzipielleres hingewiesen werden: Die Soziale Frage im engeren Sinne hat sich unter den neuen gesellschaftlichen Bedingungen ins allgemeinere verschoben: „Mit Gesellschaft im prägnanten Sinn", so definieren Horkheimer und Adorno und das Frankfurter Institut für Sozialforschung, „meint man eine Art Gefüge zwischen den Menschen, in dem alles und alle von allen abhängen; in dem das Ganze sich erhält nur durch die Einheit der von sämtlichen Mitgliedern erfüllten Funktionen, und in dem jedem Einzelnen grundsätzlich eine solche Funktion zufällt, während zugleich jeder Einzelne durch seine Zugehörigkeit zu dem totalen Gefüge in weitem Maße bestimmt wird."

Gesellschaft hat ein ökonomisches Fundament, eine organisatorische Struktur, Institutionen, ein Werte- und ein Normensystem, an das sich die Bürger zu halten haben, wenn sie keine entsprechenden Sanktionen riskieren wollen. So entstehen auch Gewohnheiten, von denen Arnold Gehlen schreibt, dass sie das „unsichere Wesen Mensch" erst absichern. Das Ergebnis sind Kohärenz und Zusammenhalt, die dem einzelnen Individuum ebenso sehr Stabilität verleihen wie der Gesellschaft als ganzer.

In den letzten fünf Jahrzehnten haben sich diese Wirklichkeiten in einem dramatischen Maße verändert. Frühere Epochen waren dadurch charakteri-siert, dass sie klare Wert- und Normvorstellungen besaßen und dass über deren Einhaltung gewacht wurde. Aktuell leben wir in der Epoche des postmodernen Pluralismus, das heißt: Heute ist alles möglich. Immer mehr Grenzen fallen; kaum gibt es sie noch. Zwischen den Kontinenten, den Supermächten, den politischen Blöcken von einst, den Nationen und Rassen brechen die Gitter und eisernen Vorhänge ein, auch zwischen den Geschlechtern, zwischen Frauen und Männern. Das mag über lange Zeiten betrachtet ein Fortschritt sein. Zunächst aber zeigen sich die negativen Folgen: Verhaltensunsicherheit und Orientierungsprobleme. Wenn keine vorgegebenen Normen und Regeln mehr existieren, um das Zusammenleben a priori zu ordnen, bedarf es des ständigen Aushandelns im Gespräch, um den Alltag der Betroffenen aufrecht-zuerhalten. Nichts ist mehr selbstverständlich.

Die Freiheit der Akteure ist zwar ins Immense gewachsen, verlangt aber, weil sie ja nicht als solche reguliert ist, die inhaltliche Ausgestaltung, die begrenzende Rahmung und die ständige Besprechung des Möglichen. Das Politische bleibt davon nicht unbeschadet. Der Soziologe Ulrich Beck hat darauf aufmerksam gemacht, dass unser Zeitalter des individualisierten Lebens auch die klassische Idee der Demokratie nicht unbeschadet lässt. An die Stelle ihrer repräsentativen Ordnung trete „ein individualistischer Republikanismus", in dessen Mittelpunkt nicht mehr wie früher das soziale Ganze steht, sondern eben die Interessen und Bedürfnisse der Einzelnen.

Der britische Wirtschaftswissenschaftler Paul Collier notiert: „Eine Ideo-logie des Einzelnen greift um sich, die auf Selbstbestimmung beharrt, auf Konsum abzielt und sich dabei von der Idee gegenseitiger Verpflichtungen und des Gemeinwohls verabschiedet." Zu den unmittelbaren Folgen gehört, dass der persönliche Lebensstil zum Inhalt der Politik erklärt und an Stelle sozialer Probleme die individualistische oder gar therapeutische Suche nach dem eigenen Wohlergehen prioritär gesetzt wurde. Dies wurde „Identitäts-politik" genannt.

Unauflösbar in der allgemeinen Auflösung zeigt sich nur das Indivi-duum. Es ist die gefeierte Größe unserer Epoche, nachdem nichts mehr übrig geblieben ist, was noch als vorgegeben, anerkannt und akzeptiert werden könnte. Frauen und Männern können, dürfen und müssen ihr Leben selber gestalten. Das Zielwort lautet: Individualisierung. Damit gemeint ist, dass das Leben von Frauen und Männern aus gott- oder gesellschaftsgegebenen Umständen „befreit" ist.

Zwänge, wie sie früher bestanden, haben sich aufgelöst und uns in die Verantwortung für unser eigenes Leben geworfen. Religiöse Determinationen, soziale Bestimmungen, Standesschranken, Milieugrenzen, Traditionen und eingrenzende Wertvorstellungen sind zusammengebrochen. Damit können wir unsere Lebensentscheidungen selber treffen; wir müssen es aber auch. Entsprechend erodieren Kohärenz und normativer Konsens.

Der amerikanische Philosoph Mark Lilla hat herausgearbeitet, dass diese Entwicklung zu einer subjektivierten Politik verleitet. Es gehe immer mehr um Selbstentfaltung, Selbstbehauptung und Selbstfindung. Somit sei der politische Horizont junger Leute, die in dieser Atmosphäre aufwachsen, auf Themen beschränkt, die die zufällige Definition ihrer Identität betreffen. Das dies zu einer narzisstischen Fokussierung geführt hat, ist nur konsequent. Dieser egozentrierte Menschentypus passt exzellent in die globalisierte Konsumgesellschaft. Er setzt auch das zynische Credo des Neoliberalismus um: Wenn jeder an sich denkt, ist auch an alle gedacht. Damit ist die Spaltung der Gesellschaft durch die Überbetonung von Interessen Einzelner oder kleiner und kleinster Grüppchen vorgegeben.

Tatsächlich hat diese Art der Identitätspolitik zur massiven Ablenkung von den entscheidenden gesellschaftlichen Fragen geführt wie etwa die Globalisierung, die wachsende ökonomische Ungleichheit oder Tendenzen einer konservativen Wende und der Entdemokratisierung. Dem lässt sich nicht individualistisch entgegentreten, sondern nur mit kollektiver Anstrengung und Solidarität. In diesem Zusammenhang beklagt Michael J. Sandel in seinem Buch „Moral und Politik" die fehlende Empathie derer, die in identitätspolitischen Luxusfragen gefangen sind.

Die andere Seite dieser Medaille ist, dass die Mehrheit sich mit ihren wirklichen Problemen nicht ernst genommen fühlt. Unsere Gesellschaft hat seit langem ein Gerechtigkeitsproblem, aber die eifrigen Anhänger der Identitätspolitik sind gar nicht mehr in der Lage, es überhaupt noch wahrzunehmen.

Albert Schweitzer sah Inhumanität nicht nur im Krieg oder bei kolonialer Ausbeutung, sondern auch darin, dass „die Affinität zum Nebenmenschen" verloren gegangen ist. Diese Affinität gehört ganz wesentlich zu den Kohärenzkoordinaten einer Gesellschaft so wie Interdependenz, Zusammenarbeit und Solidarität.

Es ist ein anthropologisches Grundgesetz: Was im Leben selbstverständlich ist, das gibt Kontinuität; Kontinuität gibt Sicherheit, und Sicherheit garantiert Verlässlichkeit. Leben muss nicht jeden Tag wieder in Frage gestellt werden; es ist einfach da, und es ist tragfähig. Doch dieses Selbstverständliche ist inzwischen nicht mehr selbstverständlich.

Was sind Selbstverständlichkeiten des Lebens? Was trägt uns? Was lässt uns im Alltag taktfest sein und Zukunft planen? Verlässliche Antworten liefert die Anthropologie: Menschen brauchen Sicherheit – mit sich selber, das heißt ihre Identität, in den mitmenschlichen Beziehungen, in ihrer Umgebung und in ihrer Wahrnehmung.

Nach Harrison und Huntington, den renommierten US-amerikanischen Politikwissenschaftlern, gehören dazu in unserer Kultur auch: Rechtstreue, Fairness, Beschränkung der Staatsgewalt, Verbindung von Individualismus und Gemeinwohlorientierung, Meinungs- und Religionsfreiheit, Arbeitsethos, Orientierung, Wertschätzung von Bildung und Erziehung. Sie – in ihrer Totalität – schüfen Vertrauen und Verlässlichkeit.

Unsere Wirklichkeit ist so komplex, dass wir Mechanismen benötigen, um sie für uns handhabbar zu machen. Der Soziologe Niklas Luhmann hat das die „Reduktion der sozialen Komplexität" genannt; Vertrauen ist für ihn ein solcher Reduktionsmechanismus. Schon lange zuvor hatte Arnold Gehlen das „Entlastungsgesetz" formuliert. Für Gehlen sind es – wie schon erwähnt – unsere Gewohnheiten, die entlastend wirken. Habitualisiertes Verhalten – auch wenn das manchmal langweilig sein mag – stabilisiert die Menschen und macht sie auf Dauer aktionsfähig. Menschen brauchen Traditionen, aus denen sie das Gegenwärtige speisen, aber auch verstehen können.

Das alles ist nicht willkürlich. Es sind Konstanten des Menschseins. Jeder Einzelne kriegt so festen Boden unter den Füßen; ansonsten schafft er es nicht lange in dieser Welt. Schwankt dieser Boden oder erodiert er sogar, gerät nicht nur das Individuum in eine Krise, sondern sukzessive auch die Gesellschaft.

Was ist selbstverständlich? Zunächst einmal der Alltag: ein Zuhause haben, ein geregeltes Einkommen, sichere Wege, Konsum und Infrastruktur. Wie ist es darum bestellt? Zunehmend nicht mehr so gut. In vielen Ortschaften und auch Quartieren von Großstädten fehlen Post, Bank, Lebensmittelladen und auch zureichende Verkehrsverbindungen. Das sind Beispiele aus dem konkreten Bezugsrahmen, in dem wir alle eingebunden sind.

Darüber hinaus gibt es noch den größeren, dessen Auswirkungen wir nicht unbedingt täglich zu spüren bekommen – allerdings immer mehr. Etwa ökologisch oder demografisch. Gesellschaftlich diagnostiziert der polnisch-britische Soziologe Zygmunt Bauman „flüchtige Zeiten." Sein deutscher Kollege Hartmut Rosa verweist darauf, dass sich heute das „objektive Geschehen" viel rascher vollziehe, als Menschen es im eigenen Handeln und Erleben reaktiv verarbeiten können. Wir seien heillos überfordert. Tagtäglich. Die sukzessive Erosion langfristigen Denkens und Handelns bewirkt, dass „das Leben jedes Einzelnen zu einer Reihe kurzfristiger Projekte und Episoden aneinandergefügt wird", so Baumans Analyse.

Identität sei auf historisch beispiellose Weise zum Problem geworden. Rosa ergänzt, dass Identität gar nicht mehr einem Lebensplan folgen könne, sondern dem Modell des „Wellenreiters": „Wann immer sich eine neue attraktive Gelegenheit bietet, muss man bereit sein zu springen."

Der interaktive Bezugsrahmen im Alltäglichen verstärkt all das. Die alten Bande wie Nachbarschaft, Kollegen aus dem Betrieb, die Stammkneipe, der Kiosk verschwinden. Der britische Publizist David Goodhart spricht in seinem Bestseller „The road to somewhere" vom „sense of ownership of their area", den die Menschen einfach brauchen.

Während es früher Fixpunkte gab, an denen wir erkennen konnten, was stabil blieb und was nicht, erleben wir heute eine rasende Veränderung, die unsere einst stabilen Werte und Normen obsolet werden lässt. In allen Bereichen von Gesellschaft scheinen die gültigen Maßstäbe sich aufzulösen.

Wenn wir als Menschen einigermaßen angenehm und sinnvoll zusammenleben wollen, müssen wir uns aufeinander einstellen. Das bedeutet im Klartext: Rücksichtnahme, Verantwortung, Empathie und Respekt.

Dass früher alles klar war im Sinne von Grenzen, Gesetz und Regelung, hat Männer und vor allem Frauen in ihren Möglichkeiten eingeschränkt, hat Freiheit oft verhindert und leidvolle Zwänge gesetzt. Umgekehrt hat diese Konstellation aber Sicherheit gewährt und damit Orientierung und Stabilität. Mittlerweile halten uns die gesellschaftlichen Institutionen wie Nachbarschaft, Gemeinschaft, Kirche, Nation, Heimat und Staat nicht mehr wie früher. Im Gegenteil; die nachindustrielle Gesellschaft ist geprägt von Entwicklungen, die soziologische Begriffe umreißen, welche seit längerem zu Schlagwörtern geworden sind: Mobilität, Flexibilisierung und Globalisierung. Sie alle verheißen Unruhe, Veränderung, Unsicherheit, Unordnung. Selbstverständlichkeiten sind im Zerfall begriffen. Viele Menschen haben nicht mehr das Gefühl, dass sie ihre eigene Lebenswelt überschauen. Ihnen entgleitet der Alltag. Unsicherheit macht sich breit.

Schon einer der Urväter der Soziologie, der Franzose Emile Durkheim, hat eindringlich auf die Folgen solcher Entwicklungen hingewiesen. Er prägte dazu den Begriff der „Anomie." Anomie meint Norm- und Regellosigkeit. Wenn die Verbindlichkeiten gesellschaftlichen Lebens aufgelöst werden, führt das schließlich zum Zusammenbruch des Sozialen.

Verzweifeltes Helfen
Soziale Arbeit – ein gefährlicher Beruf

Soziale Arbeit ist ganz hartes Brot; in ihrer täglichen Ausübung muss sie sich in allen Facetten menschlichen Leids und Elends bewegen: Armut, Obdachlosigkeit, Verwahrlosung, Sucht, Gewalt, Missbrauch, Kindesvernachlässigung, Kriminalität oder Krankheit. Das muss man aushalten können in der Realität von Verzweiflung, Angst, Wut und Aggressionen, Hilflosigkeit, Depression und Endzeitstimmung. Und das alles auf beiden Seiten: Auch die sozial Arbeitenden stoßen täglich an ihre Grenzen, wenn sie einsehen müssen, dass sie gar nicht oder nicht zureichend helfen können, wenn sie sehen, wie Menschen leiden, ohne dass sie die Möglichkeit haben, daran wirklich etwas zu ändern, wenn sie selber hilflos und verzweifelt vor tragischen Schicksalen stehen.

Die jeweilige Intervention ist dabei auch noch von grundsätzlichen Hindernissen eingeschränkt. Das betrifft zunächst und vor allem den Tatbestand, dass Sozialarbeiterinnen und Sozialarbeiter nicht einfach entsprechend dem handeln können, was sie nach ihrer Einschätzung und Diagnose für angemessen halten; vielmehr müssen sie sich an die Vorgaben, Ressourcen und Aufträge des Staates als Geldgeber halten. Diese prinzipielle Einschränkung spiegelt sich im Begriff des „Doppelten Mandats" wider: Soziale Arbeit soll zum Wohl der betroffenen Menschen sein, muss sich dabei aber immer am Auftrag des Staates orientieren. Damit sind strukturelle Konflikte vorprogrammiert; denn das bedeutet konkret, dass Hilfe nur innerhalb eines vorgegebenen Rahmens tätig werden kann und das wiederum bedeutet per se Beschränkung der Intervention, keine freie Verfügbarkeit der Mittel, Unselbstständigkeit des Sozialarbeiters. Die vielfache Abhängigkeit von staatlichen Auftraggebern, deren Vorgaben und Kontrollen haben letztendlich das politische Ziel der Kontrolle im Sinne der bestehenden Gesellschaft und deren Herrschaftssystem. Soziale Arbeit hat die Betroffenen zu motivieren, ihr sozial aufgefallenes/auffälliges Verhalten zu ändern, um wieder am „normalen" Lauf der Gesellschaft teilnehmen zu können. Das heißt Anpassung, Wohlverhalten und Arbeitswilligkeit. Soziale Arbeit ist ergo Konformitätsdruck, hat „Wächterfunktion." Daran hat sich nichts geändert.

In einem neueren Text berichtet Meret Michel von einem jungen Sozialarbeiter, der nach dem Studium mit Neugier und Engagement in den Beruf eingestiegen war, und nach kurzer Zeit nachhaltig enttäuscht ist: „In meiner

Vorstellung sollte die Sozialarbeit primär den Menschen helfen", sagt er. „Doch meine Arbeit auf dem Sozialamt war keine Hilfe. Es war Armutsverwaltung."

1973 haben wir in „Sozialarbeit unter kapitalistischen Produktionsbedingungen" konstatiert: „Dem Sozialarbeiter fällt in der gegenwärtigen Gesellschaft die Rolle zu, Agent und Repräsentant des herrschenden Staates zu sein. Seine Aufgabe ist es [...] bei seinen Klienten sowohl für die materielle wie für die ideologische Reproduktion des bestehenden Systems zu sorgen."

Hinzu kommt eine hinderliche Berufsrealität. Der Berliner „Arbeitskreis kritischer Sozialarbeiter (AKS)" hat das in unserem Buch beispielhaft beschrieben unter dem bezeichnenden Titel: „Sozialarbeit zwischen Verwaltung und Caritas oder: Was die Sozialarbeiter hindert, die Interessen der „Klienten" zu vertreten." Im einzelnen: Die hohe Fallzahl, die eine erfolgreiche „Behandlung" des jeweiligen Problemfalls im Grunde genommen ausschließt: „Die einzige Möglichkeit für den Sozialarbeiter, kontrollierbar „gute Arbeit" zu leisten, besteht darin, die verwaltungstechnischen Vorschriften zu erfüllen. Um seine Leistungsfähigkeit zu demonstrieren, verlagert der Sozialarbeiter seine Arbeit auf eine gute Führung seiner ca. 200 Akten. Dominiert derart der bürokratische Rahmen, reduziert sich Sozialarbeit auf die Prüfung von Versorgungsberechtigungen und Bewilligung von Versorgungsleistungen [...]. So bleibt sein Anspruch, Anwalt des Klienten zu sein, auf der Strecke." Ein weiteres Hindernis für eine erfolgreiche Arbeit ist die Parzellierung des jeweiligen „Falles." Das bedeutet in der Realität, dass mehrere Abteilungen, Ressorts und sozial Arbeitende sich eines Klienten annehmen müssen. „Das, was sich in der Person eines einzelnen Klienten als Ganzes vorstellt, wird in Teilprobleme zerhackt, in denen der Klient gar nicht mehr auftaucht."

Im Resultat führt das dazu, dass der Klient registriert ist und fortan unter der Kontrolle des Staates steht, ohne dass sein „Problem" letztendlich gelöst wird; Hauptsache es wird administriert und entfaltet so keine soziale Gefährlichkeit. Die Zürcher „Wochenzeitung" hat das auf den Begriff gebracht: „Sozialarbeit: Keine Zeit für Menschen." Weit über die Hälfte seiner Arbeitszeit – so berichtet ein Sozialarbeiter in dieser Enquete – war er nicht Sozial-, sondern Sachbearbeiter. Nicht nur wegen der Abklärungen und Überprüfungen am Anfang, sondern vor allem, weil er jedes Telefonat, jedes versandte E-Mail im Zusammenhang mit einem Dossier dokumentieren musste. Bürokratischer „Fetisch" verhindert die Hilfe für die Betroffenen. Nicht wenige vermuten dahinter auch Absicht.

Die Arbeitslast ist für die Sozialarbeiter inzwischen kaum mehr zu bewältigen. Als eine Ursache für die hohe Intensität werden aktuell neue Steuerungsmodelle in der Arbeitsorganisation ausgemacht. „Die

Verantwortung für das Erreichen der geforderten Leistungen wird dabei an die Beschäftigten delegiert. Die Mitarbeitenden werden also immer stärker nach den von ihnen erzielten Erfolgen bewertet, während Einsatz und Zeitaufwand für eine Aufgabe in den Hintergrund treten. Gleichzeitig aber werden den Beschäftigten bei solchen Steuerungsmodellen nicht die nötigen Gestaltungsspielräume eingeräumt."

Das empfinden die meisten Sozialarbeiter und Sozialarbeiterinnen als zunehmend frustrierend; statt den betroffenen Menschen helfen zu können, verwalten sie Schicksale, die sie auch noch unpersönlich, versachlicht als Fälle zu registrieren haben. 3507 Personen beteiligten sich an der Online-Befragung, welche das Institut für Soziale Arbeit und Gesundheit an der Hochschule für Soziale Arbeit FHNW Ende 2020 in der Schweiz durchführte. Die Ergebnisse sind gemäß Studie besorgniserregend: die gesundheitliche Belastung der Sozialarbeiter hat stark zugenommen. 34 Prozent der Befragten gaben an, es komme sehr häufig oder oft vor, dass sie die Arbeitsmenge nicht in der vorgegebenen Zeit schaffen können. Ein Grund hierfür liege in der Personalplanung. So mussten 47 Prozent sehr häufig oder oft wegen fehlendem Personal eine höhere Arbeitsmenge schaffen oder länger arbeiten. Diesen Arbeitsdruck beschreibt der Betriebsrat Thomas Maier für die Jugendhilfe: „Statt zwei bis drei Jahre betreut man eine Familie oft nur noch ein Jahr. Für eine empathische und ganzheitliche Unterstützung fehlt einfach die Zeit. Das bringt die Beschäftigten in ein Dilemma: Sie können die Familien nur noch ‚managen', statt sie dabei zu unterstützen, selbstbestimmt zu leben. Oder sie gehen über ihre eigenen Grenzen und werden auf Dauer krank."

Die Intensität der Arbeitsbelastung unterschied sich je nach Arbeitsbereich. Entsprechend der Befragung wurde sie am stärksten im Bereich des Kindes- und Erwachsenenschutzes (KESB) festgestellt. In diesem Berufsfeld beklagte circa ein Viertel der Befragten eine zu hohe Arbeitsintensität. Weniger waren es in der Kinder- und Jugendarbeit, der Suchtberatung und der Arbeits- und Berufsintegration. Von den 3507 Befragten stimmten 31,3 Prozent der Aussage zu, dass sie bei ihrer Arbeit immer öfter das Gefühl hätten, emotional verbraucht zu sein. Somit ist knapp ein Drittel der Befragten vom Risiko, an einem Burn-out zu erkranken, betroffen. In der französischen Schweiz klagten sogar 55, 6 Prozent über emotionale Erschöpfung.

Das bedeutet in der Gesamtbewertung aller Berufsgruppierungen, dass Sozialarbeiter und Sozialarbeiterinnen ein deutlich höheres Gesundheitsrisiko aufweisen als andere Berufsgruppen. Verfolgt man die vorliegenden Daten zu diesem Problembereich, so ist deutlich, dass die Arbeitsunfähigkeit in allen Berufen zwischen 2001 und 2010 abgenommen hat, in den Sozial- und Erziehungsberufen aber markant angestiegen ist.

Auch andere Befragungen zur Arbeitssituation in der sozialen Arbeit haben ergeben, dass das Risiko psychischer Erkrankungen in der Sozialen Arbeit bereits ohne „erschwerte Bedingungen" vergleichsweise hoch ist. Laut Fehlzeitenreport der AOK aus dem Jahre 2013 stellen solche Erkrankungen eine der zentralen Ursachen für Arbeitsunfähigkeit von Sozialarbeitern dar.

Ein Viertel der Befragten gab 2020 in der Schweiz an, dass sich ihre Gesundheit verschlechtert habe. Besonders häufig war das bei Auszubildenden der Fall. Über allgemeine Schwäche, Energielosigkeit und Müdigkeit klagten 2020 fast 30 Prozent der Befragten – 2017 waren es nur 6, 6 Prozent gewesen. Die übrigen Beschwerden nahmen im Coronajahr um sechs bis zwölf Prozentpunkte zu. Immer mehr Mitarbeitende „steuern auf ein Burn-out zu."

Eine Analyse der Berner Fachhochschule belegt, dass Sozialarbeitende besonders stark Burn-out-gefährdet sind. Darüber hinaus leiden sie vermehrt an Depressionen, Ängsten, körperlicher Erschöpfung und Suchterkrankungen. Doch wie lassen sich diese negativen Auswirkungen erklären? Neue Untersuchungen zeigen, dass die Struktur des sozialarbeiterischen Berufsfeldes selbst der Grund sein könnte. Denn zum Berufsbild des Sozialarbeiters gehören Aufopferung, Hilfe von Mensch zu Mensch, Dienst am Nächsten, Verantwortung gegenüber dem Hilfesuchenden. Diese Vorstellungen sind laut den Befragten ausschlaggebend gewesen für die ursprüngliche Wahl des Berufs. Das ist auch in den sechziger und siebziger Jahren schon so bestätigt worden.

Wenn sich diese Erwartungen und Hoffnungen aber nicht erfüllen, fühlen sich die Betroffenen getäuscht, hintergangen und verzockt. Das erzeugt dann sukzessiv negative Gefühle von Sinnlosigkeit, eigenem Versagen und Scheitern. Viele kommen damit nicht klar und „kompensieren" mit Fluchtmechanismen oder – und das immer häufiger – mit Krankheit, Depression und Suizidalität. Genaue Zahlen dazu gibt es offiziell nicht; das wird verschwiegen. Ich habe bei meiner Lehrtätigkeit im Bereich der sozialen Arbeit schon bei Studenten nach dem ersten Praktikum solche Fälle erlebt – auch reale Suizide (vgl. Exkurs am Ende dieses Kapitels).

Neue Bedingungen in den vergangenen Jahren lassen die Ausübung des sozialarbeiterischen Berufs noch schwieriger werden. Untersuchungsergebnisse zeigen eindrücklich, dass sich die Kommunikation zwischen Fachpersonen und Klienten/Adressaten stark verändert hat. Diese Veränderungen werden mehrheitlich negativ erlebt. Weniger freundlich formuliert: Die Klientel lässt ihre Frustration zunehmend an den Fachpersonen aus. Gemäß der Ende 2020 durchgeführten Umfrage führen die aktuellen Arbeitsumstände bei jeder dritten Fachperson dazu, „dass sie von einem starken Risiko betroffen ist, an einer emotionalen Erschöpfung zu erkranken. In der französischsprachigen Schweiz ist sogar jede zweite Person betroffen."

Der Berufsverband „Soziale Arbeit Schweiz Avenir-Social" fordert deshalb Bund und Kantone auf, mehr Ressourcen für die Ausübung der Sozialen Arbeit zur Verfügung zu stellen. „Die Fachpersonen der Sozialen Arbeit arbeiten bereits heute am Limit. Weitere Mehrbelastungen sind nicht tragbar und müssen verhindert werden. Es braucht mehr Ressourcen in Form von Fachpersonen und finanziellen Mitteln."

Die Betroffenen sind auch zunehmend mit ihren materiellen Bedingungen unzufrieden. So halten rund zwei Drittel der Sozialarbeiter ihr Einkommen für unangemessen, was drei von vier Beschäftigten als persönlich belastend empfinden. Sie fühlen sich darüber auch nicht genug wertgeschätzt.

Das gilt auch für das gesellschaftliche Bild von Sozialarbeiterinnen und Sozialarbeitern. Obwohl letztere ihre Arbeit und partiell ihr Leben in den Dienst der Gemeinschaft gestellt haben, dankt diese es ihnen nicht. Im Gegenteil: Die Berufsgruppe wird häufig nicht ernst genommen und „verhohnepiepelt"; die bösen wie dummen Witze über jene, die sozial arbeiten, sind Legion. Ein beredtes Beispiel: Schreiner zum Sozialpädagogen: „Kennst du den Unterschied zwischen Holz und Sozis?" – „Nein." – „Holz arbeitet." In dieser – zumindest unterschwelligen – Missachtung derer, die sich für Notleidende aufopfern und ihr ganzes Leben in den Dienst anderer gestellt haben, reflektiert sich die strukturelle Perversion des Systems, Arbeit am Menschen weniger zu schätzen und dementsprechend schlechter zu entlohnen als Arbeit an und mit Sachen.

Schließlich soll etwas angesprochen werden, was in den Darstellungen zur sozialen Arbeit nicht thematisiert, vielleicht auch bewusst schamhaft verschwiegen wird: ein wohl allmählich nötiger Perspektivenwechsel vom Klienten zum sozial Arbeitenden, also zu sich selber. In den vielen Kompendien zur Sozialarbeit fehlt seltsamerweise die Eigenreflexion. Dabei wäre diese dringend nötig, weil nicht wenige auch an ihren falschen Vorstellungen und Bildern scheitern. Dazu gehört beispielsweise eine gewisse „Grandiosität", dass man meint, die „Armen und Schwachen" auf den richtigen Weg bringen zu können. Fakt aber ist, dass man nicht alle retten kann und im übrigen auch die Welt nicht. Das mag bedauerlich sein, vielleicht tragisch auch, aber es ist nun einfach mal so. Eine Portion Realismus in dieser Hinsicht wäre innerhalb der Sozialarbeit nicht verkehrt, und es sollte eigentlich auch schon ein sinnvoller Teil der Ausbildung sein. Zu einer realistischen Lebensphilosophie gehört die Einsicht, dass manche Menschen vielleicht auch das Unglück brauchen – zur ihrer eigenen Identitätsfindung.

Vielfach ist die Menschen- und Weltsicht von Sozialarbeiterinnen und Sozialarbeitern zu simpel heilsbringend, ohne diesen Anspruch dann auch einlösen zu können. Im Endresultat schadet das dann den Klienten viel mehr als dass es ihnen nützt. Wenn das in der Vergangenheit thematisiert worden ist, so nicht von der Sozialarbeit selber, sondern von „außen" wie beispielsweise in den Arbeiten von Wolfgang Schmidbauer.

In diesem Sinne wäre es auch wichtig, dass sozial Arbeitende mehr für sich selber täten – auch das sollte schon in der Ausbildung angelegt sein. Dazu gehört vor allem eine adäquate Entwicklung von Resilienz und Eigenkraft. Das meint im einzelnen das Erlernen und Beherrschen von Techniken, schwierigen Situationen souveräner gegenübertreten zu können, Schwieriges auszuhalten und zu akzeptieren, und es meint die Fähigkeit, sich selber Hilfe holen zu können, nicht als Einzelkämpfer unterwegs zu sein, sondern sich zu vernetzen und eben auch den „Hochmut" aufzugeben, Weltenretter zu sein.

Exkurs: Über Selbsttötungen aus Epochenverzweiflung

Es ist schon eine Weile her. Eigentlich schon ziemlich lange sogar. Unter dem Titel „Abschied aus Einsicht" – damals ohne Fragezeichen – veröffentlichte die Basler Zeitung am 18. 10. 1980 einen Artikel von mir zur Fragestellung von Selbsttötung/Freitod/Selbstmord. Der Text erschien noch vor dem Zeitalter der Digitalisierung, ist also nicht im Internet nachzulesen; insofern zunächst einmal die Fakten. Anlass war eine Häufung von Selbsttötungen in meiner Nähe: ein Freund in Paris, mit dem ich ein Buch publiziert hatte; ein Kollege aus Berlin, in der 68er-Bewegung aktiv; ein weiterer Kollege aus Paris – er stieg mit all seinen Werken, die er in seinem vierzigjährigen Leben verfasst hatte, auf ein Hochhaus und stürzte sich, die Bücher vor sein Herz gepresst, hinunter; eine Studentin der Sozialarbeit aus meinem Lieblingsseminar, auch in unserem Projekt „Obdachlosenarbeit mit Jugendlichen" in Berlin-Neukölln, ein Freund aus der Romandie, Lehrer und Sozialpädagoge.

Es war wie eine Epidemie, und es unterschied sich von Suiziden, wie ich sie bis dahin wahrgenommen hatte. Ich schrieb damals: „Im Falle meiner Bekannten und Freunde irritiert mich [...] eine Dimension [...], die mir zunehmend neu erscheint. Keiner von ihnen war in besonderem Maße neurotisch, keiner auch nur im Ansatz psychotisch oder depressiv; keine der Etiketten und Stigmata der Psychiatrie passte auf sie. Keiner von ihnen war existenz-untüchtig im Sinne, dass er/sie in diesem Leben nichts erreicht oder gemacht hätte; keiner, von dem ich sagen könnte, dass er an diesem Leben keinen Spaß gehabt hätte [...]. Keiner von ihnen war kontaktunfähig; im Gegenteil. [...] Keiner war krank." Was war es also? Das hat mich damals sehr beschäftigt. Vielleicht muss man eine solche Verkettung von Ereignissen einfach akzeptieren – als zum Leben gehörend. Dazu fehlten mir seinerzeit Nachsicht und Milde. Wahrscheinlich hat mich auch die Angst bewegt, ich könnte selbst in eine Grenzsituation geraten, in der die Frage nach dem Leben mit der Entscheidung zum Tod beantwortet wird. Ich suchte also Antworten und fand einen gemeinsamen Nenner: Diese fantastischen Menschen haben es in der Gesellschaft, unter uns, nicht mehr ausgehalten. Die Gründe waren vielfältig: vergeblicher Pazifismus, verlorener Kampf gegen den Rassismus, hilflose Sozialarbeit und so weiter.

Die These war also, dass es neben ich-pathologischen Gründen, die zum Suizid führen, auch sozio-pathologische gibt. In der Sprache von damals: „Die Gesellschaft, die sie verbessern wollten, ließ ihre Hoffnungen und Aktivitäten brutal scheitern, erwies sich als der heiße Stein, den kein verändernder Tropfen wirklich abzukühlen vermag. Ihr Kampf erschien ihnen dann

169

plötzlich aussichtslos und mit der Konsequenz, die ihrem ganzen Leben eigen war, setzten sie den Schlusspunkt: ein Abschied aus Einsicht."

Anfang der 1980er-Jahre galt dies als doppelter Tabubruch. Über dem Suizid im Allgemeinen lag gesellschaftliches Schweigen, und wenn er denn thematisiert wurde – so etwa in der Fachliteratur –, war der Suizidant selbst schuld an seinem Schicksal. Das mag zu einem Teil erklären, warum im Herbst 1980 eine riesige Debatte in der Basler Zeitung entstand, die die Redaktion dann am 20. Dezember abbrach – aus Rücksicht darauf, dass Weihnachtszeit und Jahreswechsel Hoch-Zeiten von Selbsttötungen seien. Ganze Zeitungsseiten von Leserbriefen wurden veröffentlicht, die Prominenz der Basler Intelligenzija äußerte sich – Hans Saner etwa, August E. Hohler, Arnold Künzli. Öffentliche Veranstaltungen wurden durchgeführt.

Schließlich griff die Diskussion auf die ganze Schweiz über, und auch „Das Magazin" in Zürich – damals noch gesellschaftliche Trends setzend im Gegensatz zu heute – publizierte einen langen Essay zum Thema. Offenbar schwelte etwas im seelischen Untergrund, was eben nur einen Auslöser benötigte, um sich endlich verbal Luft zu verschaffen; Verschwiegenes, Verdrängtes, leidvoll Erfahrenes, was man für sich behalten musste, explodierten plötzlich.

Es gab viel Zustimmung, nicht zuletzt von betroffenen Angehörigen; aber es gab auch massiv Widerspruch. Während sich die akademischen Psychiater der Universität „vornehm" zurückhielten, meldeten sich viele Therapeuten zu Wort. Stellvertretend für sie insistierte August E. Hohler, dass die Gründe für einen Suizid immer in der defizitären Psyche des Suizidanten lägen: zu wenig Resistenz, zu viel Neurose. Das war damals das gängige Verständnis. Akademisch hat sich daran wenig geändert. Die Psychiatrie „versteht" die Selbsttötung nach wie vor als Endstufe einer psychischen Störung; der Suizidant wird mit den Etiketten der Depression, Schizophrenie oder bipolaren Störung in den Tod entlassen. Die Psychoanalyse – im Regelfall tiefer und differenzierter als die Psychiatrie – zeigt sich ebenfalls unnachgiebig und deutet den Suizid dogmatisch als Ausdruck einer narzisstischen Störung. Auch da hat sich nichts geändert.

Alles andere war eben Tabubruch, und ist es noch heute. Dabei will ich Letzteren nicht historisch für mich reklamieren. Ich habe damals vornehmlich emotional auf sehr emotionale Geschehnisse reagiert und mich erst später mit der Suizidologie und der Literatur dazu beschäftigt. Dabei wurde klar, dass meine Sichtweise von 1980 schon einige Jahre vorher, 1971, vom englischen Schriftsteller Alfred Alvarez in seinem Buch „The Savage God" vorweggenommen worden war. 1976 erschien dann der sehr persönliche Diskurs über den Freitod von Jean Amery unter dem Titel „Hand an sich legen." Amery, der sich später auch selbst dem Leben entzog, notierte dezidiert: „Wer abspringt, ist nicht unbedingt dem Wahnsinn verfallen, ist nicht einmal unter allen Umständen „gestört" oder „verstört." Der Hang zum Freitod ist keine Krankheit, von der man geheilt werden muss wie von den Masern [...] Der Freitod ist ein Privileg des Humanen." Wie nicht anders zu erwarten, tat die akademische Psychiatrie diese Sichtweise als „Rationalisierung" ab, also als verstandesmäßige Rechtfertigung eines in Wirklichkeit eben doch pathologischen Zustands. Solcherlei war sicher einfacher, als sich mit den Argumenten von Amery auseinandersetzen zu müssen. Unter anderem wies Amery darauf hin, dass sich Psychiatrie und Suizidologie bis zu diesem Zeitpunkt gar nicht mit dem beschäftigt hatten, was er eindrücklich die Konstellation „vor dem Absprung" nannte – ins Unermessliche laufende Verzweiflung, nicht mehr auszuhaltender Schmerz, dann wohl irgendwann auch eiskalte Ruhe vor dem Endgültigen.

Tatsächlich fehlt es bis heute an einer Hermeneutik der Selbsttötung. In Biografien und Selbstzeugnissen ist dazu sehr viel mehr zu finden als in wissenschaftlichen Werken. Ein Beispiel wäre das „Berliner Journal" von Max Frisch und seine Gefühlslage, die ihn über einen Suizid nachdenken lässt: „Das Bewusstsein, allem nicht mehr gewachsen zu sein, fast täglich das Erwachen in diesem Bewusstsein", „Nachlassen der Erfindungskraft", „Es gelingt mir fast gar nichts." Das wäre die Facette, wie weit ein Freitod würdiger zu sein vermag als der sukzessive Abschied, bei dem zunächst die körperlichen Kräfte weniger werden, bis – mit ja keiner geringen Wahrscheinlichkeit – die Entpersönlichung im Pflegeheim droht. Solche Überlegung ist in der Schweiz besonders aktuell geworden, seit die Sterbehilfeorganisation Exit sich ganz explizit für den Altersfreitod ausgesprochen hat. Aber so einfach, wie Exit es sich gemacht hat, ist es auch wiederum nicht. Derlei „technische" Lösungen bergen schreckliche Gefahren in sich wie zum Beispiel, unser Problem der zunehmenden Überalterung mit einer Art „demografischer Euthanasie" lösen zu wollen.

Es bleibt wohl nur eine Reflexion über den Freitod, die sich von aller Pragmatik frei macht und sich ins Lebensphilosophische wagt. Da lassen sich vorerst nur Fragen stellen. Ist der „Entschluss zur Selbsttötung nach reiflicher Überlegung und aus innerer Ruhe und Freiheit heraus" ein menschliches Grundrecht? So hat es der Philosoph Wilhelm Kamlah in seiner Rezension von Amerys Buch in der NZZ notiert. Oder eher nicht? Gehört Leiden so sehr zu uns, dass wir es aushalten müssen? Hat Meister Eckhart vielleicht recht, dass niemand von uns „mehr Seligkeit genisset, als wer mit Christus in der tiefsten Bitternis steht"? Geben wir im hedonistischen Zeitalter zu schnell auf und zu schnell nach? Darf sich für immer verabschieden, wer sich als weltgesättigt fühlt? Oder kann es beim Freitod auch um eine „metaphysische" Unversehrtheit gehen? Mein alter Berliner Freund Richard Hey hat einst in seinem ausgezeichneten Kriminalroman „Ohne Geld singt der Blinde nicht" geschrieben: „Nun, wer sind die Leute, die ganz klar sehen, mein Kind? Die Verrückten und die Selbstmörder. Die einen verlassen die Mechanik in Richtung Wahnsinn, um am Leben zu bleiben, die andern, nun die andern eben in Richtung Tod. Um am Leben zu bleiben, vermutlich."

Wie zukunftsfähig ist die Sozialarbeit?

Die Aussichten stimmen wohl kaum optimistisch. Wenn wir den Analysen folgen, wie wir sie in diesem Buch ausgebreitet haben, ist soziale Arbeit in ihrer Wirkungsweise zunehmend von der ökonomischen und politischen Entwicklung eingeschränkt.

Damit reduziert sich auch der Handlungsspielraum der sozial Arbeitenden immer mehr. Der Sozialstaat ist seit einigen Jahren mit Dynamiken der Desintegration konfrontiert, in denen soziale „menschengerechte" Gestaltung kaum mehr möglich erscheint. Der Focus verlagert sich in Theorie und Praxis der sozialen Arbeit immer mehr von der postulierten Humanität zur Profitabilität. Dazu wird soziale Arbeit sukzessive ökonomisiert, d. h. ihre Abläufe werden nach wirtschaftlichen Kriterien der Effektivität und der Rentabilität vorgegeben. Diese Entwicklung setzt verstärkt in den neunziger Jahren ein. Sie ist ausführlich beschrieben worden von Karl-Heinz Boessenecker, Jan H. Groth, Bianca Oravetz oder Michael Galuske, so dass wir hier nicht auf Details eingehen.

Für die Umstrukturierung wird insbesondere auf sog. „Neue Steuerungsmodelle" (NSM oder NPM, New Public Management) zurückgegriffen. Indem er diese Entwicklung in einen historischen Zusammenhang stellt, kritisiert Timm Kunstreich heftig, dass sich „die ideologische Basisstruktur des neo-liberalen Sozialstaats [...] als eine modernisierte Sozialhygiene codieren (lässt), die alle Felder der Sozialen Arbeit durchdringt und als ‚Rassismus ohne Rassen' die ‚Nützlichen' von den ‚Unnützen' trennt."

„Arbeitstechnisch" wird damit die seit langem kritisierte Parzellierung der Fälle noch verstärkt über eine Taylorisierung der Arbeitsabläufe, deren Zergliederung, Standardisierung und potenzierter Kontrolle. Das bedeutet für die sozial Arbeitenden eine weitere Erhöhung ihres ohnehin schon hohen Frustrationslevels. Stefan Gaitanides hat die wichtigsten Indikatoren dieser Ökonomisierung bezeichnet; dazu gehören u. a. neue Effektivitäts- und Effizienzkriterien, die Privatisierung von Aktivitäten, die bis dahin in öffentlicher Trägerschaft realisiert wurden, die Einführung von mehr „freiem Wettbewerb" bei der Vergabe von Zuschussmitteln für Soziale Dienste, eine eingeschränkte Vergabe von Projektmitteln und deren strikte bürokratische Überwachung, „ein chronischer Sparzwang, der die Geldgeber dazu verleitet, weit mehr auf die Wirtschaftlichkeit als die Qualität der Leistungen zu achten - auch wenn dadurch Standards abgesenkt werden."

Diese Entwicklung betrifft nicht n u r die soziale Arbeit, sondern auch Gesundheit, Psychotherapie, Pflege, Prävention aller Art, Fürsorge, Erziehungs- und Strafeinrichtungen, Rehabilitation und Resozialisierung, also alle Bereiche der Arbeit für und mit Menschen. Für die Psychotherapie konstatiert Giovanni Maio als Folge, „dass darunter ihre ureigene Identität als verstehende Sorge um einen leidenden Menschen verloren zu gehen droht". Maio weist darauf hin, dass die Psychotherapie wesenhaft auf die Begegnung von Menschen – Therapeut und Patient – angelegt ist. Diese Begegnung versachlichen, kalkulieren und standardisieren zu wollen, führt zu ihrer prinzipiellen Perversion. Das gilt – wenn vielleicht nicht in dieser Radikalität – auch für die soziale Arbeit und treibt sie zunehmend in die Pflästerchenpolitik. Stefan Gaitanides hat darauf hingewiesen, dass dergestalt angestammte Zielvorgaben der Sozialarbeit abgeschafft oder zumindest geschwächt werden – etwa die Stärkung der Selbstverantwortung des Klienten oder die Anerkennung einer Autonomie seiner Lebenspraxis.

Nun wird man in diesem Zusammenhang gerechterweise konstatieren müssen, dass soziale Arbeit – zumindest in ihrer Verfasstheit als Theorie – an dieser Entwicklung auch selber schuld ist. Indem sie Mitte der siebziger Jahre begann, ihren Fokus von den sozialen Problemen „intern" auf die Professionalisierung zu verschieben, hat die Sozialarbeit den eigenen Blickwinkel verkürzt. Es mag diskutabel sein, Qualität und Zusammensetzung der Sozialarbeit zu kritisieren – zum Beispiel das, was man immer wieder als „Fächersalat" bezeichnet hat. Es ist auch nicht zu verhehlen, dass Sozialarbeiter sehr wenige spezifische Berufsqualifikationen haben. Ob aber diese Diffusität ihres Wissens und ihrer Fähigkeiten unbedingt ein Nachteil ist, wäre erst einmal kritisch zu diskutieren. Ein sozial Arbeitender, der sich – zumindest einigermaßen – mit Psychologie, Soziologie, Pädagogik und Recht auskennt, kann – nach den vorhandenen Erfahrungswerten – durchaus adäquat dem Problem des Klienten begegnen, das auch nie eindimensional ist und also nach einem multiplen Lösungsansatz verlangt. Der sozial Arbeitende soll ja auch kein Wissenschaftler sein, sondern vor allem lösungsorientierter Praktiker. Er ist Wissensjongleur, indem er Kenntnisse aus Pädagogik, Psychologie, Recht oder Sozialmedizin handlungsgerecht zusammensetzt, um es angemessen in der Praxis auch gebrauchen zu können.

Statt ihn als „Allrounder" zu würdigen, haben sich Mitte der siebziger Jahre einige veranlasst gesehen, die Soziale Arbeit in die Konkurrenz zu etablierten Wissenschaften zu bringen, indem sie – auf sehr artifizielle Weise – eine eigene „Sozialarbeitswissenschaft" zu formulieren versuchten. Der Zeitpunkt

174

für dieses Postulat ist einigermaßen bemerkenswert; ausgerechnet, als sich die Disziplinen zunehmend vernetzten, wird die Abschottung der Sozialarbeit gefordert und deren Autarkie.

Während sich in den Jahren um und nach der Studentenbewegung eine sozialkritische Reflexion der Sozialarbeit anbahnte, zog sich die Disziplin schon in den siebziger Jahren sukzessive auf eine Professionalisierungsdebatte zurück. Damit umschiffte sie mit einiger Geschicklichkeit und ebenso einer reichlichen Portion Feigheit die politische und soziale Debatte um ihre Funktion, ihre Verwobenheit in das bestehende System und ihre Mittäterschaft.

Dieser „Paradigmenwechsel" dürfte aber wohl – aus der Retrospektive betrachtet – eher ein Eigentor in doppelter Hinsicht gewesen sein. Weder hat er eine brauchbare Erkenntnisleistung der Disziplin gefördert noch hat er deren gesellschaftlich-politische Anerkennung gesteigert.

Die einigermaßen fruchtlose Selbstbefriedigung dieser Bemühungen lässt sich am selbstdefinierten, professionellen Auftrag sozialer Arbeit als „Menschenrechtsprofession" demonstrieren, wie ihn Silvia Staub-Bernasconi formuliert hat. Dieser Versuch bettet sich ein in das „Systemtheoretische Paradigma der Sozialen Arbeit", wie es mit Beginn der achtziger Jahre von Silvia Staub-Bernasconi, Werner Obrecht, Kaspar Geiser u. a. an der „Hochschule für Soziale Arbeit Zürich" ausgearbeitet wurde. Ausgangspunkt ist die Behauptung, dass sich Soziale Arbeit mit Problemen zu befassen habe, die vom Individuum selbst nicht mehr bewältigt werden können. Diese sozialen Probleme zeigten sich in sozialen Interaktionen auf zwei Ebenen: horizontal in Austauschbeziehungen und vertikal in Machtbeziehungen.

Soziale Probleme selbst werden unterschieden in individuelle Mangellagen (etwa die fehlende Handlungskompetenz), Ausstattungsprobleme (etwa zu geringe sozioökonomische Ressourcen); Probleme in sozialen Austauschbeziehungen (zum Beispiel Gesundheitsmängel), Probleme in sozialen Machtbeziehungen und Werte- und Kriterienprobleme, womit Regeln der Sozial- und Machtstruktur gemeint sind. Macht wird dabei – wie alles in diesem Theoriegefüge - sehr abstrakt gefasst und abseits der habituellen Kategorien von Herrschaft und Ausbeutung. Staub-Bernasconi betont den fachlichen Auftrag einer Sozialen Arbeit als „Menschenrechtsprofession." Deren Aufgabe soll es sein, die Verletzung von Menschenrechten zu erkennen und sich an ihrer „Minimierung" zu beteiligen.

Theoretisch fundiert wird das „Menschenrechtsprofessions"-Paradigma mit dem Rückgriff auf den argentinischen Physiker Mario Bunge und die sog. „emergentistische Systemtheorie". Dahinter verbirgt sich zunächst einmal der simple Grundsatz, dass die Bedürfnisse des Menschen und ihre Befriedung im Zentrum stehen. Dabei sei das Individuum mit unterschiedlichen „Machtquellen" ausgestattet: Körpermacht, Ressourcenmacht, Modell- und Artikulationsmacht wie etwa das Wissen, die Positions- und Organisationsmacht wie zum Beispiel die Fähigkeit zur Vernetzung.

Allen Menschen seien identifizierbare physische, sensorische, psychische, soziale und kulturelle Bedürfnisse gemeinsam. Letzteren werden folgende Werte zugeordnet: Leben, Befreiung und Freiheit, Gerechtigkeit, Solidarität, soziale Verantwortung, Evolution bzw. Entwicklung, Frieden und Gewaltlosigkeit sowie Beziehungen zwischen Menschheit und Natur. Zur Begründung der spezifisch systematischen Perspektive bezieht sich Staub-Bernasconi in ihrem Werk immer wieder auf die von Bunge eingeführte paradigmatische Unterscheidung zwischen Atomismus, Holismus und Systemismus.

Das mag als Begriffsgebäude zunächst einmal beeindruckend sein. Dazu trägt auch die Bombastizität der Terminologie bei – zumal sie zumeist in ihrer Ausformung nicht allgemein gebräuchlich ist und ergo eher exotisch anmutet. Schon die Etikette des ganzen als „Menschenrechtsprofession" ist arg hoch gegriffen.

Die Ausführungen zum Begriffsgebäude kommen aufgebläht und hermetisch daher und bewegen sich immer wieder am Rande zur Unverständlichkeit. Das Ganze ist ohne jedwede Relevanz für die Praxis der Sozialarbeit. Eine Analyse der gesellschaftlichen Verhältnisse fehlt völlig. Eine „Ontologisierung" des Sozialen ist auch sehr viel ungefährlicher als dessen exakte Spezifizierung. Ein weiteres Stilmittel von Staub-Bernasconi ist es, Pathos gegen die harte Realität zu setzen. „Menschenrechtsprofession" ist natürlich ergreifend; wer würde da nicht mittun wollen und wer sollte schon etwas gegen die genannten Zielvorstellungen von Gerechtigkeit, Frieden, Freiheit, Solidarität oder Gewaltlosigkeit einzuwenden haben. Das alles tut keinem weh; im Gegenteil: Es erzeugt ein Wohlgefühlnest von Gutmenschentum und „Auf-der-richtigen-Seite-stehen". Die eigene Verstrickung ins System wird dergestalt einigermaßen geschickt verschleiert.

Eine kritische Perspektive auf strukturelle Ungleichheitsordnungen bleibt damit außen vor. Alles wird formalisiert. Differente Krisenzustände wie Arbeitslosigkeit, Inflation, Umweltverschmutzung und Ausbau des Staatsapparates kommen entweder in ihrer Konkretion gar nicht vor oder werden undifferenziert unter den Begriff des „Sozialen Problems" subsumiert. Dergestalt geraten die gesellschaftlichen Bedingungen in ihrer jeweiligen geschichtlichen Spezifik aus dem Blick der Analyse. Zum Beispiel reduziert sich das ganze Terrain von Konformität und Devianz, ihrer sozialisatorischen Produktion, ihrer konkreten Systemabhängigkeit, ihrer Definition, Durchsetzung und Stabilisierung durch primäre und sekundäre Agenturen auf den dürren Begriff der sozialen Kontrolle. Letzterer - einmal so zum allgemeinen Begriff formalisiert und nur als solcher noch erscheinend - unterschlägt seine eigene differenzierte Realität von Macht, Repression und systembedingter Sozialisation.

Die praktizierte Formalisierung als Methode führt zur ideologischen Neutralisierung des Gegenstandes, dessen Gebundenheit an spezifische Produktionsbedingungen und damit an bestimmte Interessenkonstellationen in der Benennung allgemeiner Zusammenhänge von sozialen Problemen und sozialer Kontrolle verschwindet. Der Erkenntnis- und Praxiswert des unternommenen Klassifizierungsversuchs sozialer Probleme bleibt gering, da letztere eben keine ontologischen Entitäten sind, sondern je in historischer Abhängigkeit von spezifischen ökonomischen und politischen Konstellationen stehen.

Soziale Arbeit als „Menschenrechtsprofession" klingt gut, aber es ist eine Camouflage und nur die Wiederholung der Unverbindlichkeiten aus den sechziger Jahren – im modernen Gewand einer hoch abstrakten Terminologie. Damals hieß es, einfacher, dass soziale Arbeit den Menschen „Hilfestellung in schwierigen Lebenslagen gibt und sie ermutigt, die Herausforderungen in ihrem Leben zu bewältigen". In der Sozialarbeit offenbare sich das menschliche Grundbedürfnis, den Mitmenschen zu unterstützen, in ihm den „Freund" und „Bruder" zu sehen. Heute wird „elaborierter" mit Menschenrechten und philosophischen Verweisen argumentiert.

Es führt nichts am Tatbestand vorbei, dass die grundsätzlichen Missstände und Ungerechtigkeiten nicht rhetorisch aufgelöst werden können und auch nicht mit Pathos oder verbalisierter Empathie verschwinden.

„Menschenrechtsprofession" in der dargestellten Form dient letztendlich nur der Verschleierung der tatsächlichen Machtverhältnisse. Gegenüber der einstigen Ideologie vom Helfen ist sie nur in ein elaborierteres Kostüm verpackt. Ihre theoretische Unverbindlichkeit wird noch dadurch potenziert, dass sie auch nicht umsetzbar ist, nicht handlungsleitend und ohne jedweden Erkenntnisgewinn für die Praxis. Obwohl sie ja zu den neueren und neusten Theorieansätzen in der sozialen Arbeit gehört, ignoriert sie alle gesellschaftlichen Entwicklungen und Problemlagen, die mit dem Ökonomisierungsschub der letzten Jahrzehnte entstanden sind. Damit präsentiert sie sich auch als völlig unpolitisch.

In diesem Sinne ist das Theorem von der sozialen Arbeit als „Menschen-rechtsprofession" wissenschaftstheoretisch ein Rückschritt, weil sie die in den siebziger Jahren gehabte gesellschaftliche Problematisierung der Sozialarbeit unter kapitalistischen Produktionsbedingungen ebenso ignoriert wie die damals geübte Politisierung. Wenn auch terminologisch verbrämt, gliedert sie sich letztendlich ein – wie Wolfram Stender es formuliert hat – „in das Ensemble der Regierungskünste, deren Aufgabe es ist, Hegemonie zu sichern."

Die Handlungsfelder der sozial Arbeitenden verkleinern sich in dieser Entwicklung immer mehr, sind aber innerhalb neuerer Ansätze durchaus noch präsent. Dazu gehört eine demokratisierte Neufassung der Beziehung zum Adressaten/Klienten, die nicht – wie häufig früher – auf ein Machtverhältnis setzt, obwohl dieses natürlich faktisch trotzdem besteht, sondern versucht, gemeinsam mit den Adressaten die anstehenden Aufgaben und Probleme zu bewältigen. Darüber kann ein Vertrauensverhältnis entstehen, das dann auch zu konstruktiven, gemeinsamen Lösungsansätzen führt. Dazu ist es allerdings unabdingbar, dass sich auch die sozial Arbeitenden in Frage stellen.

Damit sind wir einmal mehr beim „subjektiven Faktor", der in der Sozialen Arbeit häufig zu kurz kommt, wenn es nicht um den Adressaten, sondern um den Sozialarbeiter geht. Das meint nicht zuletzt die Eigenreflexion: Was mache ich mit welcher Motivation zu welchem Ziel und welchem Zweck. Das bedeutet auch die kritische Auseinandersetzung mit den eigenen Ansprüchen und Erwartungen und die Bereitschaft zur Entdeckung möglicher Fehl-Erwartungen. Das heißt in der Praxis, immer wieder die eigenen Denkmuster zu überprüfen, und die Bedeutung des eigenen Handelns nicht zu überschätzen. Es sei sozialhistorisch daran erinnert, dass soziale Arbeit in der Geschichte – insbesondere – in jener der sozialen Kämpfe – nur eine sehr geringe Rolle gespielt hat. „Revolutionäre" Ziele und Impulse, wie sie in der Randgruppenstrategie der siebziger Jahre formuliert worden sind, gehören allenfalls zur Folklore der Sozialen Arbeit.

Vielmehr geht es darum, sich realistische Ziele zu setzen, sie auch immer wieder zu reflektieren und darüber möglicherweise neue Strategien zu finden. Man muss dabei auch lernen, Widerwärtigkeiten auszuhalten, mit Miss-erfolgen umzugehen und gelegentliches Scheitern auszuhalten. Dabei hilft, wenn man unter dem Profil von Resilienz ein möglichst breites Spektrum an Reaktionsmöglichkeiten und Verarbeitungsmechanismen („Frustrations-toleranz") entwickelt hat.

Das bedeutet nicht Defätismus, auch nicht Anpassung oder gar Unter-werfung. Die grundsätzliche Kritik an den herrschenden Verhältnissen wird von Realitätseinsicht nicht geschwächt, sondern gestärkt.

178

Der Historiker Tony Judt gibt zu bedenken: „Irgendetwas ist grundfalsch an der Art und Weise, wie wir heutzutage leben. Seit dreißig Jahren verherrlichen wir eigennütziges Gewinnstreben. Wenn unsere Gesellschaft überhaupt ein Ziel hat, dann ist es diese Jagd nach dem Profit." „Wenn wir im Glauben an den Homo oeconomicus immer mehr Entscheidungen durch Marktprozesse steuern lassen, leben wir andere Realitäten wie Verantwortungsbewusstsein, Mitgefühl und Vertrauen immer weniger. Es wäre aber die Frage, ob diese uns nicht mehr Lebenserfüllung bringen könnten. Darüber fehlt die gesellschaftliche Diskussion und ein Konsens, der uns weiter helfen könnte."

Das ist nun keine Entwicklung, die einfach vom Himmel gefallen wäre; an ihr ist eine gesellschaftliche Dynamik beteiligt, die soziologisch im Begriff der „Individualisierung" erfasst werden kann. Damit gemeint ist, dass das Leben von Frauen und Männern aus einst gott- oder gesellschaftsgesetzten Umständen „befreit" ist. Zwänge, wie sie früher bestanden, haben sich aufgelöst und die Menschen in die alleinige Verantwortung für ihr Leben entlassen. Religiöse Determinanten, Traditionen und Wertvorstellungen sind zusammengebrochen. Auch politische Vorstellungen von Solidarität und alltagsethische von Anstand und Gesittung sind erodiert. Das Selbst-Recht dominiert, gilt aber nicht mehr für den Anderen. Je stärker der Individualschub desto schwächer die gesellschaftlichen Normen. Ich-gesteuert statt innen-geleitet. Es kumuliert gegenwärtig, was David Riesman schon vor 70 Jahren als Tendenz beschrieben hatte.

Dass daher immer mehr Menschen skeptisch in die Zukunft schauen, ist wenig erstaunlich. Das belegt zum Beispiel aktuell eine Studie der BAT-Stiftung für Zukunftsfragen. Zwei Drittel der Befragten glauben nicht einmal mehr an die Zukunft der Zukunft. Galt letztere noch vor knapp zwei Jahrzehnten als gestaltbar, wird sie heute vor allem als Schicksal wahrgenommen. Die damals noch erhoffte zivilisatorische Bewegung zur großen friedlichen Weltgesellschaft, wie sie etwa der Münchner Soziologe Ulrich Beck skizzierte, sieht niemand mehr so recht. Sinn- und lebensstiftende Entwürfe wie jene von Ernst Bloch, Herbert Marcuse oder Andre Gorz auf der linken und von Hans Freyer, Karl Popper oder Helmut Schelsky auf der konservativen Seite sind Vergangenheit. Zygmunt Bauman gesteht kurz vor seinem Tod, nicht mehr daran zu glauben, „dass es eine konsistente Theorie dessen gibt, was jetzt vor sich geht. Wir tasten im Dunkeln."

Tasten im Dunkeln muss man wagen. Das braucht Mut. Die Hindernisse sind hoch. Die Globalisierung hat unsere Normalitäten in einen Maße aus der Ordnung gebracht, wie es vor 20 oder 25 Jahren noch unvorstellbar gewesen ist. Leben geraten aus der individuellen und aus der nationalen Kontrolle. Soziale Ungleichheiten und Verwerfungen werden in Europa wie in Nordamerika nahezu lawinenartig registriert. Die früheren „Kräfte des Fortschritts" wirken hingegen angepasst und ausgebrannt. Arjun Appadurai, ein indischer Ethnologe, der in New York an der renommierten „New School" arbeitet, konstatiert: „Wir haben heute das Gefühl, dass alle Hilfsmittel und Kunstgriffe zur Bekämpfung von Krisen und Gefahren, die wir bis vor kurzer Zeit noch für wirksam oder gar narrensicher hielten, ihr Verfallsdatum erreicht, beziehungsweise überschritten haben."

Im Oktober 1842 hat Karl Marx in der „Rheinischen Zeitung" das neue Gesetz zum Holzdiebstahl kommentiert. Bis dahin durften die Menschen in den Wäldern das Holz sammeln; nun sanktionierte die preussische Gesetzgebung solches als Eigentumsdelikt. Marx wertete das als Enteignung der Selbsttätigkeit. Nimmt man den Menschen sukzessive ihre Mündigkeit, reagieren sie auf Dauer gereizt. Das ist eine alte Erfahrung. Bevormundung der Menschen, Depersonalisation des Handelns und drückende Routine schaffen je schon immer ein virulentes Reservoir aggressiver Stimmungen; sie tragen zur Irrationalität in der Gesellschaft bei, die sich dann – eruptiv – in Gewaltakten, Fremdenhass, Rücksichtslosigkeit im Alltagsleben, Ichsucht oder wachsender Unzufriedenheit entladen.

Literatur

Achinger, H. (1958). Sozialpolitik als Gesellschaftspolitik. Reinbek, Rowohlt

Ders. (1970). Aspekte sozialer Aktion, in: Archiv für Wissenschaft und Praxis der sozialen Arbeit 1. Frankfurt a. M., Deutscher Verein für öffentliche und private Fürsorge e. V.

Aebersold, P. (1972). Die Verwahrung und Versorgung vermindert Zurechnungsfähiger in der Schweiz. Basel und Stuttgart, Helbing und Lichtenhahn

Adorno, T. W. (2003). Einleitung in die Soziologie (1968). Berlin, Suhrkamp

Aich, P. / O. Bujard. (1972). Soziale Arbeit – Beispiel Obdachlose. Köln, Berlin, Kiepenheuer & Witsch

Allerbeck, K. R. / L. Rosenmayr (1971). Aufstand der Jugend? München, Juventa

Altvater, E. / L. Basso u. a. (1976). Rahmenbedingungen und Schranken staatlichen Handelns. Frankfurt a. M., Suhrkamp

Anhorn, R. / F. Bettinger / C. Horlacher / K. Rathgeb (Hrsg.) (2012). Kritik der Sozialen Arbeit – kritische Soziale Arbeit. Wiesbaden, Springer/VS Verlag für Sozialwissenschaften

Apel, H. (1976). Das Elend der neueren marxistischen Staatstheorie, in: Beiträge zum wissenschaftlichen Sozialismus 1. Köln, Berlin, Pahl-Rugenstein

Appadurai, A. / N. Alexander (2020). Failure. Cambridge, Polity

Arbeitskreis kritischer Sozialarbeiter (AKS) Berlin (1973). Sozialarbeit zwischen Verwaltung und Caritas, in: Hollstein, W. / M. Meinhold (Hrsg.). Sozialarbeit unter kapitalistischen Produktionsbedingungen, Frankfurt a. M., S. Fischer

Aubert, V. (1952). White-collar crime and social structure, in: American Journal of Sociology No 58, The University of Chicago Press

Autorenkollektiv am Pädagogischen Institut der Freien Universität Berlin (Hrsg.) (1971). Sozialistische Projektarbeit im Berliner Schülerladen Rote Freiheit. Frankfurt a. M., S. Fischer

Autorenkollektiv (1971) a. Gefesselte Jugend – Fürsorgeerziehung im Kapitalismus. Frankfurt a. M., Suhrkamp

Autorenteam (1971) b.. Helft Euch selbst! Der Release-Report gegen die Sucht. Reinbek, Rowohlt

Baran, P. A. / P. M. Sweezy (1967). Monopolkapital. Frankfurt a. M., Suhrkamp

Bäuerle, W. (1967). Sozialarbeit und Gesellschaft. Weinheim, Beltz

Barabas, F. u. a. (1976). Jahrbuch der Sozialarbeit. Reinbek, Rowohlt

Basaglia, F. / F. Basaglia Ongaro (1972). Die abweichende Mehrheit. Frankfurt a. M., Suhrkamp

Bauman, Z. (2008). Flüchtige Zeiten. Leben in der Ungewissheit. Hamburg, Hamburger Edition

Bauman, Z. (2016). Retrotopia. Berlin, Suhrkamp

Beck, U. (1986). Risikogesellschaft. Frankfurt a. M., Suhrkamp

Beck, U. (2017). Die Metamorphose der Welt. Berlin, Suhrkamp

Beier, J. (1971). Die Prügelchristen von Lemgo – Mit Geisteskranken kann unser Sozialstaat wenig anfangen, in: Konkret 7, Zeitschrift für Politik und Kultur

Berndt, H. (1967). Zur Soziogenese psychiatrischer Erkrankungen, in: A. Mitscherlich u. a., Der Kranke in der modernen Gesellschaft. Köln, Berlin, Kiepenheuer & Witsch

Birke, P. u. a. (1975). Jugendhilfeforschung. München, Juventa

Bloch, E. (1959). Das Prinzip Hoffnung. Frankfurt a. M., Suhrkamp

Boessenecker, K-H. u. a. (2004). Qualitätskonzepte in der Sozialen Arbeit. Weinheim, Beltz

Böhnisch, L. (1972). Bedingungen sozialpädagogischen Handelns im Jugendamt, in: Zeitschrift für Pädagogik 2, Weinheim, Beltz

Böhnisch, L. / H. Lösch (1973). Das Handlungsverständnis des Sozialarbeiters und seine institutionelle Determination, in: Otto, H. U. / S. Schneider (Hrsg.). Gesellschaftliche Perspektiven der Sozialarbeit, Neuwied und Berlin, Luchterhand

Böhnisch, L. (2024). Soziale Arbeit in einer entgrenzten Gesellschaft, in: Voélin, S. (Hrsg.). Le travail social entre résistance et innovation / Soziale Arbeit zwischen Widerstand und Innovation. Genf, Editions ies

Böker, K. (1971). Entwicklung und Ursachen des Krankenstandes der westdeutschen Arbeiter, in: Das Argument 69. Hamburg, Berlin, Argument Verlag

Bolte, K. M. u. a. (1967). Deutsche Gesellschaft im Wandel. Opladen, Leske

Bottomore, T. B. (1965). Classes in Modern Society. London, Harper Collins Publishers

Bowers, S. (1950). In: C. Kasius (Hrsg.). Principles and Techniques in Social Case-Work, New York, Family Service Assoziation of America

Braun, H. (1972). Wissenschaft und soziale Praxis, in: Kölner Zeitschrift für Soziologie und Sozialpsychologie 2, Springer/VS Verlag für Sozialwissenschaften

Brosch, P. (1971). Fürsorgeerziehung – Heimterror und Gegenwehr. Frankfurt a. M., S. Fischer

Brusten, M. / S. Müller (1972). Kriminalisierung durch Instanzen sozialer Kontrolle – Analyse von Akten des Jugendamtes, in: Neue Praxis 1. Lahnstein, Verlag Neue Praxis

Buchholz, E. / R. Hartmann / J. Lekschas (1971): Sozialistische Kriminologie. Berlin, Staatsverlag der DDR

Bundesministerium des Inneren (Hrsg.) (1968). Sozialarbeit heute und morgen. Bonn

Caruso, I. A. (1962). Soziale Aspekte der Psychoanalyse. Stuttgart, Klett

Cicourel von, A. (1968). The Social Organization of Juvenile Justice. New York, London, Sydney, Wiley

Cohen, A. K. (1968). Abweichung und Kontrolle. München, Juventa

Collier, P. (2014). Exodus. München, Siedler

Coser, L. A. (1965). Theorie sozialer Konflikte. Neuwied und Berlin, Luchterhand

Ders. (1968). Einige Funktionen abweichenden Verhaltens und normativer Flexibilität, in: F. Sack / R. König (Hrsg.). Kriminalsoziologie, Frankfurt a. M., Akademische Verlagsgesellschaft

Dahrendorf, R. (1965). Gesellschaft und Demokratie in Deutschland. München, Piper

Deaton, A. (2023). Economics in Amerika. Princeton, Princeton University Press

Deichmann, C. (1970). Wege zum Ziel der Sozialarbeit, in: Sozialpädagogik 1. Weinheim, Beltz

Deppe, H.-U. / E. Wulff (1971). Medizinische Versorgung und gesellschaftliche Arbeit, in: Jung, H. / F. Deppe / K. H. Tjaden (Hrsg.). BRD-DDR - Vergleich der Gesellschaftssysteme. Köln, Pahl-Rugenstein

Der Bundesminister für Arbeit und Sozialordnung (Hrsg.) (1970). Sozialbericht 1970, Bonn

Der Bundesminister für Arbeit und Sozialordnung (Hrsg.) (1972). Sozialbericht 1972, Bonn

Durkheim, E. (1965). Regeln der soziologischen Methode. Neuwied und Berlin, Luchterhand

Ders. (1973). Der Selbstmord. Neuwied und Berlin, Luchterhand

Duyn van, R. (1966). Provo – Einleitung ins provozierende Denken. Osnabrück, Packpapier Verlag

Eckensberger, D. (1971). Sozialisationsbedingungen der öffentlichen Erziehung. Frankfurt a. M., Suhrkamp

Eder, K. (Hrsg.) (1973). Die Entstehung von Klassengesellschaften. Frankfurt a. M., Suhrkamp

Ders. (Hrsg.) (1973). Die Entstehung staatlich organisierter Gesellschaften. Frankfurt a. M., Suhrkamp

Engels, F. (1956 ff). Brief an Bloch, in: Marx. K. / F. Engels - Werke (MEW), Bd. 37, hrsg. vom Institut für Marxismus-Leninismus. Berlin, Dietz

Erikson, E. H. (1977). Reflexionen über die Revolte der humanistischen Jugend, in: ders. Lebensgeschichte und historischer Augenblick. Frankfurt a. M., Suhrkamp

Erziehung und Klassenkampf. Zeitschrift für marxistische Pädagogik (1972), Nr. 7, Frankfurt a. M., Roter Stern

Fischer, A. (1968). Die Problematik des Sozialbeamtentums, in: Röhrs, H. (Hrsg.). Die Sozialpädagogik und ihre Theorie. Frankfurt a. M., Akademische Verlagsgesellschaft

Foucault, M. (1969). Wahnsinn und Gesellschaft. Frankfurt a. M., Suhrkamp

Friedländer, W. A. / H. Pfaffenberger (1966). Grundbegriffe und Methoden der Sozialarbeit. Neuwied und Berlin, Luchterhand

Friedrich, S. (2014). Radikale Soziale Arbeit? Konstruktive Entzauberung, in: kritisch-lesen.de, Ausgabe Nr. 33, 01.Juli 2014. URL: https://kritisch-lesen.de/ausgabe/radikale-soziale-arbeit

Fromm, E. (1968). Der moderne Mensch und seine Zukunft. Eine sozialpsychologische Untersuchung. Frankfurt a. M., Suhrkamp

Ders. (1970). Analytische Sozialpsychologie und Gesellschaftstheorie. Frankfurt a. M., Suhrkamp

Gabel, J. (1962). La fausse conscience. Essai sur la réification. Paris, Éditions Gallimard

Galuske, M. (2007). Methoden der Sozialen Arbeit. Weinheim, Beltz/Juventa

Gaitanides, M. (2000). Soziale Arbeit – im Spagat zwischen Ökonomisierung und Menschenrechtsprofession, in: Elsen, S. u. a. (Hrsg.): Soziale Arbeit und Ökonomie. Neuwied und Berlin, Luchterhand

Gans, H. J. (1972). The positive functions of poverty, in: American Journal of Sociology, No 2, The University of Chicago Press

Gehlen, A. (1961). Anthropologische Forschung. Zur Selbstbegegnung und Selbstentdeckung des Menschen. Reinbek, Rowohlt

Gerns, W. (1967). Bemerkungen zur Marxschen Theorie der Lage der Arbeiterklasse, in: Marxistische Blätter, Sonderheft 2, 1967

Gombin, R. Action (1972). Politique et action sociale, in: Pourquoi le travail social? Sondernummer der Pariser Zeitschrift Esprit No 4/5

Goodhart, D. (2017). The road to somewhere. London, Penguin Books

Gorz, A. (1967) Zur Strategie der Arbeiterbewegung im Neokapitalismus. Frankfurt a. M., Europäische Verlagsanstalt

Gottschalch, W. (1971). Sozialisationsforschung. Frankfurt a. M., Fischer-Taschenbuch-Verlag

Gravenhorst, L. (1970). Soziale Kontrolle abweichenden Verhaltens. Fallstudien an weiblichen Insassen eines Arbeitshauses. Frankfurt a. M., Suhrkamp

Gräser, H. (1970). Gibt es Armut in der Bundesrepublik? In: Marxistische Blätter 5, Frankfurt a. M., Verlag Marxistische Blätter

Groth J. H. (2013). Die neue Steuerung in der sozialen Arbeit. Saarbrücken, VdM Verlag Dr. Müller

Haag, F. u. a. (1973). Überlegungen zu einer Metatheorie der Sozialarbeit, in: H.-U. Otto / S. Schneider (Hrsg.). Gesellschaftliche Perspektiven der Sozialarbeit, Bd., 1, Neuwied und Berlin, Luchterhand

Haferkamp, H. / G. Meier (1972). Sozialarbeit als Instanz sozialer Kontrolle, in: Kriminologisches Journal 2, Weinheim, Beltz/Juventa

Haller, M. (Hrsg.) (1981). Aussteigen oder rebellieren. Reinbek, Rowohlt

Hanhardt, D. (1973). Sozialarbeitsforschung – Defizite, Notwendigkeiten, Perspektiven, in: Hollstein, W. / M. Meinhold (Hrsg.). Sozialarbeit unter kapitalistischen Produktionsbedingungen, Frankfurt a. M., S. Fischer

Harney, K. (1975). Sozialarbeit als System – Die Entwicklung des Systembegriffs durch N. Luhmann im Hinblick auf eine Funktionsbestimmung sozialer Arbeit, in: Zeitschrift für Soziologie 2, Stuttgart, Ferdinand Enke Verlag

Harrer, J. / H. Jung (1971). Das ökonomische System in der BRD und der DDR, in: Jung, H. / F. Deppe / K. H. Tjaden (Hrsg.). BRD-DDR-Vergleich der Gesellschaftssysteme. Köln, Pahl-Rugenstein

Harrington, M. (1962). The other America – Poverty in the United States. New York, Scribner

Hartmann, M. / K. Herzog (2013). Gedanken zur Funktion Sozialer Arbeit: Auf dem Weg zu einem kritischen Selbstverständnis – inspiriert von Walter Hollstein (1973/1980), in: Soziale Passagen 5. Wiesbaden, Springer/VS Verlag für Sozialwissenschaften

Helfer, I. (1971). Die tatsächlichen Berufsvollzüge der Sozialarbeiter. Frankfurt a. M., Deutscher Verein für öffentliche und private Fürsorge e. V.

Heraud, B. J. (1970). Sociology an social work, Oxford, New York, Toronto, Braunschweig, Pergamon Press

Hess, H. (1972). Die Lazarusschicht, in: Kriminologisches Journal 3, Weinheim, Beltz/Juventa

Hirsch, J. (1974). Staatsapparat und Reproduktion des Kapitals. Frankfurt a. M., Suhrkamp

Hirsch, J. (1970). Wissenschaftlich-technischer Fortschritt und politisches System. Frankfurt a. M., Suhrkamp

Hirsch, J. (1972). Zur politischen Ökonomie des politischen Systems, in: Kress, G. / D. Senghaas (Hrsg.). Politikwissenschaft. Frankfurt a. M., Fischer-Taschenbuch-Verlag

Höhme, H. J. u. a. (1976). Krise der kapitalistischen Weltwirtschaft 1974 / 76, in: Institut für internationale Politik und Wirtschaft (IPW) – Forschungshefte 2, DDR

Höhnen, W. u. a. (1971). Quantitative und qualitative Aspekte der ökonomischen Konzentration und gesellschaftlichen Machtverteilung in der Bundesrepublik Deutschland, in: WWI-Mitteilungen, Zeitschrift des Wirtschaftswissenschaftlichen Instituts der Gewerkschaften, Nr. 8/9

Hollstein, W. (1969). Der Untergrund. Neuwied und Berlin, Luchterhand

Ders. (1982). Die Gegengesellschaft. Reinbek, Rowohlt

Ders. (1983). Die gespaltene Generation. Bonn, Neue Gesellschaft

Ders. (2020). Das Gären im Volksbauch. Warum die Rechte immer stärker wird. Basel, NZZLibro

Hollstein, W. / M. Meinhold (Hrsg.) (1977). Sozialpädagogische Modelle. Möglichkeiten und Grenzen der Intervention im sozialen Sektor. Frankfurt a. M., Campus

Hollstein, W. / B. Penth (1980). Alternativprojekt. Reinbek, Rowohlt

Horkheimer, M. / T. W. Adorno (1956). Soziologische Exkurse. Frankfurt a. M., Europäische Verlagsanstalt

Hornstein, W. (1970). Kindheit und Jugend in der Gesellschaft. München, Juventa

Ders. (1972). Bezugspunkte einer pädagogischen Theorie des Jugendamtes, in: Zeitschrift für Pädagogik 2, Weinheim, Beltz

Huffschmid, J. (1969). Die Politik des Kapitals – Konzentration und Wirtschaftspolitik in der Bundesrepublik. Frankfurt a. M., Suhrkamp

Huffschmid, J. u. a. (1970). Die Widersprüche des westdeutschen Kapitalismus und die Wirtschaftspolitik der SPD, in: Kursbuch 21, Berlin, Wagenbach

Hunziker, A. (1969). Die Sozialarbeit in der dynamischen Gesellschaft, in: Informatio, Sonderheft 1

Iben, G. (1970). Die Methoden der Sozialpädagogik und Sozialarbeit, in: W. Klafki u. a., Erziehungswissenschaft, Frankfurt a. M., Fischer-Taschenbuch-Verlag

Institut für Gesellschaftswissenschaften beim ZK der SED (1971). Der Imperialismus der BRD. Frankfurt a. M., Verlag Marxistische Blätter

Jaeggi, U. (1973). Kapital und Arbeit in der BRD. Frankfurt a. M., S. Fischer

Jugendwerk der Deutschen Shell (Hrsg.) (1982). Jugend 81 – Lebensentwürfe, Alltagskulturen, Zukunftsbilder. Hamburg, VS Verlag

Jung, H. / F. Deppe / K. H. Tjaden (1971), BRD-DDR - Vergleich der Gesellschaftssysteme. Köln, Pahl-Rugenstein

Kahrmann, M. (2023). Kritische Perspektiven auf die Funktion Sozialer Arbeit. Bachelorarbeit http://hdl. handle.net/20.500.12738/13983

Kaufmann, F-X. (1970). Sicherheit als soziologisches und sozialpolitisches Problem. Stuttgart, Enke

Kätsch, S. (1965). Teilstrukturen sozialer Differenzierung und Nivellierung in einer westdeutschen Mittelstadt. Köln und Opladen, Westdeutscher Verlag

Keil, A. (1972). Konflikt und Aktion in der sozialen Arbeit, in: Neue Praxis 1, Lahnstein, Verlag Neue Praxis

Klafki, W. u. a. (1986). Erziehungswissenschaft. Frankfurt a. M., Fischer-Taschenbuch-Verlag

Klanfer, J. (1969). Die soziale Ausschließung. Armut in reichen Ländern. Wien, Frankfurt a. M., Zürich, Europa-Verlag

Kolko, G. (1967). Besitz und Macht – Sozialstruktur und Einkommensverteilung in den USA. Frankfurt a. M., Suhrkamp

Konopka, G. (1961). Die Bedeutung der ethischen Grundlagen für die Sozialarbeit, in: Neues Beginnen 1

Dies. (1966). Soziale Gruppenarbeit, in: Friedländer, W. A. / H. Pfaffenberger. Grundbegriffe und Methoden der Sozialarbeit. Neuwied und Berlin, Luchterhand

Kosel, M. (1967). Gammler, Beatniks, Provos. Frankfurt a. M., Bärmeier & Nickel

Kozlik, A. / M. Jilg (1968). Volkskapitalismus. Jenseits des Wirtschaftswunders. Wien, Europa-Verlag

Kress, G. / D. Senghaas (Hrsg.) (1972). Politikwissenschaft. Frankfurt a. M., Fischer-Taschenbuch-Verlag

Krüger, J. (1976). Staatliche Sozialpolitik und Staatstheorie, in: Zeitschrift für Soziologie 2. Bielefeld

Ders. (1957). Lohnarbeit und Kapital, in: Marx, K. / F. Engels – Werke (MEW), Bd. 6, hrsg. vom Institut für Marxismus-Leninismus. Berlin, Dietz

Kunstreich, T. (2000). Grundstrukturen Sozialer Arbeit in Zeiten des Neo-Liberalismus: Neo-Sozialhygiene als Rassismus ohne Rassen.
In: https://doi. org/10. 1007/978-3-531-94024-3_4

Kunstreich, T. (2014). Grundkurs Soziale Arbeit. Sieben Blicke auf Geschichte und Gegenwart Sozialer Arbeit. 5. Auflage Bd. 1 u. 2, USP Publishing
open access unter: www.timm-kunstreich.de

Kursbuch 28 (1972). Das Elend mit der Psyche / Psychiatrie. Berlin, Wagenbach

Lattke, H. (1968). Soziale Arbeit und Erziehung in unserer Zeit, in: H. Röhrs (Hrsg.) Die Sozialpädagogik und ihre Theorie. Frankfurt a. M., Akademische Verlagsgesellschaft

Lilla, M. (2017). The Once and Future Liberal. After Identity Politics. New York, Harper-Collins

Lingesleben, O. (1968). Die Berufssituation der Sozialarbeiter. Köln und Opladen. Westdeutscher Verlag

Lotmar, P. (1969). Professionalisierung in der Sozialarbeit, in: Sozialarbeit 1, Zeitschrift des Schweizerischen Berufsverbandes Dipl. SozialarbeiterInnen und SozialpädagogInnen

Luhmann, N. (1968). Vertrauen – ein Mechanismus der Reduktion sozialer Komplexität. Stuttgart, Enke

Maio, G. (2014). Psychotherapie als Managementaufgabe? Gefährdung des therapeutischen Selbstverständnisses durch die ökonomische Rationalität. Psychologie und Gesellschaftskritik, 38 (1), Lengerich, Pabst Science Publisher

Marcuse, H. u. a. (1968). Aggression und Anpassung in der Industriegesellschaft. Frankfurt a. M., Suhrkamp

Marx, K. (1956). Ökonomisch-philosophische Manuskripte, in: Marx, K. / F. Engels –Werke (MEW), Ergänzungsband, hrsg. vom Institut für Marxismus-Leninismus. Berlin, Dietz

Ders. (1957). Lohnarbeit und Kapital, in: Marx, K. / F. Engels – Werke (MEW), Bd. 6, hrsg. vom Institut für Marxismus-Leninismus. Berlin, Dietz

Ders. (1970). Das Kapital I, Das Kapital III, in: Marx, K. / F. Engels – Werke (MEW) Bd. 23 und Bd. 25, hrsg. vom Institut für Marxismus-Leninismus. Berlin, Dietz

Ders. (1976). Holzdiebstahl, Rheinische Zeitung, Oktober 1842, in: Marx, K. / F. Engels – Werke (MEW), Bd. 1., hrsg. vom Institut für Marxismus-Leninismus. Berlin, Dietz

Marx, K. / F. Engels (1970). Ausgewählte Werke, hrsg. vom Institut für Marxismus-Leninismus. Berlin, Dietz

Mauke, M. (1970). Die Klassentheorie von Marx und Engels. Kritische Studien zur Politikwissenschaft. Frankfurt a. M., Europäische Verlagsanstalt

Meinhold, M. / W. Hollstein (1975). Erziehung und Veränderung. Neuwied und Berlin, Luchterhand

Mergler, O. (1963). Bundessozialhilfegesetz. Köln, Deutscher Gemeindeverlag

Merton, R. K. (1968). Sozialstruktur und Anomie, in: F. Sack, / R. König (Hrsg.) Kriminalsoziologie, Frankfurt a. M., Akademische Verlagsgesellschaft

Michel, M. (2015). Sozialarbeit: Keine Zeit für Menschen. Wochenzeitung Zürich, 51

Mitscherlich, A. (1966). Krankheit als Konflikt. Frankfurt a. M., Suhrkamp

Mitscherlich, A. u. a. (1967). Der Kranke in der modernen Gesellschaft, Köln, Berlin, Kiepenheuer & Witsch

Mollenhauer, K. (1971). Erziehung und Emanzipation. München, Juventa

Moser, T. (1972). Jugendkriminalität und Gesellschaftsstruktur. Frankfurt a. M., Suhrkamp

Müller, W. / C. Neusüss, (1970). Die Sozialstaatsillusion und der Widerspruch von Lohnarbeit und Kapital, in: Sozialistische Politik 6/7, West-Berlin

Neidhardt, F. (1967). Die junge Generation, in: K. M. Bolte u. a., Deutsche Gesellschaft im Wandel, Opladen, Leske Verlag

Newfield, I. (1967). A Prophetic Minority. New York, Signet

Nowicki, M. (1973). Zur Geschichte der Sozialarbeit, in: Hollstein, W. / M. Meinhold (Hrsg.). Sozialarbeit unter kapitalistischen Produktionsbedingungen. Frankfurt a. M., S. Fischer

Obrecht, W. (2005). Ontologischer, Sozialwissenschaftlicher und Sozialarbeitswissenschaftlicher Systemismus – Ein integratives Paradigma der Sozialen Arbeit, in: H. Hollstein-Brinkmann u. a. (Hrsg.). Systemtheorien im Vergleich. Wiesbaden, Springer/VS Verlag für Sozialwissenschaften

Ortmann, H. (1971). Arbeiterfamilie und sozialer Aufstieg. München Juventa

Otto, H. -U. / S. Schneider (Hrsg.). (1973). Gesellschaftliche Perspektiven der Sozialarbeit, Bd 1. Neuwied und Berlin, Luchterhand

Otto, H.-U. / K. Utermann (Hrsg.) (1971). Sozialarbeit als Beruf. München, Juventa

Ovaretz, B. (2014). Ökonomisierung der Sozialen Arbeit – Auswirkungen und Folgen. Saarbrücken, AVAkademikerverlag

Paetel, K. O. (1962). Beat – Eine Anthologie. Reinbek, Rowohlt

Parsons, T. (1968). Entstehung und Richtung abweichenden Verhaltens, in: F. Sack / R. König (Hrsg.). Kriminalsoziologie. Frankfurt a. M., Akademische Verlagsgemeinschaft

Paulsen, P. (1971). Zum Problem der Organisation von Sozialarbeitern, in: Erziehung und Klassenkampf 4, Zs. für marxistische Pädagogik. Frankfurt a. M., Verlag Roter Stern

Peters, H. (1972). Sozialarbeit im gesellschaftspolitischen Kontext - Zur wissenschaftlichen Begründung fürsorgerischen Handelns, in: Soziale Welt 1, Zeitschrift für sozialwissenschaftliche Forschung und Praxis. Göttingen, Verlag Otto Schwarz & Co

Peterson, R. E. (1968). The Student left in American Higher Education, in: Daedalus 97, Hinter

Pfaffenberger, H. (1968). Das Theorie- und Methodenproblem der sozialpädagogischen und sozialen Arbeit, in: H. Röhrs (Hrsg.). Die Sozialpädagogik und ihre Theorie. Frankfurt a. M., Akademische Verlagsgesellschaft

Pongratz, L. / H. O. Hübner (1959). Lebensbewährung nach öffentlicher Erziehung. Neuwied und Berlin, Luchterhand

Poulantzas, N. (1973). Politische Macht und gesellschaftliche Klassen. Frankfurt a. M., Europäische Verlagsanstalt

Pourquoi le travail social? (1972). Sondernummer der Pariser Zeitschrift Esprit No 4/5

Pressel, A. (1970). Sozialwissenschaftliche Anmerkungen zur gegenwärtigen Situation der Sozialarbeit, in: Blätter der Wohlfahrtspflege 9

Richter, H. E. (1972). Die Gruppe. Reinbek, Rowohlt

Röhrs, H. (Hrsg.) (1968). Die Sozialpädagogik und ihre Theorie. Frankfurt a. M., Akademische Verlagsgesellschaft

Rössner, L. (1971). Entwurf einer Theorie der Sozialarbeit, in: Archiv für Wissenschaft und Praxis der sozialen Arbeit 3. Frankfurt a. M., Deutscher Verein für öffentliche und private Fürsorge e. V.

Rosa, H. (2013). Beschleunigung und Entfremdung. Berlin, Suhrkamp

Rosanvallon, P. (2022). Die Prüfungen des Lebens. Hamburg, Hamburger Edition

Rose, H. K. (1972). Zur Rolle des Sozialarbeiters in der Psychiatrie, in: Neue Praxis 1, Lahnstein, Verlag neue Praxis

Rote Presse Korrespondenz (54/1970); (7/1972) Pressedienst der Kommunistischen Partei Deutschlands (KPD)

Roth, J. (1971). Armut in der Bundesrepublik. Darmstadt, Rowohlt

Rowntree, J. und M. (1977). Les Jeunes en tant que classe. Revue International du Socialisme, Paris, No 25

Sack, F. / R. König (Hrsg.) (1968). Kriminalsoziologie. Frankfurt a. M., Akademische Verlagsgesellschaft

Sandel, M. J. (2017). Moral und Politik. Berlin, Ullstein

Ders. (2023). Vom Ende des Gemeinwohls. Wie die Leistungsgesellschaft unsere Demokratie zerreißt. Frankfurt a. M., S. Fischer

Schäfer, D. (1966). Die Rolle der Fürsorge im System sozialer Sicherung. Frankfurt a. M., Deutscher Verein für öffentliche und private Fürsorge e. V.

Schäfer, H. (1968). Lohn, Preis und Profit heute. Verlag Marxistische Blätter

Schelsky, H. (1953). Wandlungen der deutschen Familie in der Gegenwart. Stuttgart, Enke

Scherpner, H. (1962). Theorie der Fürsorge. Göttingen, Vandenhoeck & Ruprecht

Schneider, H.R. (1982). Der Zusammenhang von Jugendproblemen und Jugendbewegung und der Einfluss städtischer Lebensbedingungen bei ihrer Konstitution, in: Heckmann, F. / P. Winter (Hrsg.). 21.Deutscher Soziologentag an der Universität Bamberg. Wiesbaden, Springer/VS Verlag für Sozialwissenschaften

Schwarz, D. / A. Weidner (1970). Die soziale Situation Obdachloser, in: Kritische Justiz 4. Baden-Baden, Nomos Verlagsgesellschaft

Schweizer, A. (1948). Verfall und Wiederaufbau der Kultur. München, C. H. Beck

Skiba, E.-G. (1969). Der Sozialarbeiter in der gegenwärtigen Gesellschaft. Weinheim, Beltz

Sozialatlas Berlin (1979). Berlin und Bad Godesberg

Staub-Bernasconi, S. (1995). Das fachliche Selbstverständnis Sozialer Arbeit – Wege aus der Bescheidenheit: Soziale Arbeit als „Human Rights Profession", in: W. R. Wendt (Hrsg.). Soziale Arbeit im Wandel ihres Selbstverständnisses. Freiburg i. Br., Lambertus

Dies. (2018). Soziale Arbeit als Handlungswissenschaft. Bern, Haupt

Steinert, H. (1972). Die Strategien sozialen Handelns. München, Juventa

Stender W. (Hrsg.) (2013). Soziale Arbeit als kritische Handlungswissenschaft. Beiträge zur (Re-) Politisierung Sozialer Arbeit. Hannover, Blumhardt

Strang, H. (1970). Erscheinungsformen der Sozialhilfebedürftigkeit. Stuttgart, Enke

Strotzka, H. (1965). Einführung in die Sozialpsychiatrie. Reinbek, Rowohlt

Thole W. / P. Cloos (2000). Soziale Arbeit als professionelle Dienstleistung. Zur „Transformation des beruflichen Handelns" zwischen Ökonomie und eigenständiger Fachkultur, in: S. Müller, (Hrsg.). Soziale Arbeit. Gesellschaftliche Bedingungen und professionelle Perspektiven. Neuwied und Berlin, Luchterhand

Thole, W. (Hrsg.) (2002). Grundriss Soziale Arbeit. Opladen, Leske und Budrich

Tjaden-Steinhauer, M. / K. H. Tjaden (1970). Zur Analyse der Sozialstruktur des deutschen Kapitalismus, in: Das Argument 61. Hamburg, Berlin, Argument Verlag

Dies. (1971). Die Entwicklung der Sozialstruktur in der BRD und in der DDR, in: Jung, H. / F. Deppe / K. H. Tjaden (Hrsg.). BRD-DDR – Vergleich der Gesellschaftssysteme. Köln, Pahl-Rugenstein

Dies. (1973). Klassenverhältnisse im Spätkapitalismus. Stuttgart, Enke

Touraine, A. u. a. (1982). Die antinukleare Prophetie. Frankfurt a. M., Campus

Treiber, H. / H. Steinert (1980). Die Fabrikation des zuverlässigen Menschen. München, Moos

Uchtenhagen, A. (1976). Abweichendes Verhalten bei Jugendlichen, in: Schweizerische Zeitschrift für Soziologie 1, Seismo Press

Weber, G. (1972). Gesellschaftliche Widerstände bei der Beteiligung von Bürgern an Planungsprozessen, in: Neue Praxis 1, Lahnstein, Verlag Neue Praxis

Werkentin, F. / M. Hofferbert / M. Baurmann (1972): Kriminologie als Polizei-Wissenschaft oder: Wie alt ist die neue Kriminologie? in: Kritische Justiz 3. Baden-Baden, Nomos Verlagsgesellschaft

„Wir können auf Heimerziehung nicht verzichten", in: Neue Praxis 1/1972, Lahnstein, Verlag Neue Praxis

Wolf, R. / K. Hartung (1972). Psychische Verelendung und die Politik der Psychiatrie, in: Kursbuch 28, Berlin, Wagenbach

Quellennachweise

Hollstein, W. (1973). Hilfe und Kapital. Zur Funktionsbestimmung der Sozialarbeit, in: Sozialarbeit unter kapitalistischen Produktionsbedingungen. Herausgegeben von Walter Hollstein / Marianne Meinhold. Frankfurt a. M., S. Fischer-Verlag

Hollstein, W. (1973). Sozialarbeit im Kapitalismus. Themen und Probleme, in: Sozialarbeit unter kapitalistischen Produktionsbedingungen. Herausgegeben von Walter Hollstein / Marianne Meinhold. Frankfurt a. M., S. Fischer-Verlag

Hollstein, W. (1977). Grenzen und Möglichkeiten sozialpädagogischer Intervention, in: Hollstein, W. / M. Meinhold (Hrsg.) (1977). Sozialpädagogische Modelle. Möglichkeiten der Arbeit im sozialen Bereich. Frankfurt a. M., Campus

Hollstein, W. (1978). Der materialistisch-gesellschaftstheoretische Ansatz. In K. M. Bolte (Hrsg.), Materialien aus der soziologischen Forschung: Verhandlungen des 18. Deutschen Soziologentages vom 28. September bis 1. Oktober 1976 in Bielefeld (S. 696-712). Darmstadt, Luchterhand

Hollstein, W. (1984). Alternativbewegung – Entwicklung und Einschätzung, in: Psychologie und Gesellschaftskritik, 8 (1/2), 97-120

Milton Keynes UK
Ingram Content Group UK Ltd.
UKHW031833010924
447661UK00001B/48

9 783956 121197